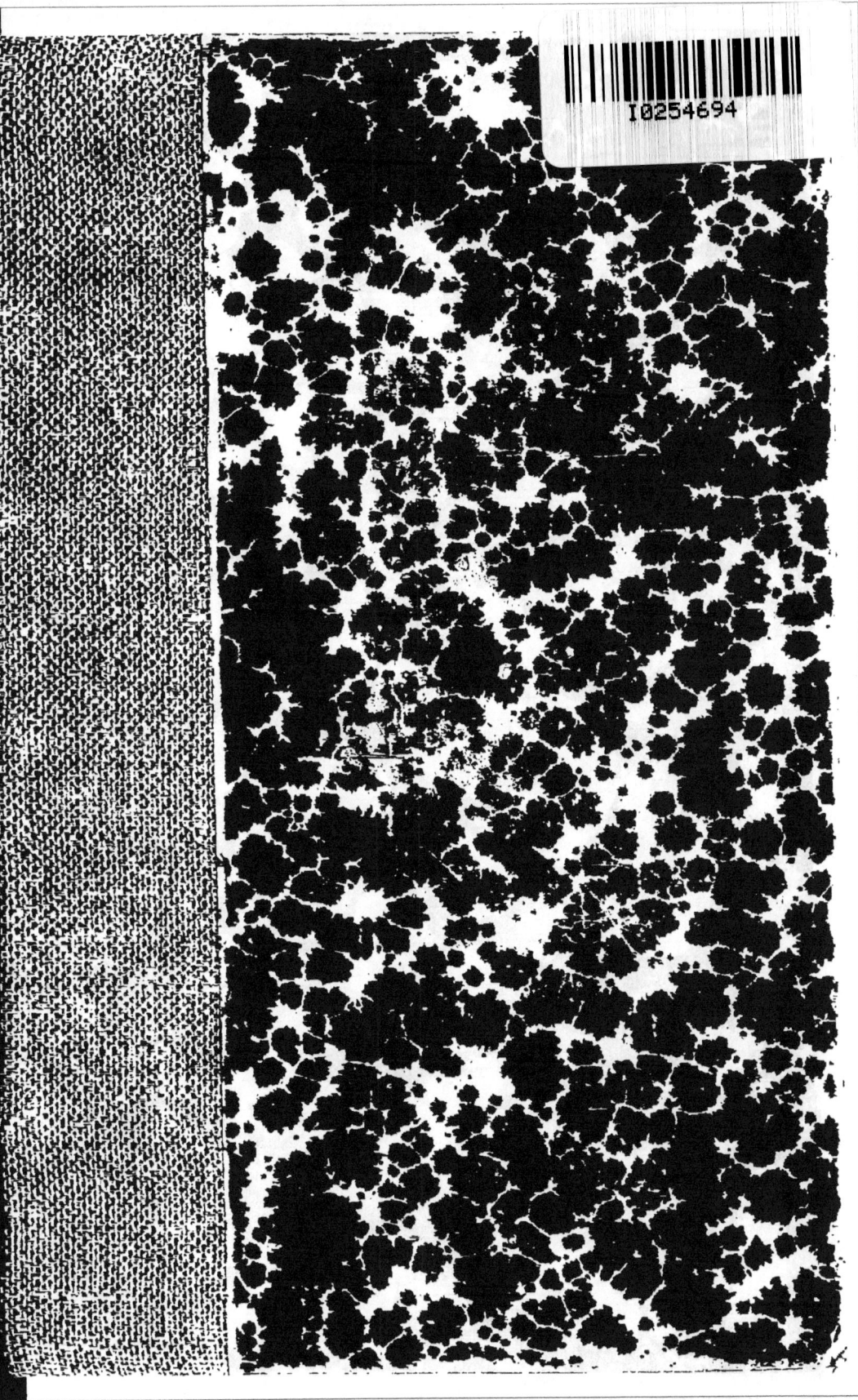

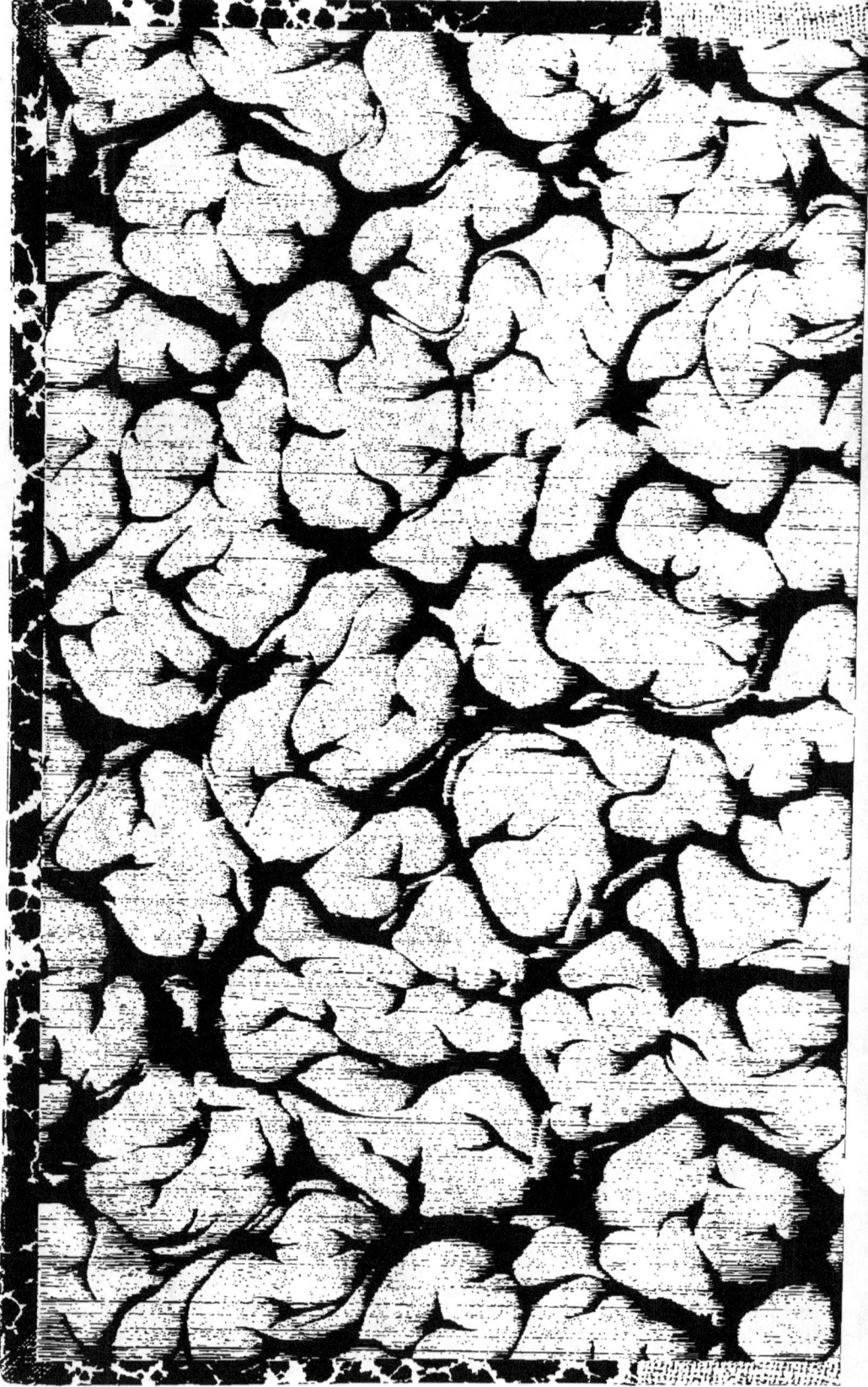

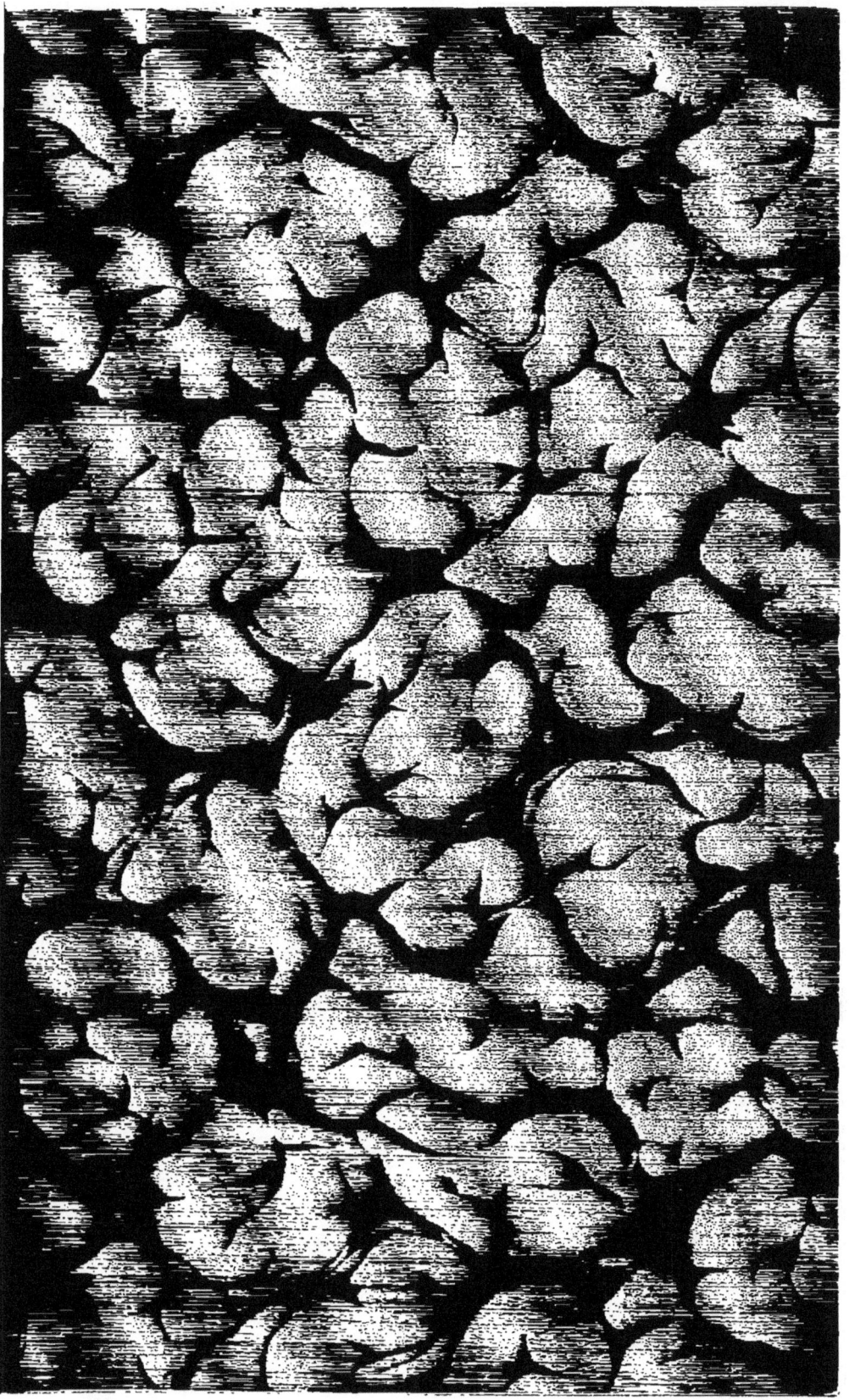

PARIS
ET
LES ALLEMANDS

JOURNAL D'UN TÉMOIN

JUILLET 1870 — FÉVRIER 1871

PAR A. DU MESNIL

> « Nous ne pouvons plus commettre la faute de ne songer qu'au présent; le présent n'est plus à nous. N'en commettons pas une seconde, celle d'attendre d'un autre que de nous-mêmes un meilleur avenir.
> « FICHTE. — *Berlin, 1807.* »

PARIS

GARNIER FRÈRES, LIBRAIRES-ÉDITEURS

6, RUE DES SAINTS-PÈRES, ET PALAIS-ROYAL, 215

1872.

PARIS

ET LES ALLEMANDS

PARIS. — J. CLAYE, IMPRIMEUR

7, RUE SAINT-BENOIT.

PARIS

ET

LES ALLEMANDS

JOURNAL D'UN TÉMOIN

JUILLET 1870 — FÉVRIER 1871

PAR A. DU MESNIL

> « Nous ne pouvons plus commettre la faute de ne songer qu'au présent; le présent n'est plus à nous. N'en commettons pas une seconde, celle d'attendre d'un autre que de nous-mêmes un meilleur avenir.
> « FICHTE. — *Berlin, 1807.* »

PARIS

GARNIER FRÈRES, LIBRAIRES-ÉDITEURS

6, RUE DES SAINTS-PÈRES, ET PALAIS-ROYAL, 215

1872

A HENRI REGNAULT

PEINTRE

TUÉ PAR LES ALLEMANDS AU COMBAT DE BUZENVAL

LE 19 JANVIER 1871.

Tu étais jeune et tu allais être heureux. Tu es mort en combattant pour ton pays; plus d'un, parmi nous, peut te porter envie.

Accepte ce travail de nos jours de deuil qui ne sont pas finis. Si tu n'y trouves pas la couleur et la passion que tu aimais, tu y rencontreras parfois une émotion digne de ton cœur et sincère.

Tu nous laisses des regrets amers et un noble exemple. Nous tâcherons de ne rien oublier : ni ton sang répandu sur ces feuilles mortes, qui formaient un masque à ton visage meurtri, ni la main qui t'a frappé.

Mars 1871.

PRÉFACE

17 juillet 1870. — (Le préfet du Bas-Rhin au ministre de l'intérieur.) N'est-il pas opportun d'organiser et d'armer, à Strasbourg et dans les principaux centres, une garde nationale solide et d'expulser les ouvriers étrangers suspects?

Même jour. — (Intérieur à préfet du Bas-Rhin.) Il n'y a pas lieu, en ce moment, d'organiser et d'armer une garde nationale à Strasbourg. Les corps francs la remplaceraient avec avantage, là où vous croiriez qu'ils peuvent utilement s'organiser.

18 juillet. — (Général de Failly au ministre de la guerre.) Point d'argent dans les caisses du corps.

20 juillet. — (Intendant général à M. Blondeau, directeur, guerre.) A Metz, ni sucre, ni café, ni riz, ni eau-de-vie, peu de lard et de biscuit.

Même jour. — Il y aura demain à peine 50 hommes pour garder Neuf-Brisach ; fort Mortier, Schlestadt, la Petite-Pierre et Lichtemberg sont également dégarnis.

21 juillet. — (Général commandant 3ᵉ corps à guerre.) Le dépôt envoie des cartes inutiles pour le moment ; pas une carte de la frontière de France.

Même jour. — (Général Michel à guerre.) Arrivé à Belfort; pas trouvé ma brigade ; pas trouvé général de division. Que faire? Sais pas où sont mes régiments.

Même jour. — (Guerre à général de Failly.) Pas de revolvers dans les arsenaux; attendre l'empereur; se prêter aux circonstances.

24 juillet. — (Général commandant 4ᵉ corps à major général.) Le 4ᵉ corps n'a encore ni cantines ni ambulances. Toul est complétement dégarni.

Même jour. — (Intendant du 3ᵉ corps à guerre.) Le 3ᵉ corps quitte Metz demain. Je n'ai ni infirmiers, ni ouvriers d'administration, ni fours de campagne, ni trains, et à la 4ᵉ division et à la division de cavalerie, je n'ai pas même un fonctionnaire.

25 juillet. — (Sous-intendant à guerre.) A Mézières et à Sedan, ni biscuit, ni salaisons.

26 juillet. — (Intendant en chef à guerre.) Les troupes en dehors de Metz sont obligées pour vivre de consommer le biscuit qui devrait servir de réserve. Avec les 120,000 hommes de l'armée, il n'est venu que 38 nouveaux boulangers.

27 juillet. — (Colonel directeur du parc du 3ᵉ corps à guerre.) Les munitions de canons à balles n'arrivent pas.

Même jour. — L'intendant du 1ᵉʳ corps n'a encore ni sous-intendant, ni soldats du train, ni ouvriers; faute de personnel, il ne peut atteler un caisson ni rien constituer.

Même jour. — (Major général à guerre.) Les détachements continuent à arriver sans cartouches et sans campements.

28 juillet. — (Général d'artillerie à guerre.) Sur 800 colliers restant à Saint-Omer, 500 se trouvent trop étroits. Que faire? A Douai, 1,700 colliers dont un tiers dans le même cas.

29 juillet. — (Major général à guerre.) Je manque de biscuit pour marcher en avant.

4 août. — (Intendant général à guerre.) Le 7e corps n'a pas d'infirmiers, d'ouvriers, pas de train.

Même jour. — (Maréchal Canrobert à guerre.) Dans les 20 batteries du 6e corps, il n'y a qu'un vétérinaire.

7 août. — (Général de la subdivision au général de division.) Verdun manque de vin, d'eau-de-vie, de sucre, de café, de lard, de légumes secs, de viande fraîche.

Même jour. — (Préfet du Rhône à intérieur.) Population demandant des armes. La garde mobile n'a pas encore un fusil.

Même jour. — (Préfet de la Haute Marne à intérieur.) On s'étonne que la garde mobile ne soit pas encore convoquée.

8 août. — (Intendant du 6e corps à guerre.) Reçois la demande de 400,000 rations; je n'ai pas une ration.

Même jour. — (Préfet du Jura à intérieur.) Volontaires et francs-tireurs veulent se former. Frontière découverte; on réclame des armes.

Même jour. — (Ministre de la guerre à major général.) Thionville en état de siége demande des renforts. La garnison devait être de 4,000 à 5,000 hommes, elle n'en a que 1,000, dont 600 mobiles, 90 douaniers et 300 cavaliers ou artilleurs non instruits.

Même jour. — (Préfet de la Drôme à intérieur.) L'armement de toute la garde nationale peut être un gros danger. Je pousse aux francs-tireurs et aux volontaires.

9 août. — (Général en chef à guerre.) Puis-je délivrer d'urgence des fusils à la garde nationale et aux volontaires? Tous les préfets m'en demandent.

11 août. — On a bien envoyé à l'arsenal de Saint-Omer 1,200 harnais, mais on a oublié les selles et les accessoires.

12 août. — (Préfet des Vosges à intérieur.) A Épinal, depuis douze jours, 4,000 mobiles sans armes. Plus un soldat dans les Vosges. Pas d'argent.

13 août. — A Langres, 400 fusils et 6,000 mobiles. Envoyer des armes.

28 août. — (Préfet de la Mayenne à intérieur.) Nominations à faire dans la garde mobile. Propositions envoyées depuis quinze jours à l'autorité militaire restent sans réponse. On exige des formalités bureaucratiques inopportunes. Je demande une solution.

30 août. — (Conseiller d'État en mission à intérieur.) La mobile (de l'Eure), excellent esprit; pas un fusil; demande des armes; il est inouï qu'elle n'en ait pas.

Etc., etc...

JOURNAL
D'UN TÉMOIN

JUILLET 1870.

17 juillet 1870. — Je me trouvais avant-hier à la hauteur de la grille du Corps législatif qui s'ouvre en face du pont de la Concorde, lorsqu'il a été donné lecture de la déclaration de guerre. Aussitôt après, un flot s'est précipité sur le quai ; les commis d'agents de change se sont jetés dans leurs cabriolets pour courir à la Bourse ; les curieux en assez petit nombre, qui formaient la haie, ou se groupaient à l'angle du pont, ont salué par des cris la nouvelle attendue. Un seul individu, vêtu de noir, a protesté contre cette manifestation en répétant avec véhémence : *La paix!* On a pu le dégager à temps des mains qui voulaient le saisir ; un chiffonnier criait déjà : Passez-le-moi ! et la Seine est à deux pas.

Depuis quatre jours, Paris est le théâtre d'un flux et d'un reflux d'opinions des plus bizarres. C'est *la paix!*

réclamée par des bandes confuses, sur l'air des lampions; ce sont des clameurs répétées de *Vive la guerre! à Berlin!* avec le chant de la *Marseillaise.* Quand ces gens, de sentiments si opposés, se rencontrent en troupe, on s'attend d'un moment à l'autre à un conflit; mais jusqu'à présent du moins, et à ma grande surprise, les rixes ont été rares et sans gravité. Le commandant Mocquard, fils de l'ancien chef du cabinet de l'empereur, guidait, m'a-t-on dit, celle de toutes ces bandes qui demandait la guerre avec le plus d'entrain.

Il y a dans tout ceci, du reste, comme une sorte de désordre organisé : aux promeneurs, on a réservé les trottoirs où l'on n'avance qu'à grand'peine; sur la chaussée, cette succession que j'ai dite de groupes en mouvement, précédés celui-ci d'une lanterne chinoise au bout d'un bâton, celui-là d'un drapeau. S'il se produit quelque embarras de voitures, les sergents de ville interviennent pour faire à chacun sa place; si bien que la circulation assez fréquemment interrompue ne subit en somme que de très-courts arrêts.

S'il me répugne de me faire collectionneur d'on-dit, je retiens volontiers certains mots qui me paraissent avoir une physionomie. Quelqu'un a dit en regardant avec moi ce spectacle : Je n'aime pas une guerre qui commence comme une émeute. — Le fait est que tout ce grand tapage, mené par quelques centaines d'individus, ne prouve rien, sinon que nous ne sommes pas tous du même avis, et que l'on juge nécessaire « de nous lancer. »

Ce sentiment sérieux et ferme qui naît de la conscience d'une responsabilité encourue ne se rencontre nulle part. En général, on s'abstient de prévoir et d'aller au fond, en laissant au gouvernement le soin d'organiser et d'assurer la victoire. En aucun temps, je n'ai eu la vision plus nette de l'effacement absolu des volontés.

Entre la rue Le Pelletier et la rue Drouot, l'aspect des groupes présentait cependant quelque chose d'inusité. Là se pressait le personnel mêlé de la *petite Bourse,* coulissiers, courtiers et commis, gens de toute religion et de tout accent, préoccupés avant tout de la hausse ou de la baisse des valeurs, grands partisans de Thiers pour la plupart et déclarant, à qui voulait les entendre, que nous allions avoir contre nous avec la Prusse, le Wurtemberg, la Bavière et la Saxe, sans parler des autres petits États. Tout ce monde plein d'inquiétude tournoyait sur place, se quittait pour se rapprocher le moment d'après, ne se lassant pas de se plaindre et de prédire. Un mot, le mot de toutes les catastrophes répondait à tout : Il est trop tard. Puis venaient les affirmations et les dénégations : « Vous avez entendu Lebœuf. — Mais il a menti. — La Prusse veut la guerre. — Mais non ! — C'est l'affaire de trois mois. — C'est-à-dire que vous ne savez pas quand cela finira. »

Je me souviens, pour ma part, d'avoir depuis trois ans traité cette même question de paix ou de guerre avec le comte H. D...... député à la chambre de Berlin, avec un attaché de l'ambassade de Prusse à Paris et avec un banquier bavarois. Je dois rendre cette justice à ces messieurs qu'il était impossible d'apporter dans un semblable débat plus de modération, ni plus de raison. En deux mots : l'Allemagne veut l'unité ; cette unité doit la rendre plus riche et plus forte ; la France ne saurait contester le droit ; elle commettrait une faute en s'inquiétant du résultat. Les deux grands peuples peuvent régler, ensemble, les affaires de la civilisation et de la liberté.

A cela je n'avais qu'une objection. Nous avons fait une même nation des Bourguignons, des Bretons et des Normands, faites une même nation des Wurtembergeois, des Bavarois et des Saxons ; c'est en effet votre droit, que nous ne saurions méconnaître. Mais en plaçant l'Allemagne dans les mains de la Prusse, ce n'est point une confédération que vous créez, c'est immanquablement une coalition. Que vous le vouliez ou non, M. de Bismarck n'est pas une personnalité seulement, c'est une personnification, la personnification d'une politique, d'une tradition, auxquelles se rallient pour leur venir en aide, chacun à son rang, vos poëtes, les professeurs de vos universités et vos pasteurs. Cherchez ici, vous ne trouverez qu'une conviction, c'est que la guerre est inévitable ; encore beaucoup d'entre nous n'en sont-ils pas convaincus ; d'une passion résolue, d'une haine méditée vous n'en verrez pas trace. Chez vous c'est tout différent : l'esprit de jalousie, de défiance et de colère est dans la science et dans le culte, dans le pain et dans le sel. Avec vous, je veux la paix ; et de jour en jour je constate l'approche d'un conflit.

On a voulu ces jours-ci me démontrer que notre gouvernement s'était mis dans son tort. J'admets qu'il ait manqué de mesure et qu'il ait péché par la forme ; j'admets que nos ministres ne se soient pas comportés en hommes d'État ; mais je persiste à penser que la Prusse a très-bien su ce qu'elle faisait et que demain, le mois prochain, ou le mois d'après, la même question se fût posée. J'irai plus loin ; l'intention me paraît si évidente que je n'ai qu'une crainte, c'est que M. de Bismarck, qui connaît mieux que nous-mêmes notre situation dans toutes ses parties, n'ait que trop bien choisi son jour.

24 juillet 1870.

> Les peuples sont pour nous des frères,
> Des frères, des frères,
> Et les tyrans nos ennemis.

« Ohé ! Bouchard, où ce que tu vas ?
— A la boucherie.
— Quand que tu reviendras ?
— Jamais ! »

La chanson fraternelle, je l'ai entendue un peu partout. Quant à cet autre cri funèbre, c'est pour la première fois qu'il sonnait à mon oreille, et il m'a donné le frisson. Un artilleur, un ouvrier et un zouave passaient sous ma fenêtre bras dessus bras dessous : trois hommes robustes et marchant droit. Les précédant de dix pas son bourgeron rejeté sur ses épaules de façon à laisser sa poitrine nue, sa casquette de côté, à la main une canne de compagnon, un garçon de trente ans clamait, de moment en moment, son *Ohé !* d'une voix de tonnerre ; les autres répondaient en chœur sur une note plus sourde : c'était sinistre.

Sur le boulevard, j'avais déjà rencontré au milieu des

groupes, des gamins de seize à dix-huit ans, venus de Belleville ou de la Villette, qui demandaient la paix! A tout ce qu'on pouvait leur dire, ils n'opposaient qu'une même réponse : « C'est le peuple qu'on fait massacrer. Que veut-il, le peuple? la paix dans le travail. »

Certes, je hais la guerre; et j'aurais hâte, autant que personne, d'en finir avec ces luttes insensées, trop souvent voulues par l'orgueil, le caprice ou l'imbécillité; mais ce que je vois et ce que j'entends, m'inspire d'amères réflexions.

En attendant que les peuples soient pour nous des frères, il est évident que plusieurs d'entre eux ne vivent encore que de souvenirs irritants, de défiances et d'erreur; il est certain que si l'équité nous fait une loi de la modération, il y a tel instant où le devoir strict des gouvernements est de se refuser à des concessions qui peuvent être contraires à la sécurité, à la dignité du pays qu'ils représentent; il est certain qu'en attendant l'avénement de cette concorde idéale où doivent disparaître toutes les rancunes et tous les égoïsmes, nous aurons encore à traverser des fleuves faits de notre sang. A l'heure où nous sommes, *la paix dans le travail,* c'est le vœu de la sagesse, mais aussi une formule de despote ou une parole d'esclave. Les enfants qui me parlaient de paix récitaient un mot d'ordre; quant à ces soldats qui répondaient : *A la boucherie!* je les tiens, à l'avance, pour des déserteurs.

Un peuple se lève contre nous, dont nous avons vu grandir l'ambition. Il a pour lui la discipline et la haine; il a des chefs éprouvés; prenons garde. La lutte sera longue et comportera bien des sacrifices. Nous avons, dit-on, une armée solide, pourvue d'un matériel de guerre incomparable ; mais eux, ils sont tout un peuple qui voit en nous l'éternel ennemi. Si, en présence d'un semblable adversaire, nous nous perdons dans les disputes ; si les uns protestent, si les autres se refusent ; malheur sur nous.

Tandis que les ouvriers sollicités par des théories, faites d'ignorance et de brutalité ; tandis que le paysan cantonné dans son champ, vivant d'avarice et de jalousies sournoises ; tandis que le bourgeois revêche, toujours hésitant entre le désir de faire la leçon au pouvoir et la peur de la révolution ; tandis que tout ce monde mal assemblé, menaçant par ses convoitises et son imprévoyance, manifeste en tout lieu des divergences de principes et d'intérêts irrémédiables, il se rencontre des savants et des lettrés jaloux, eux aussi, de mêler leur témoignage à l'œuvre de confusion.

Pour eux, l'Allemagne des Helmoltz, des Mommsen, de Bopp et de Virchow, est devenue la terre sacrée de « l'idéal », la patrie de toute intelligence. Ces purs esprits égarés parmi nous, font bon marché des sentiments humains ; sans paraître se douter, sans se douter certainement, que s'il est vrai de dire que l'homme ne vit pas que de pain, il ne vit pas seulement d'abstraction non plus, ni seulement par le cerveau ; il est citoyen, il est père, et, comme tel, il a des devoirs de piété dignes de respect. J'ai surpris ces physiologistes et ces érudits en prétendant que leur credo ne différait pas essentiellement par ses fins de la doctrine politique qui range volontiers le succès au rang des dieux; de la doctrine soi-disant sociale qui place l'idée de Patrie parmi les « autres superstitions qui ont fait leur temps. » Tous les hommes de science sont pour eux des frères, et si dans la région géographique où ils sont nés, le niveau intellectuel vient à fléchir, ils sont tous prêts à émigrer, en se réservant d'ailleurs la faculté de revenir à nous, s'il nous naissait quelque grand homme. — Il n'est pas impossible qu'il n'y ait là un peu d'égoïsme et quelque ingratitude.

Tout ce cosmopolitisme m'inquiète. Les uns consentent à « aimer les Tartares pour être dispensés d'aimer leurs voisins »; les autres auraient accepté de naître français sous Louis XIV, et ils regrettent, au fond, de n'être pas de Berlin, sous Frédéric-Guillaume. Dans tout cela, je ne vois pas trace de cœur, d'estime de soi ni de moralité : serions-nous donc tombés si bas? Partout le reniement et la fuite.

AOUT 1870.

Du 25 juillet au 11 août. — Je suis rentré à Paris ce matin.

Le 25 juillet, je partais pour la Suisse; le 1ᵉʳ août, après un séjour d'une semaine aux Agittes, je passais le Simplon. A Milan, le 3, la pluie nous ayant conduits dans le passage Victor-Emmanuel, j'entendais crier *la grande défaite des Français!* C'était Wissembourg. Le 9 j'étais à Venise où je retrouvais Fromentin et Busson.

Il ne me sera permis d'oublier jamais ce voyage d'Italie, souhaité depuis tant d'années, et que je ne referai plus. C'est encore dans mon esprit un pêle-mêle inquiétant de chefs-d'œuvre et d'impressions lamentables. C'est le Coleoni de Verrochio, Saint-Marc, Carpaccio, Bordone, Véronèse, Bonifazio, Tintoret; les marbres et le bronze devenus vivants, toutes ces merveilles, renfermées, comme dans un écrin, entre le ciel des Noces de Cana et ces eaux miraculeuses où semble flotter la palette de Titien. En même temps, sur le quai, la misérable baraque où une troupe française chantait à la nuit : *Orphée aux enfers!* puis, sous les arcades de la place, au Jardinet et partout, les regards et les rires de ce peuple que j'aimais ; puis encore, les articles vaillants et pleins d'âme de Pisani dans le *Rinnovamento;* enfin, cet officier qui frappe de son gant le journal où il vient de lire le récit de notre défaite, en disant à son ami : Affaire de discipline.

Je me vois encore errant en malade dans cette ville, but de mes désirs de vingt années, regardant sans voir, allant de l'hôtel de la poste au consulat, traînant mon angoisse et pris déjà de cette faiblesse de cœur, pressentiment amer des créatures qui doivent être frappées. Enfin, le dimanche, le garçon de l'hôtel me remet une dépêche qui ne contenait que ces mots : *Alexandre revient demain.* Avant de quitter Paris, nous étions convenus, mon beau-père et moi, de certains termes qui devaient signifier victoire ou défaite ; il n'y avait pas à s'y méprendre ; non-seulement nous avions subi un nouvel échec, mais un échec grave et portant coup : Reichshoffen.

Le lendemain même je partais ; Vérone et Turin me faisaient perdre une nuit ; j'étais à Genève le 10 ; et le 11 au matin, à Paris.

Le ministère est changé : M. de Palikao est à la guerre ; l'amiral Rigault reste à la marine ; M. Chevreau prend l'intérieur et le prince de la Tour d'Auvergne, les affaires étrangères. Je ne parle pas des autres départements, en me bornant à noter le nom de M. Clément Duvernois et celui de M. Jérome David. A la police, c'est toujours M. Piétri.

L'agitation est grande, profonde, faite d'irritation et de stupeur ; l'évidence éclate dans les faits : nous n'étions pas prêts, et dès nos premiers pas, c'est la déroute.

Les accusations se croisent : légèreté, aveuglement, impéritie, sénilité, esprit de coterie, esprit de dévouement servile; aucune injure n'est épargnée aux ministres qui s'en vont; MM. Émile Ollivier et le général Lebœuf portent à eux deux la plus grande part de ces imprécations. Où est l'armée? qui le sait; où est l'ennemi, on le voit partout; et s'il fallait croire tous ceux que j'entends, la partie serait d'ores et déjà perdue. Comme autant de messagers funestes, les témoignages de notre imprévoyance et de notre fatuité se multiplient, se complètent; et M. Thiers était dans le vrai; et il est certain que nous avons contre nous le nombre, avec une organisation très-forte, des procédés de défense et d'attaque qui nous déconcertent, un plan depuis longtemps préparé. A Saarbruck, à Wissembourg, à Reichshoffen, nous avons été surpris; la direction a manqué, les approvisionnements ont manqué; les officiers qui devaient nous servir de guides s'égarent eux-mêmes dans *nos* chemins, où l'étranger marche à coup sûr. A tous les degrés l'incohérence; des généraux sans initiative, des soldats courageux et sans discipline. Mon lieutenant des bersagliers ne s'y était pas trompé.

Suffirait-il donc de deux rencontres pour nous forcer à désespérer de nous? Je ne veux pas le croire. Et pourtant, je me souviens qu'en arrivant à Saint-Michel, au jour naissant, nous venions de passer le Cenis, je laissai là le bol de thé que je m'étais fait servir et que je ne pouvais boire, pour m'en aller dans un couloir obscur m'appuyer la tête à la muraille et pleurer de tout mon cœur. Quelqu'un que j'aime bien essayait de me consoler; mais je lui répondis : « Non, tu ne me consoleras pas; car ce n'est pas ce que je sais qui me fait mal, c'est ce que je prévois. » Dieu veuille que les images qui me poursuivaient alors, le jour et la nuit, ne deviennent pas des réalités. Un grand pays comme le nôtre peut en appeler d'une défaite, d'une et de deux batailles perdues, et nous n'avons pas fait assurément, comme on disait jadis « un pacte avec la victoire; » mais il est de ces défaites qui, par leur caractère, sont la condamnation sans appel d'un gouvernemet et d'un pays. Je nie et je nierai que les Prussiens soient plus braves que nous; mais ils sont conduits; en outre, chacun de ces combattants qui savent obéir, porte avec lui une idée supérieure à l'idée de soumission : l'idée de Patrie.

J'ai retrouvé ma maison sans joie; je recherche et j'évite mes amis tour à tour; tout ce que j'entends m'apporte une blessure. Palikao est-il un homme? voilà la question. On le dit intelligent et résolu; il s'agit de faire masse de nos moyens et de ne plus perdre un jour. Combien de soldats, combien de canons? sait-il cela, lui; et s'il le sait, où trouver ensuite le chef qui de toutes ces forces saura tirer notre salut.

12 août. — J'ai appris hier par une dépêche de Théodore Blard, que notre cher cousin Charles de Lacarre, colonel du 3ᵉ régiment de cuirassiers, avait été tué à Reichshoffen. Il a eu la tête emportée par un boulet, en chargeant pour la quatrième fois les batteries prussiennes.

Cette mort est pour nous un grand deuil, même en ce moment; car Charles n'était pas un parent seulement, c'était un cœur sûr, dont j'avais éprouvé la constance à travers bien des chagrins; sa dernière lettre est datée de Lunéville, 23 juillet; je viens de la relire. « Un seul mot, mon cher ami, et ne m'accuse plus d'indifférence. Mon silence se justifie par beaucoup de travail et par des préoccupations que tu dois comprendre. La lutte sera grande; mais nous allons combattre pour l'indépendance de la France et pour son honneur. Ici nous n'avons qu'un même cœur. S'il plaît à Dieu, je reviendrai encore une fois, et ma joie sera sans bornes si je vous retrouve tous; si je dois ne pas vous revoir, je te demande pour ma femme et pour mon fils la continuation de ton affection. Blard est heureux de faire ses premières armes [1]. »

Charles avait servi en Afrique pendant plus de vingt ans; il avait fait les campagnes de Crimée et d'Italie, et il était de ceux pour qui le mot de France! sonne plus haut que tous les clairons. L'unique ambition persistante que je lui aie connue vient d'être satisfaite; il est mort le sabre en main, la face à l'ennemi.

1. Fernand Blard mort à 22 ans, à Sedan.

SEPTEMBRE 1870.

4 septembre. — Séance de nuit au Corps législatif; le ministre de la guerre annonce à la Chambre le désastre de Sedan et demande le renvoi de la discussion au lendemain. M. J. Favre soumet à l'Assemblée la motion suivante :

« Article 1er. Louis Napoléon Bonaparte et sa dynastie sont déclarés déchus du pouvoir que la Constitution leur a conféré.

« Article 2. Il sera nommé par le Corps législatif une commission composée de..... » — Vous fixerez, Messieurs, dit M. Favre, le nombre des membres que vous jugerez convenable dans votre majorité, — « qui sera investie de tous les pouvoirs du gouvernement et qui aura pour mission expresse de résister à outrance à l'invasion et de chasser l'ennemi du territoire.

« Article 3. M. le général Trochu est maintenu dans ses fonctions de gouverneur général de la ville de Paris.

Ont signé : « J. Favre, Crémieux, Barthélemy Saint-Hilaire, Desseaux, Garnier Pagès, Larrieu, Gagneur, Steenackers, Magnin, Dorian, Ordinaire, Em. Arago, Jules Simon, Eug. Pelletan, Wilson, Ernest Picard,

Gambetta, Comte de Kératry, Guyot-Montpayroux, Tachard, Le Cesne, Rampont, Girault, Marion, Javal, J. Ferry, Paul Bethmont. »

M. Pinard. — « Nous pouvons prendre des mesures provisoires ; nous ne pouvons pas prononcer la déchéance. »

M. le président Schneider déclare la séance levée.

— Au jour, une proclamation du conseil des ministres, affichée sur les murs de Paris, nous annonce la défaite de Mac-Mahon, grièvement blessé. Quarante mille hommes ont été faits prisonniers. L'empereur a rendu son épée. La proclamation ajoute : « Paris est aujourd'hui en état de défense. Les forces militaires du pays s'organisent. Avant peu de jours une armée nouvelle sera sous les murs de Paris ; une autre armée se forme sur les rives de la Loire. »

A une heure et quart de l'après-midi, le Corps législatif entre en séance.

M. le ministre de la guerre donne lecture du projet de décret suivant :

« Article 1er. Un conseil de gouvernement et de défense nationale est institué. Ce conseil est composé de cinq membres. Chaque membre de ce conseil est nommé à la majorité absolue par le Corps législatif.

« Article 2. Les ministres sont nommés sous le contre-seing des membres de ce conseil.

« Article 3. Le général comte de Palikao est nommé lieutenant-général du conseil.

« Fait au palais des Tuileries... »

M. J. Favre demande l'urgence, avec priorité, pour le projet qu'il a déposé.

M. Thiers. — Ses préférences personnelles sont pour le projet soumis au Corps législatif par les membres de la gauche; parce que, à son avis, ce premier projet pose nettement la question. Toutefois il croit devoir placer au-dessus de ses préférences la nécessité supérieure de rester unis en présence du grand péril qui nous menace. Il propose donc la rédaction suivante :

« Vu les circonstances, la Chambre nomme une commission de gouvernement et de défense nationale.

« Une Constituante sera nommée, dès que les circonstances le permettront.

Ont signé : « Thiers, de Guiraud, Lefèvre-Pontalis, marquis d'Andelarre, Gévelot, Millet, Josseau, baron de Benoist, Martel, Mangini, Bournat, Baboin, duc de Marmier, Johnston, Le Joindre, vicomte Monnier de la Sizeranne, Chadenet, Gœrg, Quesné, Houssard, comte de Durfort de Civrac, de la Monneraye, Terme, Boduin, Dessaignes, Paulmier, baron Lespérut, Carré-Kérisouet, de Kerjégu, Rolle, Roy de Loulay, Vieillard-Migeon, Germain, Le Clerc d'Osmonville, Pinard (du Pas-de-Calais), Perrier, Guillaumin, Calmètes, Planat, Buisson, baron Eschasseriaux, Durand, baron de Barante, Descours. »

La chambre consultée, prononce l'urgence des trois propositions et leur renvoi à une même commission. Le président propose de se réunir immédiatement dans les bureaux ; la séance serait reprise aussitôt après que la commission nommée aurait terminé son travail.

La séance est levée vers deux heures moins un quart.

Au dehors cependant, l'agitation est extrême. Dès la

veille au soir, on annonçait sur les boulevards, où la nouvelle de notre défaite s'était répandue, que le Corps législatif serait envahi. Le matin, des groupes plus ou moins nombreux se formaient sur différents points ; et, dans certains quartiers, on pouvait voir des hommes en armes, vêtus de l'uniforme de la garde nationale, qui tous paraissaient se hâter vers un but marqué. Un détachement de la garde de Paris, cavalerie et infanterie se tient à l'extrémité du pont de la Concorde ; et, sur le quai, aux abords mêmes de la Chambre, une foule toujours accrue se presse contre les grilles. M. Gambetta paraît. Il adjure les citoyens de rester dans la légalité ; mais dans le même instant, une bande armée a franchi le pont ; le flot se tasse de plus en plus ; il force l'entrée de la cour et se répand dans les tribunes. Bientôt après, des cris de « Vive la république ! la déchéance ! » tombent d'en haut, comme un glas dans la salle presque déserte.

M. Crémieux et après lui M. Gambetta prennent la parole. M. Crémieux ne peut se faire entendre ; M. Gambetta renouvelle ses objurgations. « Il importe d'agir régulièrement. Ce que nous voulons, il faut que la France le veuille avec nous ; pour cela, il est nécessaire de laisser aux délibérations du Corps législatif une pleine liberté. »

M. le président Schneider se joint à M. Gambetta pour recommander le calme.

Le ministre de la guerre se lève de son banc et quitte la salle.

M. Girault (du Cher) promet au peuple une solution

prompte. Ses représentants s'entendent en ce moment même; tout à l'heure, cette solution sera connue. Il faut rester unis pour repousser l'ennemi.

« Il est trop tard. » Les cris couvrent tout; des drapeaux s'agitent dans les tribunes; en vain Gambetta réclame de nouveau l'ordre et le silence; en vain il promet la déchéance. Des coups de crosses de fusil ébranlent la porte de l'entrée qui fait face au bureau; par toutes les portes du pourtour la salle est envahie; on enjambe les bancs; on se précipite dans l'hémicycle; le président se couvre et sort.

Au milieu d'un tumulte renouvelé des anciens jours, des vociférations et des tintements dérisoires de la sonnette du président, agitée par des mains inconnues, on somme J. Favre de proclamer la république. « Pas ici! répond-il, à l'hôtel de ville. » — « Non, réplique M. Grévy, ne justifiez pas ce qui se fait en ce moment. »

Mais déjà M. Favre ne l'entend plus; il est entraîné violemment et ses amis se disposent à le suivre.

Au mois de mai 1848, j'avais pris le chemin des quais; cette fois, je suis la rue de Grenelle pour gagner la Croix-rouge et de là la rue Dauphine. Place Saint-Sulpice, je vois venir un cabriolet escorté de quelques individus armés et d'une vingtaine de curieux. Une bande de gamins précède en chantant ce groupe équivoque; un inconnu replet, large d'épaules et d'extérieur vulgaire, occupe pesamment la gauche de la voiture découverte; à ses côtés, à peine assis, tête nue, je reconnais M. Pelletan. Il me paraît si profondément abattu que je m'imagine d'abord qu'il vient d'être arrêté;

mais son escorte que j'interroge m'apprend que le mouvement suit son cours et que le personnage attristé que j'ai sous les yeux est un des chefs désignés du nouveau gouvernement.

La place de l'Hôtel-de-Ville est une houle contre laquelle il faut lutter pour avancer d'un pas. Aux fenêtres de l'édifice, des visages enflammés et des bras qui se projettent en avant, comme pour menacer, et qui éparpillent sur nos têtes une neige de petits papiers. J'ai assisté à ce même spectacle il y a vingt deux ans. Vers cinq heures et demie, des cris formidables annoncent l'approche d'un événement. C'est M. Rochefort, toujours pâle, crispé, hagard, coiffé de ses cheveux rebelles comme d'un casque à aigrette, portant en sautoir une écharpe rouge, sorti de Sainte-Pélagie tout à l'heure, et que le peuple vient nous apporter. Il n'a fait que paraître, et le moment d'après je ne le vois plus ; ses fidèles, M. de Fonvielle en tête, lui ont ouvert la voie vers les portes, puis vers ce réduit étroit, formé de cloisons rapportées, où se pressent ses collègues de la députation de Paris. Ce que j'éprouve en quittant la place de l'Hôtel-de-Ville serait assez difficile à rendre, car si je conserve la faculté de voir et d'entendre je me sens absolument incapable de réfléchir et de prévoir ; je vais au hasard du courant sans trouver nulle part trace d'une protestation, ni même d'une inquiétude. Ici des gamins se font la courte échelle pour abattre les écussons aux armes impériales ; plus loin des boutiquiers dociles passent au cirage, sur la devanture de leur magasin, la mention *Fournisseur de leurs Majestés* ; tout ce travail se fait presque gaiement, sans clameurs et je dirais sans témoins; car la foule ne s'arrête pas pour si peu. Aux Tuileries, cette indifférence prodigieuse est encore plus frappante que partout ailleurs. Des promeneurs pacifiques suivent à petits pas les allées du jardin réservé; d'autres visitent les appartements déserts, bayant aux meubles, aux tableaux, aux statues, sans plus d'émotion apparente que s'ils se fussent trouvés dans un musée. De loin en loin seulement, quelque passant qui rencontrait un ami lui serrait la main, en faisant suivre cette démonstration cordiale d'une parole qui ne me laissait aucun doute sur ses sentiments à l'égard du régime tombé. Du lendemain, nul souci ; des Prussiens, pas un mot. Aurions-nous retrouvé une armée ? Nos soldats ne sont-ils pas morts ? Wissembourg, Reichshoffen, Sedan, n'était-ce pas hier ; et dans cinq jours, dans une semaine, l'ennemi ne doit-il pas être là ? La passion politique nous a fait oublier toutes les menaces.

On me dit que dans l'après-midi de cette même journée M. Daru s'était rendu aux Tuileries pour soumettre à l'impératrice-régente un projet d'abdication. M. Daru était accompagné de plusieurs de ses collègues du tiers parti. En quittant le palais, ces messieurs se seraient rencontrés avec MM. Jérome David et Piétri. De moment en moment la résistance devenait d'ailleurs plus impossible; les troupes massées dans le jardin et dans la cour demeuraient sans ordre; la foule gagnait de proche en proche, précédée de grandes clameurs et, comme le disait un officier, qui me donnait ces détails : « On n'était plus sûr de rien. » La Régente le comprit; MM. de Metter-

nich et Nigra assurèrent sa sortie ; et lorsque M. de
Palikao se présenta au palais vers 3 heures, les bataillons du général Mellinet se repliaient sur leurs quartiers.

— Cette nuit, j'ai rencontré C. B... qui revenait de
l'hôtel de ville. C'est par lui que j'ai connu le fait considérable de la démarche de M. Grévy apportant à
J. Favre, au nom du Corps législatif, la ratification de la
proposition Thiers, que j'ai reproduite plus haut. Mais
déjà il ne s'agissait plus de rester dans la loi ou d'y
rentrer, l'émeute battait les murs, elle heurtait aux
portes, maîtresse des issues, masquant tout secours,
étouffant toute raison. M. Favre et ses amis n'étaient
plus libres de se résoudre ; ils étaient désormais les prisonniers d'un parti.

« Leur excuse est là, me dit C. B... et si vous les
eussiez vus comme moi, la sueur au front, luttant, de la
parole et des mains, contre les furieux qui les assiégeaient, vous admettriez que l'heure de la raison, l'heure
du respect de la loi, était passée, M. Favre n'ayant plus
à choisir qu'entre ces deux alternatives : accepter à ses
risques les résultats de l'émeute, ou lui céder la place ;
et, dans ce dernier cas, savez-vous qui vous auriez pour
chefs demain matin ? Veuillez prendre garde, aussi, que
depuis dix jours nous sommes, à n'en pas douter, en
présence d'une triple et d'une quadruple conspiration,
chacun des partis et le gouvernement tout le premier
n'attendant plus pour agir que le résultat de la bataille.
Avec la victoire, nous avions un coup d'État, avec la
défaite, une révolution ; à cet égard, il y avait pour

ainsi dire contrat passé, parole donnée; et qui donc viendra parler sérieusement de proportion et de mesure dans un pareil jeu. »

Cette opinion de C. B... pourra se défendre. En attendant, je laisse de côté les hommes et leurs intentions, j'oublie Sedan et ses suites, pour examiner uniquement le fait brutal qui vient de s'accomplir. Je suis d'ailleurs accablé de fatigue et dans cet état de fièvre où les impressions perdent leurs traits réels pour se revêtir de formes divagantes.

— Une minorité, quelle que puisse être la légitimité de ses griefs, quelle que soit l'autorité des principes qu'elle représente, a-t-elle le droit, sous le régime du suffrage universel, de défaire par un coup de force, l'œuvre de la majorité?...

— Non.

Autant que personne je sais ce que ce régime peut contenir d'inconséquences, de résolutions égoïstes et de hasards déshonorants, mais il est la loi, notre unique loi désormais; et j'affirme que celui-là commet un crime, qui ne respecte pas ses décisions; j'affirme que la violence d'où qu'elle vienne, du peuple ou du souverain, est le pire des instruments pour créer une société, aussi bien que pour fonder une dynastie. Les votes favorables qui suivent les émeutes et les coups d'État sont une vaine absolution; le vice originel demeure ineffaçable; et vous n'aurez pas acquis la durée, parce que vous avez trouvé des complices.

Ce n'est pas tout:

— A-t-on prévu les conséquences possibles de cette

journée qui vient de finir? Je ne parle ni de l'Angleterre ni de la Russie, mais seulement de nous.

Oublie-t-on que depuis 1848 une même pensée se manifeste, au Nord comme au Midi; conserver l'unité, soit, mais en finir une fois avec la suprématie meurtrière de cette ville qui prétend insolemment résumer en elle seule toute l'activité intellectuelle d'un peuple? M. Favre et M. Pelletan peuvent-ils me donner l'assurance que ces plaintes, que nous avons tous entendues, ne se traduiront pas tout à l'heure par des actes décisifs d'où peut sortir un démembrement? Existe-t-il entre la Provence, la Bretagne, la Flandre et le Poitou des liens si étroits de parenté que « l'indivisibilité de la république » soit à jamais garantie? N'est-il pas vrai, plutôt, qu'on retrouve dans chacune de ces provinces des souvenirs persistants, témoins de la diversité des origines, des mœurs disparates qu'une autorité très-forte, une foi commune, religieuse ou politique, peuvent seules maîtriser, pour les fondre, le moment venu, en une force unique dirigée vers un même but? Et cette autorité, maintenant, où la prendre; cette foi vit-elle encore en nous; avons-nous tous un même Dieu; savons-nous seulement ce que c'est que la Patrie? Nous ne savons rien de ce que nous devrions savoir; voilà le vrai; et si demain, la province, encore une fois contrainte, se refuse à nous suivre, c'est peut-être la ruine de notre nom.

— Je m'arrêterais sur ce dernier mot, qui contient toutes mes craintes, s'il m'était permis d'achever cette journée sans dire un mot d'un personnage à peine entrevu, il y a moins de vingt jours, et qui, tout à coup, se trouve porté au premier rang; gouverneur de Paris par décret impérial, commandant en chef sur la proposition de M. J. Favre. Je ne me souviens pas d'avoir vu un déplacement de fortune plus bizarre, ni un changement de voie plus complet.

Les renseignements que je possédais sur M. le général Trochu étaient assez sommaires, mais significatifs : — officier très-distingué, auteur d'une brochure dont les conclusions avaient fait grand bruit dans le monde militaire, le général comptait à l'État-major des partisans assez nombreux, mais aussi des adversaires déclarés dans l'entourage immédiat du souverain, avec cette différence que ses partisans s'abstenaient de se montrer, tandis que ses adversaires le représentaient ouvertement comme un esprit inquiet, plus chimérique que solide, ayant au fond plus d'obstination que de volonté, trop personnel en tout cas et trop subtil pour être sûr. On ne contestait pas son talent de parole ni, à certains égards, sa clairvoyance; mais on tenait pour certain que chez lui le désir d'être utile venait après l'impatience de paraître; pour tout dire, il était suspect, et les préventions s'ajoutant aux jalousies en faisaient, qu'il le voulût ou non, un chef de mécontents. D'ailleurs n'était-il pas « le général du Palais-Royal »; ce seul reproche suffisait à le ruiner.

Au début de la guerre, on s'était décidé cependant à utiliser ses services. En lui offrant le commandement du corps expéditionnaire de la Baltique, mission préméditée qui le plaçait à l'écart loin des yeux du maître, et laissait le champ libre aux serviteurs éprouvés dont on se proposait de faire des maréchaux. Le général, sans se méprendre sur les intentions, avait accepté ce commandement, jusqu'au jour où les explications du maréchal Lebœuf et de l'amiral de Genouilly lui avaient permis de constater que les troupes d'Afrique et l'infanterie de marine qui devaient agir sous ses ordres, étaient ensemble dirigées sur le Rhin. J'ai ce moment très-présent, et le général ne l'aura pas oublié. Enfin, au lendemain de nos premiers désastres, le général recevait une nouvelle destination ; puis, à quelques jours de là, le 17 Août, il rentrait à Paris, non plus en homme à qui l'on mesure ses pouvoirs parce qu'on a des doutes sur sa fidélité; mais en homme nécessaire à qui l'on a confié résolûment les destinées de l'empire.

J'avais noté dans la première proclamation du général les passages suivants : « J'ai la foi la plus entière dans le succès de notre glorieuse entreprise[1] ; mais c'est à une condition : le calme dans la rue, le calme dans vos esprits, la déférence pour les ordres de *l'autorité responsable,* la résignation devant les épreuves inséparables de la situation. Je fais appel aux hommes de tous les partis, *n'appartenant moi-même à aucun autre parti qu'à celui du pays...* Et, pour remplir mon œuvre, *après laquelle, je l'affirme, je rentrerai dans l'obscurité d'où je sors,* j'adopte l'une des devises de la province de Bretagne où je suis né : — Avec l'aide de Dieu, pour la Patrie. »

Cette proclamation, un peu trop étudiée et trop personnelle en maint endroit fut approuvée, presque sans

1. La défense de Paris, appuyée par l'armée de Mac-Mahon.

réserve, par les journaux de l'opposition libérale; dans le public, on trouva qu'elle pouvait contenir moins de mots et avoir plus d'accent; au Corps législatif et au Sénat, on s'étonna que le nom de l'empereur ne fut pas même prononcé, alors surtout que la nomination du général, était, en réalité, datée de Châlons. Bientôt après j'acquérais en effet la certitude qu'aux Tuileries, on ne cachait pas son déplaisir, en se refusant à admettre que Paris, commandé par M. le général Trochu, devînt le centre d'un suprême effort, le refuge de la dynastie; plus tard, il serait temps de voir quel parti on pouvait tirer des fortifications de M. Thiers et des talents de M. Trochu; aujourd'hui il s'agissait de dégager Bazaine avec le secours de Mac-Mahon. Par tous les moyens, passionnément et sans trêve, on agit dans ce sens; et le général fut mis à même de constater, par trop d'indices évidents, que les défiances d'autrefois n'avaient fait que grandir. L'attitude de la presse exagérait d'heure en heure des dissentiments qui, dans les derniers jours, avaient acquis la gravité d'un conflit; ce qui nous restait de respect et de discipline s'en allait au fil des propos colportés par les deux camps; MM. Jérôme David et Piétri proposaient, disait-on, de faire arrêter le général; d'autres parlaient d'un gouvernement provisoire, en désignant le général comme président. Ici et là, on n'attendait plus pour agir que les nouvelles de la bataille.

Dès hier la catastrophe était connue et personne de nous n'ignorait que l'assemblée devait être envahie; cela se disait à haute voix sur le boulevard. Quelles mesures avaient été prises contre ce mouvement ; à qui les troupes devaient-elles obéir ; où était la force et, partant, la responsabilité? Voilà la question, que je me garderai de résoudre, en me bornant à citer deux ou trois faits dont j'ai été témoin ou qui m'ont été rapportés par des amis dignes de foi.

Vers deux heures, le général montait à cheval dans la cour de l'état-major, rue de Rivoli ; il était serré d'assez près par la foule, d'où partaient des cris confus. « Mes amis, dit-il, aux plus ardents, laissez-moi ; j'ai souvent essayé de faire entendre la vérité ; je vais essayer encore de la faire entendre. » Où allait-il, on n'en savait rien.

Une demi-heure plus tard, le général était sur le quai ; de temps en temps on le voyait se hausser sur ses étriers pour regarder au loin en continuant d'avancer vers la place de la Concorde, jusqu'au moment où il rencontra M. J. Favre, qui lui apprend que le Corps législatif est envahi, et lui donne rendez-vous à l'hôtel de ville.

Plus tard, après être rentré à l'état-major, le général se rend en effet à l'hôtel de ville ; il y retrouve M. J. Favre et ses collègues réunis en séance ; il ressort quelque temps après, sans qu'on puisse le suivre ; mais son absence n'est pas de longue durée, et ses derniers scrupules sont résolus, à ce qu'il paraît ; car il accepte le commandement en chef et, par surcroît, la présidence du gouvernement qui lui est offerte, sur l'avis motivé de MM. Steenackers et Rochefort.

Où va maintenant M. le général Trochu, où doit-il

nous conduire? je n'en sais rien. En attendant, son attitude dans cette journée demeure inexplicable et j'entends répéter partout une même parole, dont une conscience inquiète pourrait s'émouvoir : « On n'y comprend rien. »

5 septembre. — Comme au lendemain de toutes les crises sociales, les murs se couvrent de proclamations :

— « Citoyens de Paris,

« La République est proclamée. Un gouvernement a été nommé d'acclamation. Il se compose des citoyens : Emm. Arago, Crémieux, J. Favre, J. Ferry, Gambetta, G. Pagès, Glais-Bizoin, Pelletan, Picard, J. Simon, Rochefort, représentants de Paris.

« Le général Trochu est chargé des pleins pouvoirs militaires. Il est appelé à la présidence du gouvernement[1].

« Le gouvernement invite les citoyens au calme ; le peuple n'oubliera pas qu'il est en face de l'ennemi.

« Le gouvernement est avant tout un gouvernement de défense nationale. »

(*Suivent les signatures.*)

— M. J. Favre est aux *affaires étrangères;* M. Gambetta, à *l'intérieur;* M. le général Le Flô, à la *guerre;* M. l'amiral Fourichon, à la *marine;* M. Crémieux, à la *justice;* M. Picard, aux *finances;* M. J. Simon, à *l'instruction publique;* M. Dorian, aux *travaux publics;* M. Magnin, à *l'agriculture et au commerce.*

[1]. Vice-président : Jules Favre; secrétaire : Jules Ferry.

— « Le Corps législatif est dissous.

« Le Sénat est aboli. »

— *Proclamation à l'armée.* « Nous ne sommes pas au pouvoir, mais au combat. Nous ne sommes pas le gouvernement d'un parti ; nous sommes le gouvernement de la défense nationale. Aujourd'hui comme il y a quatre-vingts ans, le nom de république veut dire UNION intime de l'armée et du peuple pour la défense de la patrie. »

— « L'impôt du timbre sur les journaux et autres publications est aboli. »

— « Les fonctionnaires de l'ordre public, civil, administratif, militaire et judiciaire sont déliés de leur serment.

« Le serment politique est aboli. »

— « Sont tenus de quitter les départements de la Seine et de Seine-et-Oise, dans les vingt-quatre heures, à partir d'aujourd'hui, 5 septembre, à huit heures du matin, sous peine d'être passibles des lois militaires, tous les Allemands qui ne seraient pas munis d'une autorisation spéciale. »

— *Circulaire de M. Gambetta aux Préfets.* « Notre nouvelle république n'est pas un gouvernement qui comporte les dissensions politiques, les vaines querelles. C'est une république de combat à outrance contre l'envahisseur. Entourez-vous donc de citoyens, animés comme nous-mêmes du désir immense de sauver la patrie ! »

— « Les gardes nationaux de Paris, c'est-à-dire, tous les électeurs inscrits sur les listes électorales, sont convoqués pour le mardi 6 septembre, à l'effet de procéder à la nomination des officiers et sous-officiers. »

— « La fabrication, le commerce et la vente des armes sont libres. »

— « M. Étienne Arago est nommé maire de Paris : il a pour adjoints MM. Brisson et Floquet. »

La composition du gouvernement ne laisse pas que d'inquiéter beaucoup certains esprits. En premier lieu, on lui aurait souhaité plus d'ouverture, et l'on se demande si « l'acclamation populaire », dont on parle, était impérative à ce point qu'on n'eût pas le devoir d'appeler à soi, quand même, des hommes spéciaux, ayant fait leurs preuves d'expérience, de prévoyance et de dévouement. On affirme qu'ils ont refusé leur concours. Puis, on commente ces mots : « Tous députés de Paris », et l'on y voit une maladresse : M. Gambetta a été nommé à Marseille, M. Simon, à Bordeaux, M. Picard, à Montpellier, M. Dorian, dans la Loire, M. Magnin, dans la Côte-d'Or ; n'était-ce pas le cas, ou jamais, d'associer les départements au mouvement de Paris. Enfin, on se préoccupe assez généralement de la nomination de M. Rochefort. S'il faut y voir une tendance, on la juge menaçante ; si c'est seulement une concession, encore est-on d'avis qu'il est d'un mauvais présage de débuter par un acte de faiblesse, ou tout au moins par une précaution inutile. Il est vrai que M. Rochefort paraît se rendre compte des craintes que ses relations et son passé nous inspirent; cette nuit même il a offert, en termes très-convenables, de se retirer; mais ses collègues n'ont pas cru devoir accepter sa démission. Ils se persuadent qu'ils tiendront le parti, en tenant l'homme; nous verrons bien.

Dans les faubourgs, le remue-ménage est complet. Tous les lieux de travail sont déserts, depuis l'atelier jusqu'à l'échoppe; en revanche, dans les cabarets, sur la chaussée, dans les allées, au fond des cours bordées de maisons noires, c'est une fourmilière d'ouvriers qui vont et qui viennent, qui entrent et sortent, sans pourtant s'écarter bien loin, à la façon de gens qui auraient pris rendez-vous et qui attendent. Je coudoie toute cette armée, et c'est à peine si je surprends quelque parole qui ait trait aux événements; il n'en est pas moins certain qu'un mot d'ordre a couru; et qu'il se prépare quelque chose. Sans qu'ils aient parlé, je sais du reste ce qu'ils veulent : des armes d'abord; ensuite, d'autres chefs que MM. Favre et Picard, « qui sont encore des bourgeois, ceux-là. » Il n'est pas impossible que nous ne nous égorgions, les uns les autres, en attendant les Prussiens.

A l'hôtel de ville, M. Trochu a conquis tous les suffrages; les uns disent : C'est un orateur; d'autres ajoutent : C'est un général; tous s'accordent en un point : M. Trochu ne conserve que très-peu d'espoir. Voici le discours qu'on lui prête : je le résume. — La défense de Paris ne pouvait être une opération sérieuse qu'à la condition d'avoir une armée en campagne. On a disposé de Mac-Mahon contre mon dessein ; nous n'avons plus d'armée et l'on n'improvise pas des soldats. Cependant Paris contient un peuple immense ; il s'agit d'y faire affluer les restes de nos régiments et ceux des mobiles provinciaux qui ont reçu un commencement d'instruction ; en y ajoutant les marins, on peut, par un effort sans précédent, tirer de cette masse deux armées : l'une, qui suffirait à défendre les forts et le rempart ; l'autre, qui recevra mission de se mouvoir au dehors, en s'appuyant sur la ville, et à laquelle viendront se rallier les forces diverses empruntées aux dépôts, aux ports militaires, aux levées prescrites par les nouvelles lois. Nous avons été surpris, nous sommes désorganisés ; nous ne pouvons être sauvés que par l'accord parfait des volontés. Faisons donc très-peu de politique et tâchons d'avoir des hommes.

Ces dernières paroles sont trop sages pour que chacun de nous n'ait pas le devoir d'y conformer sa conduite. Dès à présent, d'ailleurs, je crois pouvoir répondre des sentiments d'une partie notable de la population ; et, depuis la rue de Varennes jusqu'à la rue du Sentier, dans tous les quartiers du centre, je ne retrouve qu'une même pensée : ajourner toutes les récriminations pour faire tête à l'ennemi. J'ai le regret d'ajouter que ces dispositions patriotiques ne sont pas unanimes ; nous avons les sectaires, internationaux et jacobins, les ambitieux sans âme, avec la meute accoutumée des impudents médiocres, saute-ruisseau de la république ou des monarchies qui n'ont jamais vu dans nos malheurs qu'une occasion de parvenir. Tandis que le général Trochu se fait rendre compte des travaux en cours d'exécution, donne ses ordres à Lyon, Cherbourg, Marseille et cherche des lieutenants, MM. Favre, Gambetta, et Picard, épuisés de fatigue, luttent contre des empressements qui ne leur laissent aucun repos. L'un après l'autre « leurs amis » sont accourus ; ils encombrent les escaliers, se répandent dans les couloirs ; ils ont d'instinct le secret de tous les refuges, partout invoquant le souvenir des services qu'ils ont rendus, prêts pour tous les dévouements et pour tous les emplois. Il faut avoir assisté à cette confusion pour se rendre compte des erreurs déjà commises ; erreurs absolument inexcusables si l'on oublie que nos révolutions n'ont été, dans la plupart des cas, que des surprises foudroyantes pour ceux-là mêmes qui les avaient préparées et voulues. J'assiste, en 1870, à la répétition des scènes de Février ; on est arrivé jusqu'aux bords du gouffre sans avoir rien prévu, ni rien préparé ; il n'est plus l'heure de se consulter, on improvise ; il n'est plus temps de choisir les hommes, on accepte les premiers venus ; on ne donne pas, on laisse prendre ; et les plus hardis s'emparent d'autorité des places vides, sans même attendre la signature de leur mandat.

En 1848, au coin de la rue Le Pelletier et du boulevard des Italiens, je rencontrai Léopold Duras, rédacteur du *National* et Félicien Mallefille. Ces messieurs portaient l'uniforme de la garde nationale et se disposaient à marcher sur les Tuileries, en suivant la rue de Grammont. Je leur demandai : « Qu'allez vous faire? — C'est le ministère changé, me répondit Duras, et la régence. » Au moment même où il limitait ainsi la portée d'un mouvement auquel son journal avait si largement contribué, les municipaux du Palais-Royal brûlaient leur dernière cartouche, et le roi Louis-Philippe quittait les Tuileries pour n'y plus rentrer.

Hier, après vingt années de luttes, MM. Favre, Arago, Glais-Bizoin, ne s'en tenaient pas évidemment à la régence; mais, eux aussi, ils avaient la prétention de dominer les événements, en se renfermant dans ce programme : Déchéance de l'empire, d'accord avec le corps législatif, et pas d'émeute. Ils n'ignoraient pas cependant qu'une manifestation devait avoir lieu; peut-être même l'avaient-ils sollicitée; mais il était entendu que cette démonstration, faite pour tenir en respect certaines entreprises et pour triompher de certaines hésitations, se renfermerait dans son rôle de comparse; la force armée devant, au surplus, contenir, s'il était besoin, les plus impatients. Hier, de même qu'en 48, le fait brutal et irrésistible est venu déjouer toutes ces combinaisons; la manifestation s'est faite émeute; les soldats, sur lesquels on comptait, se sont abstenus; et l'on se trouve conduit soudain à se déshonorer par la fuite, ou à risquer sa popularité certainement et peut-être sa vie, dans une partie que soi-même on juge désespérée.

— Des renseignements que je tiens pour authentiques viennent rectifier certaines parties de mon récit de la journée du 4. Je dois les enregistrer.

Après l'envahissement du Corps législatif et des Tuileries, que le ministre de la guerre s'était chargé personnellement de protéger[1], un grand nombre de députés se sont réunis dans les salons de la présidence. On remarquait parmi les assistants MM. Alfred Leroux, qui occupait le fauteuil, Thiers, Barthélemy Saint-Hilaire, de Talhouet, Gavini, Abbatucci, Garnier-Pagès, Johnston, Estancelin, Pinard, Raspail, Buffet, Grévy, Martel, rapporteur de la commission chargée d'examiner les trois propositions J. Favre, Thiers et Palikao. MM. Buffet, Thiers et Garnier-Pagès ont pris successivement la parole; M. Buffet, avec un accent très-vif; M. Thiers, en tâchant de conjurer une résolution extrême, qu'il jugeait superflue; M. Garnier-Pagès, en s'efforçant de pallier la violence commise, et de la faire accepter. L'assemblée entend ensuite le rapport de M. Martel et s'associe par un vote presque unanime aux conclusions qui viennent de lui être présentées; un comité de défense nationale sera nommé par le Corps législatif; ce comité nommera les ministres; la nation sera ultérieurement appelée à se prononcer sur la forme de gouvernement qu'elle entend choisir. MM. Grévy, Garnier-Pagès, et quelques autres de leurs collègues reçoivent mission de faire connaître à l'hôtel de ville le résultat de cette délibération.

Dans une seconde réunion tenue le même jour au même

---

1. Les dispositions prises par le général, jointes aux mesures prescrites par la préfecture de police paraissaient ensemble si fortes, que M. Piétri a cru pouvoir répondre à un député qui s'inquiétait de certaines résolutions prises le 3 au soir rue de la Sourdière » *Cela finira dans une mare de sang.*

lieu, sous la présidence de M. Thiers, et à une heure de la soirée que l'on ne précise pas, l'Assemblée aurait entendu MM. J. Favre et J. Simon qui venaient lui apporter la réponse de l'hôtel de ville. Le fait de démarches tentées auprès de plusieurs membres du Corps législatif pour les associer au nouveau gouvernement et notamment de la présidence offerte à M. Thiers, serait avéré. Si MM. Favre, Simon, Picard etc., ont cru devoir prendre en main la direction du mouvement, c'est qu'il menaçait de s'égarer plus bas. Les pouvoirs qu'ils ont acceptés seront d'ailleurs de courte durée; on ne doit voir là qu'un temps d'arrêt, qui peut permettre aux citoyens d'aviser.

Sauf quelques protestations individuelles, l'Assemblée a été d'avis, avec M. Thiers, qu'il importait d'abord de sauver le pays.

6 septembre. — Une note insérée au *Journal officiel* contient le passage suivant : « Quand Paris aura fait son devoir, le gouvernement remettra à la nation le mandat redoutable que la nécessité lui impose, en convoquant une Assemblée nationale.

— Nomination de *maires provisoires* dans les vingt arrondissements. Ces maires nommeront leurs adjoints. Les citoyens seront appelés, aussitôt que les circonstances le permettront, à élire leurs municipalités.

— M. J. Ferry, membre du gouvernement, est délégué près l'administration du département de la Seine, (mairie centrale).

— Circulaire de M. J. Favre aux agents diplomatiques. « En cédant à un élan irrésistible, trop longtemps contenu, la population de Paris a obéi à une nécessité supérieure, celle de son propre salut... Et cette violence était si bien ratifiée à l'avance par la conscience de tous que nul, parmi les défenseurs les plus bruyants du pouvoir qui tombait, ne s'est levé pour le soutenir. Il s'est effondré de lui-même sans qu'une goutte de sang ait été versée, sans qu'une personne ait été privée de sa liberté... L'ennemi est à nos portes; nous n'avons qu'une pensée, le repousser hors de notre territoire. Mais cette obligation, que nous acceptons résolûment, la France ne la subirait pas si notre voix avait été écoutée. Nous avons défendu énergiquement, au prix même de notre popularité, la politique de la paix; nous y persévérons avec une conviction de plus en plus profonde... Notre situation, je la précise en quelques mots et je la soumets au jugement de mon pays et de l'Europe... Le roi de Prusse veut-il continuer une lutte impie, qui lui sera aussi funeste qu'à nous? libre à lui... Si c'est un défi nous l'acceptons. *Nous ne céderons ni un pouce de notre territoire, ni une pierre de nos forteresses...* Une paix honteuse serait une guerre d'extermination à courte échéance; nous ne traiterons que pour une paix durable. Ici, notre intérêt est celui de l'Europe et nous avons lieu d'espérer que, dégagée de toute préoccupation dynastique, la question se posera ainsi dans les chancelleries. Mais, fussions-nous seuls, nous ne faiblirons pas... Voilà ce que l'Europe doit savoir; nous n'avons pas accepté le pouvoir dans un autre but. »

— Création de soixante nouveaux bataillons de la garde nationale.

— Note du général Trochu. « L'ennemi est en marche sur Paris. — La défense de Paris est assurée. — Le gouvernement compte sur le courage et le patriotisme de tous. »

La circulaire de M. J. Favre est l'objet de toutes les conversations; l'impression presque unanime est favorable; et chacun apprécie l'importance capitale d'un document, où l'on s'est efforcé de compenser par une déclaration, peut-être trop absolue, bien qu'elle corresponde exactement au sentiment public, des avances et et des justifications que notre situation a rendues nécessaires. Maintenant, l'Europe répondra-t-elle à ce cri de détresse, car c'en est un? Une personne en qui j'ai toute confiance ne conservait à cet égard aucune illusion. « Vous autres Français, me disait-elle, vous possédez ce don singulier d'oublier couramment les fautes que vous avez commises, comme aussi les blessures que vous avez faites. Vous avez tenté de diminuer la Russie et vous avez ruiné Sébastopol; vous avez enlevé à l'Autriche l'Italie et vous avez pris parti contre elle en 1866, en affirmant la légitimité de la « rectification de frontières » réclamée par la Prusse; vous avez inquiété le peuple Belge; et fait payer aux Italiens les services, considérables, je ne le conteste pas, que vous leur aviez rendus; pour tout dire, l'Europe entière a vécu depuis vingt ans sous le coup de vos menaces et de vos convoitises; et vous voulez, aujourd'hui, qu'elle se compromette pour vous servir?· ne l'espérez pas. Une seule puissance, l'Angleterre, aurait peut-être intérêt à s'interposer ; mais sa reine a le cœur allemand ; la cité ne voit qu'un point : sa fortune compromise par votre turbulence ; enfin vous voilà en république, mauvaise recommandation auprès des souverains et des bourgeois. »

Et la Prusse ?

Mon ami sourit alors, du sourire que je lui connais et dont je ne m'offense plus. « La Prusse, me dit-il, ira jusqu'au bout. Elle croit tenir l'occasion, et elle en usera sans merci. »

Dans un autre milieu on se préoccupait principalement des conditions de la défense, et l'on se rassurait en rapprochant les termes de la note du général Trochu de la déclaration contenue dans la proclamation du conseil des ministres du 4 septembre. Nous avions la parole du général : « La défense de Paris est assurée. » Il ne nous reste donc plus qu'à nous organiser. Chacun se prépare.

J'apprends que les têtes de colonnes du général Vinoy sont entrées ce soir dans Paris, après une retraite des plus honorables. Il y a là des hommes et du canon ; on trouvera leur emploi.

7 septembre. — Un arrêté de M. le comte de Kératry, préfet de police (on biffe le titre et la particule sur les affiches), licencie les *sergents de ville* pour leur substituer les *gardiens de la paix publique*, « dont la mission exclusive sera de veiller au maintien du bon ordre et de la sécurité des personnes et des propriétés. » C'est la suppression de la police politique. L'arrêté ajoute :

« Les gardiens de la paix ne seront pas armés. » On a donc l'intention de les faire accompagner par des soldats, à moins qu'on n'ait licencié, avec les sergents, les voleurs et les assassins.

Il est douteux qu'en décrétant une pareille mesure, M. de Kératry ait cédé aux instance du tribunal de commerce, ou de la chambre des notaires ; il est plus douteux encore qu'il l'ait imaginée. Cette mesure est une concession faite à ce monde des brasseries qui prétend avoir reçu en dépôt les pures traditions de la première république, amas et ramas de gens dont Barbès et Lagrange n'eussent pas daigné toucher la main, gens de chope et de bock, d'absinthe et de bitter, qui ont l'impudence de croire que leur ignorance nous convaincra, que leur oisiveté pourra donner des fruits, et que de leur vie malsaine quelque chose de sain pourra jamais sortir. Leurs principes, on les connaît, ce sont leurs vices ; et ce n'est pas à ces lèvres salies de tant de façons qu'est réservé l'honneur d'annoncer la liberté.

8 septembre. — Le gouvernement nous informe que nous sommes approvisionnés « pour deux mois ». — Le syndicat des constructeurs mécaniciens et les ingénieurs civils de Paris, offrent de fabriquer des mitrailleuses. — Ordre est donné aux habitants de la zone militaire d'avoir à vider les locaux qu'ils occupent. — De son côté, le préfet de police invite les habitants de Paris qui doivent quitter la ville à accélérer leur départ. — Enfin un décret convoque les colléges électoraux pour le dimanche 16 octobre, à l'effet d'élire une Assemblée nationale constituante. Les élections auront lieu au scrutin de liste; le nombre des membres de l'Assemblée sera de 750.

Le gouvernement, en tenant ainsi la promesse contenue dans sa première proclamation, fait acte de probité en même temps que de sage politique. Une partie des citoyens peut contester la légitimité de son mandat, l'ennemi peut vouloir se faire une arme de ces contestations; il est donc indispensable de faire disparaître au plus tôt toute équivoque et de placer notre adversaire en face d'une représentation sincère du pays. Pour ma part, je n'ai qu'un regret : c'est que les élections ne puissent pas se faire dès demain.

Dans un autre ordre d'idées, l'injonction du gouverneur aux habitants de la zone militaire et l'arrêté du préfet contiennent un avertissement assez clair pour que les plus hésitants soient mis en demeure de se résoudre. Nous pouvons être investis d'une heure à l'autre; ceux d'entre nous qui, pour un motif quelconque, jugent convenable de quitter Paris, doivent donc se séparer de nous sans plus de délais. Dès hier, mon parti était pris; et, quoi qu'il m'en coutât, j'ai, malgré bien des résistances cruelles, dit adieu à ma femme et à mon enfant. Ce soir, je m'en doute, les gares seront inabordables; hier déjà ce n'était plus un départ, c'était une fuite, avec tous les caractères de la panique : enfants égarés, entassement et confusion de colis, toutes les barrières renversées, wagons pris d'assaut, des cris, des violences, une confusion inexprimable.

Je dois noter ici la lettre par laquelle M. Rochefort,

à la suite d'un article odieux du général Cluseret ayant pour titre *la Réaction,* et plus spécialement dirigé contre Gambetta, rappelle au public qu'il ne fait plus partie de la rédaction de la *Marseillaise*[1].

9 septembre. — La perception des droits d'entrée et d'octroi est « provisoirement » suspendue aux portes de Paris.

10 septembre. — Arrêté du général Trochu prescrivant l'incendie à l'approche de l'ennemi des forêts et bois qui peuvent compromettre la défense. « Habitants de Paris, donnez à l'ennemi la formidable surprise d'une immense capitale qu'il croit énervée par la jouissance de la paix et qui, devant les malheurs de la patrie, se redresse tout entière pour le combat. »

— Il est institué à l'hôtel de ville une *commission centrale d'hygiène et de salubrité,* sous la présidence de M. J. Ferry[2].

— Décret qui institue la commission de l'armement national par le concours de l'industrie privée. (Un

---

1. Le lendemain, lettre de M. Paschal Grousset, qui prend prétexte de la lettre de Rochefort pour annoncer que le journal cesse de paraître.
2. Cette commission nous a rendu de réels services. C'est à elle que nous devons l'entrée dans Paris, avant le 18 septembre, des quantités de sel indispensables à notre alimentation et aux conserves; du chlorure de chaux, employé comme désinfectant; des médicaments nécessaires à nos hôpitaux et à nos ambulances : chloroforme, acide phénique, morphine, sulfate de quinine, etc. L'emploi de la viande de cheval a été inauguré par cette commission le 25 septembre. C'est elle qui a étudié les questions relatives aux

décret du 13 charge le ministre des travaux publics de donner force d'exécution aux opérations de cette commission. Un crédit de dix millions est ouvert à cet effet.)

11 septembre. — La taxe de la viande de boucherie est rétablie.

12 septembre. — Un bruit courait depuis deux jours, que nous avions hâte de voir confirmer : M. Thiers quitte Paris ce soir. Il se rend en mission à Londres, à Saint-Pétersbourg et à Vienne. On dit même qu'il irait à Florence.

Quelles que puissent être les défiances que nous inspirons, et en admettant, ce qui n'est pas douteux, que la Prusse nous ait partout devancés par ses alliances et ses promesses, le choix que nous faisons de M. Thiers pour nous représenter est un gage dont on devra nous tenir compte. J'admets avec l'ami dont je transcrivais naguère les paroles que l'on ne nous aime pas, mieux encore que l'on envisage avec une certaine complaisance ces désastres accumulés, trop bien faits pour nous humilier. Mais, si à Londres on sait prévoir, si on garde quelque mesure à Saint-Pétersbourg, si à Vienne on n'est pas tellement empêché qu'on ne puisse donner

---

mélanges pour la fabrication du pain, aux aménagements des baraques, aux cultures maraîchères, à l'abus des liqueurs alcooliques, aux moyens préservatifs contre le froid, à l'organisation des ambulances de rempart, etc.

audience à la réflexion, je veux espérer encore que la parole de M. Thiers sera entendue.

Laissons de côté cette infatuation, qui s'est traduite par tant de paroles vaines, pour nous conduire finalement où nous sommes; confessons que « la grande nation » a fait trop souvent ses preuves de folie; mais rappelons en même temps qu'un peuple de quarante millions d'âmes ne se voit pas écrasé tout à coup, sans qu'il en résulte, pour tous, un trouble profond. Disons enfin que si nous avons mérité d'être punis, il est dans l'intérêt commun que notre châtiment ait ses limites; et qu'il est imprudent de laisser libre carrière à un peuple dont l'ambition sans frein répudie toutes les règles du droit moderne, pour chercher dans le passé barbare la justification de ses envahissements. Ajoutons qu'il est mauvais de nous mettre au cœur un sentiment que nous ne connaissions pas et que nous léguerons à nos enfants, si tant est que nous-mêmes nous ne puissions le satisfaire.

Si l'Europe veut la paix, elle agira; si elle se tait, je crois pouvoir lui prédire qu'elle regrettera son silence.

— M. Crémieux se rend à Tours « pour y représenter le gouvernement et en exercer les pouvoirs »; M. Glais-Bizoin l'accompagne. — M. Crémieux, avocat rompu aux affaires, jadis très-apprécié au palais, à cause de son incontestable talent de parole, est un ancien ministre de 1848, aussi peu enclin à l'enthousiasme qu'à la prodigalité. M. Glais-Bizoin, galant homme, un taon plutôt qu'un orateur; aussi peu fait pour agir que pour séduire; tous deux d'une laideur assez rare, pour que tous deux ils en tirent vanité. Et voilà les messagers de la république, les ravisseurs d'âmes qui doivent conduire la France à l'ennemi.

M. l'amiral Fourichon et M. Gambetta compléteraient d'ailleurs la délégation de Tours; la force et la direction seront là? On a su gré à M. Gambetta de son attitude à la Chambre, dans la journée du 4 septembre; depuis le 4 ses circulaires ont prouvé qu'il se maintenait dans la voie, mais « ses amis » l'assiégent, et pour lui, comme pour nous, je redoute son entourage.

— A partir du 15, on ne pourra plus sortir de Paris sans un permis délivré par le ministre de l'intérieur. Il devient en effet nécessaire de se garder, car les Prussiens sont entrés ce matin à Nogent-sur-Seine, ils sont à Meaux, à Noisy (Seine-et-Marne), et leurs éclaireurs se hasardent sur plusieurs autres points. Dès le 8, on les signalait à Montmirail et à la Ferté-sous-Jouarre.

— Un décret alloue une indemnité de 1 franc 50 par jour aux gardes nationaux nécessiteux, qui en feraient la demande [1].

Depuis huit jours, le misérable souci de moi-même me poursuivait se mêlant, au fond, à toutes mes pensées. Je me préoccupais de *mon* avenir ; quel serait-il ; que

---

[1]. Ce régime des indemnités, commandé par les circonstances, a donné lieu, au début, à des contestations singulières. Dans un certain nombre de compagnies, les citoyens qui avaient légitimement droit à cette allocation, prétendaient « au nom de l'égalité » imposer à tous leurs camarades, sans distinction, l'obligation de la réclamer. On eût parfois quelque peine à les convaincre que ceux qui pouvaient s'en passer commettraient un abus de confiance en l'acceptant.

deviendrais-je au milieu de tant d'événements; aurais-je donc ma vie à recommencer, à mon âge, dans l'état de santé où je suis, avec des devoirs immédiats et pressants? Puis encore, ne devais-je pas prendre exemple sur tant d'autres dont l'honnêteté ne pouvait m'être suspecte, les premiers à me conseiller la résignation. « Notre pays subit une très-dure épreuve sans doute; mais l'histoire est pleine de ces catastrophes à travers lesquelles un homme sage et de sang-froid peut encore subsister. Dans tous ces malheurs, au surplus, quelle était ma part de responsabilité? n'avais-je pas, au contraire, fait obstacle dans la mesure de mes forces aux erreurs que l'on commettait; enfin n'étais-je pas en droit, par toutes sortes d'excellentes raisons, sinon de rester indifférent, ce qui serait inadmissible, du moins d'agir de façon à passer inaperçu? »

Grâce à Dieu, ce triste pas est franchi, et si le peu que je suis et le peu je possède ne valent pas la peine d'être offerts, j'éprouve, en tout cas, cet allégement inestimable de ne plus m'en sentir embarrassé. A partir de ce moment, je me pénètre de cette pensée que j'ai tout perdu et que ce qui me reste de forces appartient au devoir commun.

Sacrifice et dévouement médiocres, en présence de certains que je sais, qui ont tout quitté à la première heure pour marcher à l'ennemi, leurs fils à leurs côtés.

13 septembre. — Grande revue de la garde nationale de Paris et des mobiles des départements. L'armée s'étend depuis la Bastille jusqu'aux Champs-Elysées ; c'est dire que nous sommes nombreux.

Les anciens bataillons ont conservé la tunique, avec l'équipement réglementaire ; dans les nouveaux, on ne voit que des vareuses à boutons de métal ; une simple patte à liséré rouge a remplacé l'épaulette ; plus de shako ; le képi. Encore les citoyens revêtus de cet uniforme révolutionnaire se comptent-ils ; la redingote et la blouse sont le costume de l'immense majorité.

L'esprit qui se manifeste dans chacun des bataillons est varié comme l'habit. Ce sont des cris de *Vive la France!* auxquels répondent des clameurs soutenues de *Vive la République!* Les uns chantent quelque refrain des anciens jours ; les autres restent muets, à leur rang. On s'observe en passant ; et, dans tous ces regards échangés, je ne surprends hélas ! rien de fraternel. Je croirais par instant que nous nous comptons ; est-ce pour marcher ensemble à l'ennemi ?

Si chacun de ces fusils qui reluisent au soleil faisait son devoir, M. de Moltke, certes, n'aurait pas raison de nous ; mais dans ce vaste mouvement d'hommes armés, la divergence absolue des sentiments n'est que trop évidente, et j'ai éprouvé comme un soulagement quand cette mise en présence a pris fin.

Après la revue, un certain nombre de compagnies se sont rendues rue de Chaillot, 95, à la légation des États-Unis. Ma compagnie a défilé sous les fenêtres de M. Washburne, qui ne s'est pas montré ; nous nous présentions du reste un peu tard et nous avons dû céder la place à de nouveaux arrivants, qui gravissaient les pentes au pas de charge. De là nous nous sommes portés rue Blanche, à la légation Suisse, que nous avons saluée de trois hourras. Nos capitaines avaient jugé convenable de nous associer par ces démonstrations aux sentiments exprimés par M. J. Favre, dans les deux lettres insérées au *Journal officiel*.

Notre bataillon était placé, à la revue, en face des *Magasins réunis*; c'est là que j'ai vu M. le général Trochu pour la seconde fois. On ne se rend pas compte aisément des proportions exactes d'un cavalier qui passe. Le général Trochu m'a paru de taille moyenne, sans embonpoint marqué; il est chauve. Son teint, que le mouvement et la chaleur coloraient d'une rougeur factice, doit être à l'ordinaire d'un jaune brun. L'ensemble de cette physionomie s'exprimerait en peinture par trois taches : le front blanc trop développé au sommet, resserré aux tempes, et arrêté court par la ligne touffue des sourcils; la moustache brune qui clôt la bouche d'un trait roide; le menton frappé d'une impériale, dont le relief achève de porter le bas du visage en avant. De même qu'au 4 septembre, j'ai essayé de rencontrer les yeux, mais, cette fois encore, ils regardaient au loin. Y a-t-il là une volonté ? laquelle ? Il faut attendre.

14 septembre. — Le général Trochu, félicite dans un ordre du jour, les gardes nationaux de la Seine, les mobiles de Paris et des départements de leur bonne tenue dans la journée d'hier. « Avec notre formidable effectif, le service journalier de garde dans Paris ne sera pas de moins de 70,000 hommes. Si l'ennemi, par une attaque de vive force, ou par surprise, ou par la brèche ouverte, perçait l'enceinte, il rencontrerait les barricades, dont la construction se prépare; et ses têtes de colonnes seraient renversées par l'attaque successive de dix réserves échelonnées.

« Ayez donc confiance entière, et sachez que l'enceinte de Paris, défendue par l'effort persévérant de l'esprit public et par trois cent mille fusils, est inabordable. »

— Si nous avions besoin d'être rassurés, voilà des paroles qui seraient pour nous un viatique. Hier, j'avais l'esprit chagrin, et j'aurai mal vu.

— Le télégraphe est coupé entre Melun et Mormant, qu'un peloton de lanciers prussiens vient d'occuper. Les uhlans étaient à Nangis dès le 13 au soir. On signale l'ennemi à Senlis, à Crépy-en-Valois; des corps plus ou moins nombreux campent sur les routes ou bivouaquent sur la lisière des bois.

14 septembre. — Rien de nouveau, sinon qu'ils approchent. Une dépêche datée du 9 nous informe que Strasbourg tient encore, mais que la situation se fait d'heure en heure plus menaçante. Pas de nouvelles de Metz.

Ce soir, après dîner, j'ai vu le général Vinoy qui nous a conté sans phrases, sa retraite sur Paris. Il était le 31 et le 1er à Mézières, n'ayant avec lui que deux régiments, le reste de la division s'était trouvé dans l'impossibilité de le rejoindre, par suite de l'encombrement des lignes de fer, envahies par les convois de munitions, ou requises pour le service de l'empereur et du prince impérial. Le 31, il parvenait à diriger sur Sedan « un bataillon » de zouaves. En route, on dut faire le coup de fusil avec les uhlans ; et l'aide de camp qui accompagnait le bataillon n'eut d'autre parti à prendre, pour revenir à Mézières, que de monter une jument de Tarbes des écuries de l'empereur. Déjà Mac-Mahon n'espérait plus rien, et quand l'officier de Vinoy lui parla des zouaves, il fit un geste distrait, comme pour dire : Il me faudrait autre chose que cette poignée d'hommes pour nous sauver. L'empereur, lui, fumait sa cigarette, comme de coutume ; il paraissait attendre.

Bientôt après, la débâcle commençait. On vit arriver à Mézières, des officiers d'ordonnance de l'empereur et du maréchal, des fantassins débandés, des groupes de cavaliers, enfin des pièces d'artillerie qui échappaient à l'ennemi, au galop des attelages.

En présence d'une semblable cohue, le général prit son parti ; il retint parmi ces gens ceux qui lui paraissaient les moins ébranlés, c'était le petit nombre ; aux autres, il montra le chemin de fer de Charleville qui leur restait encore ouvert. Mais le temps pressait, d'un instant à l'autre, l'ennemi pouvait apparaître en forces supérieures ; il s'agissait donc d'ordonner la retraite.

De Mézières à Paris, ce fut entre les Prussiens et nous une lutte de vitesse et de ruse. L'ennemi connaissait à miracle tous nos chemins, vieilles routes et routes neuves, et pendant plusieurs lieues, on se fit la conduite, les deux colonnes marchant d'un pas égal sur deux voies presque parallèles. On escarmouchait à l'occasion, sous bois ou sur les crêtes; le plus souvent on demeurait silencieux. Au petit jour on prenait le café en ordre de bataille et l'on mangeait, tout en continuant d'avancer. Les alertes étaient fréquentes, et le général dut croire, plusieurs fois, que nos affaires allaient se gâter.

L'important pour nous était de pousser toujours plus avant; car, au fur et à mesure que nous gagnions du terrain, l'ennemi devenait moins redoutable, en s'éloignant des masses qui pouvaient l'appuyer; tandis que nous, au contraire, nous reprenions confiance, en nous rapprochant, d'heure en heure, d'un pays encore intact, et où nous espérions bien trouver quelque secours. Notre tâche, d'ailleurs, n'était point aisée; on n'avait pas le choix des routes; et la colonne, resserrée trop souvent par les obstacles naturels, devait s'étendre sur un parcours de cinq et six kilomètres.

Enfin nous sommes à Laon; l'ennemi s'arrête, avec le regret de laisser échapper ces braves gens, dont il portait les marques. A deux reprises, il avait tenté de nous couper; mais nos mitrailleuses et une charge à la baïonnette l'avaient contraint à reculer.

Le récit du général n'a fait que confirmer mon impression, et plus il se montrait discret et réservé dans ses jugements, plus cette même impression s'enracinait dans mon esprit. Encore une fois, à tous les degrés, nous avons manqué de discipline et de direction. Tel qui partait pour la frontière, pensant y trouver un bâton de maréchal, prétendait ne recevoir d'ordres de personne, discutait les ordres reçus, ou les exécutait à son caprice. Aussitôt après les premiers malheurs, ce qui était défaut d'entente est devenu rupture; et l'on s'est accusé réciproquement d'abandon et d'incapacité. Dans Metz, la seule armée qui nous reste, celle-là compacte, solide, avec ses cadres au complet, mais masquée par des forces écrasantes; avec Mac-Mahon, brave autant que pas un, mais tourmenté de scrupules, conscience droite, esprit hésitant, quelques anciens régiments, cette admirable division d'infanterie de marine qui devait se couvrir de gloire à Bazeilles; puis, autour de cette élite trop peu nombreuse, des régiments de marche formés des quatrièmes bataillons, c'est-à-dire des conscrits, puis encore les débris ramassés de Wissembourg et de Reichshoffen, masse incertaine et d'avance convaincue que la défaite l'attend.

L'événement final n'était pas douteux.

15 septembre. — Nous recevons la première proclamation de M. Crémieux, datée de Tours 13 septembre. — « L'union, la concorde entre tous les citoyens, voilà le premier point d'appui contre l'ennemi commun. Souvenons-nous de 92, et, dignes fils des soldats de la Révolution, chassons l'étranger du sol de notre république. »

L'ennemi est en force à Joinville; il est à Chantilly; on le rencontre entre Neuilly-sur-Marne et Creteil; ses uhlans sabrent nos maraudeurs et poussent jusqu'à Mély. Les trains entre Paris et Chantilly sont supprimés.

« En attendant la réorganisation du conseil d'État par l'Assemblée constituante, les membres actuels du conseil sont suspendus de leurs fonctions, à dater de ce jour. Les affaires seront expédiées par une commission provisoire, composée de huit conseillers et de dix maîtres des requêtes nommés par le gouvernement sur la proposition du ministre de la justice. Les membres ainsi nommés désigneront douze auditeurs. »

Tandis que le gouvernement décrète, nomme des préfets, des magistrats, révoque les ambassadeurs, institue des commissions, cherche de l'argent et trouve partout ses amis qui demandent des places; on voit monter des profondeurs et de l'oubli des hommes qui déjà se déclarent mécontents de la tiédeur et des lenteurs de l'hôtel de ville. MM. Ledru-Rollin et Félix Pyat ; MM. Blanqui, Millière et Flourens, traînant après eux les impatients de tout habit, agissent sur les clubs, et dans des réunions intimes, dans des journaux à eux, sonnent la défiance. En même temps, dans plusieurs mairies, on se méprend sur l'étendue des pouvoirs des municipalités ; on tient pour nulles et non avenues les prescriptions édictées par les ministres ; on adresse aux chefs des établissements publics des « réquisitions » ; chaque jour, les conflits d'attributions vont se multipliant.

— Vers la fin du jour, j'entends des tambours qui battent le rappel dans toutes les directions. Un bataillon d'Auvergne passe sous mes fenêtres, et le fils Mège, un brave cœur qui fera son devoir, me salue de son épée. Dans le jardin des Tuileries, interdit à la circulation et transformé en parc d'artillerie, un va-et-vient de cavaliers et de caissons; puis deux régiments rappelés de Rome, le 35e et le 42e, qui descendent l'avenue des

Champs-Élysées, pour suivre la rue de Rivoli, où d'autres bataillons les ont déjà précédés. Enfin, pour fond au tableau, de grandes poussières montantes, et le ciel du couchant sur Chaillot, tout enflammé de vapeurs rouges.

Où va tout ce monde? vers Vincennes, dit-on, au-devant d'une attaque que l'on prévoit.

16 septembre. — Un décret, daté d'aujourd'hui, fixe les élections pour l'Assemblée constituante au dimanche 2 octobre. En même temps, ordre est donné de procéder le 25 septembre prochain à une nouvelle élection des conseils municipaux. Donc plus de surprise, le pays souverain va faire connaître ses volontés; et si l'on accuse ensuite les membres du gouvernement d'avoir usurpé le pouvoir, encore pourront-ils répondre : Nous ne l'avons gardé qu'un jour, pour vous le remettre.

— Les Prussiens sont à Villeneuve, Dammartin, Plessis-aux-Bois, Courcelles, Guignes, et d'autre part à Pierre-Laye (Seine-et-Oise). On se bat à Athis. Le télégraphe est rompu entre Ablon-sur-Seine et Juvisy; sur ce point, l'ennemi passe la Seine à gué; notre investissement se complète d'heure en heure.

Je ne sais quels zélés sans cervelle ont arrêté tantôt le maréchal Vaillant, sur le talus des fortifications. Il s'est nommé; il a montré son permis; rien n'y a fait et peu s'en est fallu qu'il ne reçût un mauvais coup. Enfin on l'a poussé dans une voiture de place, pour le conduire à l'état-major général, d'où il a pu s'évader par une porte de derrière.

Et pourquoi toute cette émotion? parce qu'un passant

anonyme, ce passant qui fait tomber les têtes et sème toutes les épouvantes, a dit que le maréchal *était envoyé par l'Empereur, pour prendre le plan des remparts et le livrer aux Prussiens.*

Ces arrestations sans prétexte plausible, suivies parfois des violences les plus regrettables, sont du reste, un des caractères les plus saillants de notre situation. On voit des espions partout ; on arrête à tort et à travers, pour un mot, pour un geste que vous aurez fait, à cause de votre barbe qui est blonde, ou de votre accent allemand, et vous êtes de Bourges. Surtout, ne résistez pas, vous seriez mis en pièces ; il vous faut obéir, vous rendre au poste, pour y subir un interrogatoire en règle et souvent traverser tout Paris, escorté de quatre fusiliers, trop convaincus de l'importance de leur capture ; pour être mis enfin en présence d'un officier qui vous congédie plus ou moins poliment. Pareille aventure est arrivée à plusieurs de nos amis.

Ce spectacle que nous avons sous les yeux, à tout instant, me reporte à une autre époque et m'explique des événements que j'avais eu peine à comprendre. La loi des suspects et la guillotine sont sorties de terre avec la peur. Prenez le premier venu dans cette meute qui poursuivait le maréchal de ses huées et tâchez de lui faire entendre raison ; autant vaudrait parler à un mur. Avec le peuple, il n'est pas de probabilité, ni de mesure ; il boit l'absurde comme il vide son verre, tout d'un trait. Si la famine nous vient, il faut s'attendre à tout.

17 Septembre. — Nous avons eu, aujourd'hui, notre premier engagement sérieux. L'ennemi avait été signalé à Choisy-le-Roy ; la division d'Exéa du corps de Vinoy, qui se tenait dans ses lignes de Vincennes, en est sortie résolûment pour attaquer l'arrière-garde d'une colonne prussienne qui se portait sur Versailles, en tournant Clamart et Châtillon, occupés par le général Ducrot. Nos pertes ont été peu sensibles ; celles de l'ennemi auraient été relativement considérables ; car nous lui aurions tué ou blessé 400 hommes environ.

Une circulaire adressée par M. J. Favre aux représentants de la France à l'étranger contient les passages suivants : « Le décret par lequel le gouvernement avance l'époque des élections résume notre politique tout entière. On nous objecte que le gouvernement que la France s'est donné, est sans pouvoirs réguliers pour la représenter. Nous le reconnaissons loyalement ; c'est pourquoi nous appelons, tout de suite, une assemblée librement élue. Ce n'est donc pas notre autorité d'un jour, c'est la France immortelle qui se lève devant la Prusse... la France qui, rendue à sa libre action, a immédiatement demandé la cessation des hostilités ; mais qui en préfère mille fois les désastres au déshonneur. Les cabinets seront frappés, j'en suis sûr, de la noble attitude de Paris. Grave, confiante, prête aux derniers sacrifices, la nation armée descend dans l'arène, ayant devant les yeux ce simple et grand devoir : la défense de son foyer et de son indépendance. »

On ne peut mieux dire. Nos sentiments et notre résolution sont là.

SEPTEMBRE 1870.

— Les ambassadeurs de Russie, d'Autriche et d'Angleterre nous ont quittés, ce matin, pour se rendre à Tours. Les ministres des États-Unis, de Suisse, de Belgique, de Hollande et de Danemark partageront notre fortune. M. de Bismarck, « sans prétendre influencer en rien les déterminations des puissances », aurait fait observer qu'en maintenant leurs représentants dans une place de guerre assiégée, elles pourraient avoir l'air de prendre parti. Notre gouvernement a d'ailleurs ses délégués à Tours ; et l'on peut faire valoir la nécessité de maintenir ses communications avec Londres, Saint-Pétersbourg et Vienne, sans avoir à réclamer l'*exeat* de l'état-major prussien.

— Les bataillons de la garde mobile réunis à Paris sont appelés à élire leurs officiers ; capitaines, lieutenants et sous-lieutenants. Les élections auraient lieu après-demain 19. Les officiers ainsi nommés éliraient ensuite leur chef de bataillon ; enfin, dans les bataillons enrégimentés, le corps des officiers désignerait le lieutenant-colonel, commandant.

— Un arrêté du général Trochu prescrit aux gardes mobiles, logés chez l'habitant, d'être rentrés à 10 heures du soir au domicile qui leur a été assigné. Tout garde, qui se montrerait dans les rues, après l'heure marquée, sans permission régulière, serait arrêté et puni disciplinairement.

Il est possible que dans les bataillons des départements le système de l'élection des officiers donne des résultats supportables. Mais, dans les bataillons de la Seine, à quoi ne devons-nous pas nous attendre? On sait quelle a été leur conduite à Châlons et à Saint-Maur ; choisiront-ils les plus dignes, ou bien ne voteront-ils pas de préférence pour un camarade, qui par son caractère et ses habitudes leur promettra l'impunité. En province, on se connaît ; le nom, la fortune, un certain degré d'instruction, un passé qui oblige, seront autant de garanties et de motifs pour déterminer les choix ; à Paris, trop souvent, ces mêmes motifs vous feront exclure. Je désire que l'événement me donne un démenti ; en attendant, je tiens pour avéré qu'en insistant pour étendre le régime des élections aux corps armés, M. Gambetta commet une erreur radicalement contraire à toute idée de discipline.

Quant à l'injonction adressée à ces mêmes mobiles d'être rentrés à 10 heures, l'opinion, qui réclamait cette mesure, ne peut qu'y applaudir, surtout si l'on a la volonté de tenir la main à son exécution. La nuit, nos rues étaient pleines de jeunes gens errants, armés ou sans armes ; pris de vin, ou chantant à pleine voix, en compagnie de femmes qui les entraînaient, on sait où.

Le 15, le prince Albert de Prusse, frère du roi, était à Provins avec 2,000 cavaliers et de l'artillerie. Dans la nuit du 16 on peut suivre l'ennemi sur les hauteurs de Brunoy ; aujourd'hui 17, il construit un pont à Villeneuve-Saint-Georges, où il paraît vouloir se fortifier. Cet après-midi un train de la ligne d'Orléans se dirigeant sur Athis a été accueilli à coups de fusils, en face de Choisy-le-Roi. Nous coupons nous-mêmes la voie à la hauteur du rempart.

Nouvelles rassurantes de Metz.

18 septembre. — Un décret nous apprend que nous aurons à élire notre conseil municipal, le mercredi 28. Cette assemblée doit compter *quatre-vingts* membres ; « Ses attributions, est-il dit, seront les mêmes que celles des autres municipalités. » Ce qui exclut toute pensée d'une action politique.

Une commission des barricades est instituée sous la présidence de M. Rochefort. Toutes les études, relatives à ce système de défense, ont été préparées par les soins de M. le ministre des travaux publics[1].

— A cinq heures et demie, nous faisons nos débuts, au rempart.

Nous sommes campés à deux pas d'une de ces vastes maisons, sordides d'aspect, comme on n'en voit plus qu'aux barrières. Un marchand de vins habite encore le rez-de-chaussée ; mais du premier étage jusqu'aux mansardes, on déménage ou l'on est parti. Sur une aire, d'un arpent en longueur, et toute jonchée de paille, s'élèvent deux grandes tentes qui nous sont réservées. De l'autre côté de la voie, qui forme les limites de notre bivouac, la ligne sans fin des tentes-abris occupées par les mobiles, nos camarades. Immédiatement après, le bastion parcouru en tous sens par les brouettes des terrassiers et par des bûcherons, qui abattent les arbres dont les menus branchages sont transformés en fascines, dans un champ voisin. A droite et à gauche, des

---

1. Cette commission se composait, en outre de son président, de MM. Albert, Dorian, Bastide, G. Flourens, Martin Bernard, Dréo, Schœlcher, Ch. Floquet, Cournet.

cultures maraîchères, coupées çà et là de ruelles, que bordent des masures en ruines.

Spectacle nouveau pour la plupart d'entre nous, mais qui donne à penser; car si l'on en juge par ce que nous avons sous les yeux, il s'en faut que nos travaux de défense soient achevés. On aperçoit un canon de loin en loin; les poudrières se construisent; les embrasures ne sont qu'ébauchées; les sacs à terre sont absents. En est-il partout ainsi?

A sept heures, je prenais ma première faction, pour ne la quitter qu'à neuf heures et demie. A onze heures j'étais appelé de nouveau et l'on me relevait à une heure; enfin, à quatre heures, c'était encore mon tour, jusqu'à cinq heures. Nuit sans lune; temps très-doux. De huit à onze heures, le canon; et je distingue à la base du ciel d'un bleu noir la lueur rapide qui précède chaque détonation.

C'est en me promenant, mon fusil à l'épaule, dans un terrain vague encombré des débris les plus variés, tout proche d'un dépôt de poudre confié à ma garde, que j'ai entendu sonner mes cinquante et un ans. Autrefois, mes amis m'attendaient pour me faire fête et tel d'entre eux était venu de loin, tout exprès, pour me serrer la main. Les temps et le milieu sont changés.

Comme je rentrais au campement, cinq ou six coups de fusil éclatent en face de nous; en un moment nous sommes tous en armes, et les plus alertes sont déjà au rempart. Les gardes mobiles prétendent qu'ils ont vu des ombres se mouvoir en avant des glacis. Ce n'était rien.

19 septembre. — Le matin m'a trouvé causant avec un ami sur les dernières marches d'un escalier qui servait déjà de refuge à toute la compagnie. A midi par un beau soleil, j'étais de faction au rempart d'où je pouvais embrasser tout cet horizon de collines qui renferme Saint-Ouen, Saint-Denis et dix villages. Un élève de l'école polytechnique m'a appris que la canonnade, que nous avions entendue la veille au soir, était dirigée contre des colonnes prussiennes, par les trois forts de Rosny, Aubervilliers et Noisy. A six heures je rentrais chez moi, pour y trouver la nouvelle du combat de Châtillon.

Au jour levant, le général Ducrot est descendu des hauteurs de Villejuif, Châtillon et Meudon, qu'il occupait avec deux divisions, dans l'intention manifeste d'inquiéter, tout au moins, le mouvement de l'ennemi sur Versailles. Dès le début, il s'est heurté à des masses abritées sous bois, ou déjà retranchées dans les villages, et protégées par une artillerie nombreuse. Cependant notre gauche s'est maintenue à Villejuif ; le 15e de marche, placé en vedette au Plessis-Piquet, a défendu énergiquement ses approches ; une partie de la droite n'a pas fléchi, en s'aidant de l'ouvrage en terre de Châtillon ; mais, de ce même côté, une panique inqualifiable s'est emparée d'un régiment de zouaves de nouvelle formation, et ces hommes, affolés ou ivres, ont commencé la défaite, en entraînant après eux d'autres soldats, trop disposés à fuir. Vers quatre heures, le général Ducrot, se voyant débordé, donne le signal de la retraite, après avoir fait enclouer, sous ses yeux, huit pièces de position, placées dans la redoute de Châtillon. Nos troupes, encore en ligne, se concentrent sous les forts, que l'ennemi, fort heureusement, ne tente pas de franchir.

La panique avait, en effet, gagné de proche en proche, et les Prussiens, avec un effort de plus, pouvaient tout emporter. Aux barrières, sur les boulevards extérieurs, et jusqu'au centre de la ville, les fuyards allaient répétant que nous avions été écrasés, qu'ils étaient trahis, que tout était perdu. D'abord, on les écoutait ; puis, des citoyens, que toute présence d'esprit n'avait pas abandonnée, pressent ces gens de questions, visitent leurs gibernes et leurs fusils et montrent à la foule que nous avons affaire à des lâches qui, pour la plupart, n'ont pas tiré un coup de fusil. La réaction se fait, l'indignation et le dégoût succèdent à la peur, plusieurs de ces menteurs impudents se voient traités comme ils le méritent et sont conduits à l'état-major.

Le résultat n'en est pas moins déplorable et, malgré la bonne tenue du 3ᵉ de zouaves, échappé à Sedan, de tel autre régiment, et des mobiles engagés ; malgré les excellents services de notre artillerie, l'ennemi n'en est pas moins maître de toutes nos positions.

Au nord, il a Conflans, Triel, Gonesse et le Bourget, prêt, suivant l'expression du *Journal officiel* à pointer sur Saint-Denis. A l'est, il tient Bondy, le Raincy, Brie-sur-Marne, qui brûle, et Chelles, immanquablement ; couvrant ainsi sa ligne de retraite et d'approvisionnements. Au sud, il menace Créteil par Bonneuil, en s'appuyant sur les bois de La Grange, et de Notre-Dame sur Choisy-le-Roi, et, en arrière, sur Villeneuve-Saint-Georges. A l'ouest, il part de Villejuif, qui, ce matin encore, était à nous, pour suivre librement désormais les hauteurs de Bagneux, Châtillon, Clamart, Plessis-Piquet, Meudon, et enfin gagner Versailles, qui ne peut lui résister. Ce soir, les ponts de Sèvres et de Saint-Cloud ont sauté, le cercle est donc parfait; à partir de ce moment, notre univers finit au rempart.

Il nous était évidemment impossible de faire obstacle à notre investissement, mais il y a lieu de regretter qu'il ne soit pas plus distant, et que nous ayons ainsi perdu, presque sans coup férir, des positions qui nous menacent trop immédiatement, pour que nous ne soyons pas tentés, sous peu, de les reprendre.

— On affirme que M. J. Favre a quitté Paris hier matin pour se rendre au quartier général prussien.

20 septembre. — Un ordre du jour flétrit « les soldats indignes qui ont compromis, dès son début, une affaire dont, malgré eux, les résultats sont considérables. » Le général Trochu déclare qu'il est fermement résolu à mettre fin à ces désordres. Il ordonne aux défenseurs de Paris « de saisir les hommes isolés, soldats de toutes armes, ou gardes mobiles qui errent dans la ville en état d'ivresse, et déshonorent par leur attitude, l'uniforme qu'ils portent. »

Le général rappelle ensuite les termes de la loi militaire : abandon d'un poste en présence de l'ennemi ou de rebelles armés; refus de marcher à l'ennemi; pillage ou dégâts; destruction d'armes, vivres ou munitions : — LA MORT.

—A Saint-Denis, on prend des mesures pour interdire à l'ennemi l'occupation de la *butte Pinson*.

Meudon est occupé. L'ennemi établit des ponts entre Vaux et Triel, il en jette un troisième à Port-Marly.

Les délégués des vingt comités d'arrondissement de Paris (?) se sont réunis à l'Alcazar, sous la présidence de M. Lefrançais, pour décréter que la république n'avait pas à traiter avec l'ennemi qui occupe son territoire. Paris s'ensevelira sous ses ruines, plutôt que de se rendre. « Levée en masse. Réquisition générale de toutes les subsistances et instruments de défense. Suppression de la préfecture de police; remise immédiate de la police municipale entre les mains de la *Commune de Paris*. Élection à bref délai des membres de cette commune; un conseiller pour 10,000 habitants. Ces résolutions devront être rendues publiques; les citoyens sont invités à veiller, en armes, à la conservation des affiches. » — Une délégation de l'assemblée s'est ensuite rendue à l'hôtel de ville, où elle a été reçue par M. J. Ferry, dont les réponses auraient été favorablement accueillies par les délégués, MM. Ch. Beslay, Camélinat, Chassin, E. Chatelain, Claris Cornu, Dupas, E. Duval, Johannard, Laujalley, Lefrançais, Ch. Longuet, L. Michel, Moillin, G. Pagnerre, J.-B. Perrin, G. Ranvier, E. Roy, Toussaint, Vertut.

Ces noms, que je cite avec intention, ne me sont pas tous inconnus. De qui ces messieurs tiennent-ils leur mandat? des clubs. Ils parlent au nom du peuple. Lequel?

Comment, il peut se rencontrer, à l'heure où nous

sommes, des individus ayant toute leur raison, pour rendre gratuitement des décrets et signifier au gouvernement des *volontés* recueillies on ne sait où? Autant vaut abaisser tout à l'heure nos ponts-levis. Comment, les Prussiens sont là, nous ne pouvons être sauvés que par la discipline, et les représentants de l'*Internationale* et de la *Sociale* viennent nous fatiguer de leurs injonctions? Je ne sais pas ce que fera le gouvernement; mais on tombe d'accord que, s'il croit par quelque côté à la légitimité de son mandat, il fera connaître, une fois pour toutes, aux « délégués des comités d'arrondissement », à ceux qui se nomment et à ceux qui se cachent, que leur insolence nous est insupportable et que s'ils veulent, d'un si grand cœur, sauver la patrie, leur place n'est pas sous les fenêtres de l'hôtel de ville; mais en avant de Rosny, de Vanves ou de Créteil, à leur choix.

Soirée passée chez B... Nous sommes nombreux et l'on se communique ses impressions de la rue et du rempart : — Sur les places, et les chaussées, dans les carrefours, les avenues et jusque dans les ruelles, un peuple armé qui s'exerce au maniement du fusil; tous les âges confondus. Dans certains quartiers, les femmes et les enfants, debout ou assis au bord des trottoirs, accompagnent les exercices de leurs excitations et de leurs cris. De l'ancienne ville que nous avons connue, plus trace; les magasins fermés en plus d'un lieu; toute production tarie; tous les bruits transformés, avec les habitudes et les visages; quelque chose de farouche et de joyeux en même temps; des rires mêlés à des menaces. De la barrière du Trône à l'Arc de triomphe, de Clignancourt à la chaussée du Maine, les sonneries du clairon et le roulement des tambours. Tout est là, le bien, le mal, le dévouement et l'excès, toutes les passions à nu, toutes les difformités; tout Paris au grand jour. Vous surprenez au passage, et dans un même groupe, des mots pleins de sens; ils sont rares; et des idées fausses, ou incomplètes, dans toutes les directions. Ce qui ressort le plus évidemment de cette grande agitation qui remue la ville jusque dans ses profondeurs, c'est que nous sommes les uns pour les autres des étrangers, différents les uns des autres par la langue, les mœurs et la manière de sentir. Il n'y a pas là une nation; il y a des tribus, cantonnées chacune dans son arrondissement.

Dans nos bataillons, absence complète de discipline; puis, à côté, l'exagération des ordres reçus, poussée jusqu'à l'absurde. On mange, on boit, on dort, on tutoie son capitaine et l'on répond au sergent : « Vous m'ennuyez. » On crie « Vive la France! » ce qui serait un cri à n'en pas vouloir d'autres, si je devais y voir une pensée d'union, un appel patriotique; mais ce cri n'est qu'un appel en blanc à n'importe quoi qui nous donnera la paix. Car on est sans principes; et, pour aller au court, on n'aime que soi, et son chez-soi; dans de semblables dispositions, on ne sauve pas son pays; on se sauve.

Les mesures qui viennent d'être prises contre les soldats errants sont un signe. Le sentiment de *l'honneur* a fléchi, et surtout le sentiment du devoir commun. Placez un Français pris au hasard en présence d'un soldat prussien, dans un endroit clos, je suis persuadé que le Français fera tête et je parierai pour lui ; mais il ne s'agit pas ici de « défendre sa peau », comme on dit vulgairement ; il s'agit d'obéir, de vouloir ensemble une même chose ; et, pour l'obtenir, de mourir à son rang, le moment venu. Eh bien, nous raisonnons trop ; sous prétexte de n'être pas des machines, nous prétendons juger nos chefs, chacun se réservant de dire : J'en ai assez, si l'affaire ne réussit pas dès le début.

S'il me paraît urgent de faire des exemples sévères parmi les soldats, il me paraît indispensable de faire un tri dans la garde nationale et d'enrégimenter sans délai tout ce qui peut et veut marcher. Parmi beaucoup de non-valeurs et d'éléments mauvais, nous comptons encore un grand nombre d'hommes résolus et prêts à tous les sacrifices. On trouverait là facilement un complément d'armée ; mais il faut vouloir.

21 septembre. — Nos troupes de Châtillon sont rentrées dans Paris. Nos éclaireurs se portent en avant sur plusieurs points ; le canon des forts fouille les bois et les fourrés, où l'ennemi s'abrite. On échange des coups de feu un peu partout.

Dans une proclamation datée du 20, insérée au *Journal officiel* du 21, et signée de M. Favre et de tous ses collègues, le gouvernement proteste contre l'intention qu'on lui prêtait d'abandonner la politique « pour laquelle il a été placé au poste d'honneur et du péril ».

« Cette politique est celle qui se formule en ces termes :

« Ni une pierre de nos forteresses, ni un pouce de notre territoire. »

— M. Gambetta rappelle dans une seconde proclamation, signée de son seul nom, que c'est aujourd'hui 21 l'anniversaire de la fondation de la première république, et il insiste sur les souvenirs et les exemples que contient cette date de 92. On lui répond par des manifestations qui durent jusqu'à la nuit. Du reste, aucun désordre.

Quant à cette fière formule : *Ni un pouce de notre territoire, ni...*, empruntée à la circulaire de M. J. Favre du 6, elle coupe court à tous nos doutes. Des hommes d'État, qui négocient, ne peuvent hasarder une déclaration si catégorique qu'à bon escient. Les uns ne veulent y voir qu'une nouvelle concession faite aux clameurs des clubistes ; d'autres, plus avisés, prétendent que nous n'avons plus rien à attendre des négociations; qu'on le sait à l'hôtel de ville et qu'on agit en conséquence. Les uns et les autres peuvent avoir raison.

22 septembre. — Des tirailleurs cachés sous bois, comme toujours, ont attaqué une de nos reconnaissances en avant de Maisons-Alfort. Bientôt après, ils étaient appuyés par des détachements accourus de Mély et de Mont-Mély. Nous opérons notre retraite en bon ordre, et le canon de Charenton atteint l'ennemi, qui se retire de son côté. Ce soir, la division Maud'huy s'établit au Moulin-Saquet aux Hautes-Bruyères et déloge l'ennemi de Villejuif. Le général doit compléter son mouvement dans la nuit. Bicêtre et Montrouge répondent, avec un avantage marqué, aux batteries qu'on veut leur opposer.

Une note du gouvernement datée du 21, insérée au *Journal officiel* de ce matin, fait connaître le résultat négatif de la démarche de J. Favre. « Entre le devoir et le déshonneur, notre choix est fait. » La note ajoute que M. Favre prépare une relation détaillée de son voyage.

Néanmoins, une nouvelle manifestation se porte sur l'hôtel de ville. Elle demande la suppression de la Préfecture de police, l'ajournement des élections de l'assemblée, etc. On reconnaît là l'écho des résolutions de l'Alcazar; et là, comme dans tous les endroits où se produit une émotion malsaine, on retrouve les mêmes hommes, allant de groupe en groupe et donnant le signal des vociférations.

23 septembre. — Les élections municipales de Paris, qui devaient se faire dans deux jours, et les élections pour l'Assemblée constituante, fixées en dernier lieu au 2 octobre, sont ajournées, « à raison des obstacles matériels apportés à l'exercice des droits électoraux par les événements militaires ».

Les événements militaires sont, en effet, un obstacle et nous nous étions déjà demandé comment on pourrait voter, en Alsace, en Lorraine et en Champagne. Dans les autres départements que les Prussiens n'ont pas encore envahis, il était à craindre que les élections ne fussent une occasion de trouble, d'autant plus funeste qu'une seule pensée doit à cette heure servir de règle à tous nos sentiments. Mais alors, pourquoi cet engagement si formel pris le 8 septembre, confirmé avec tant de solennité par une nouvelle déclaration du 16, et par la circulaire de J. Favre du lendemain.

Il faut reconnaître qu'on avait promis sans réfléchir;

à moins qu'on ne cède, au dernier moment, à des motifs dont on se réserve le secret, ou à des obsessions inavouables. L'opinion la plus générale peut se résumer en deux mots : le gouvernement conservait l'espoir d'obtenir un armistice qui eût aplani toutes les difficultés; je dirai plus loin comment cet espoir a été déçu. En outre, des renseignements, puisés à je ne sais quelle source, faisaient supposer que la province, insuffisamment préparée, pouvait donner la majorité aux candidatures monarchiques, et MM. Blanqui, Pyat, Delescluze, n'admettaient pas qu'il fût permis de mettre en question l'existence de la république; d'autre part, on se persuadait que ces messieurs seraient à Paris les maîtres du scrutin; et, pour leur donner satisfaction, comme aussi pour éviter un événement qui eût été la ruine de l'hôtel de ville, et, il faut bien le dire, la nôtre, on s'est décidé à tout ajourner du même coup.

Quoi qu'il en soit de ces interprétations, je ne suivrai pas le chemin battu, en accusant MM. Trochu et J. Favre d'avoir sacrifié les intérêts du pays à leur ambition ; le reproche que je leur adresserai est tout autre ; je leur reproche de manquer de nerf, de vouloir éviter, à tout prix, une bataille dans la rue et de faire précisément tout ce qu'il faut, pour la rendre inévitable. En parlementant avec les maires, les chefs de bataillon élus, les délégués des clubs et les journaux, on n'obtiendra rien ; les hommes qu'on veut apprivoiser ne se laisseront pas convaincre, et quoi qu'on fasse, plus tôt, plus tard, avec le système des précautions et des concessions, on rencontrera l'émeute ; car Belleville ne veut pas de notre drapeau, il a le sien ; Belleville ne veut pas du général Trochu, il a Blanqui ; le temps qu'on dépense à discourir, Belleville le met à profit pour s'organiser ; rêver la paix avec ces gens-là est une folie parfaite ; ce n'est pas la paix que nous devons chercher, c'est la discipline *pour tous* qu'il faut vouloir ; et on l'obtiendra demain, si l'on veut.

— Toutes les préoccupations s'effacent, du reste, devant l'émotion produite par le récit des entrevues de Ferrières, inséré au *Journal officiel* de ce matin. Tout l'orgueil de notre ennemi est là, et d'une même voix nous avons crié : NON. La ruine s'il le faut, la faim, nous acceptons tout ; mais de la paix à un pareil prix, qui donc en voudrait parmi nous ? Si nous devons tomber, eh bien, que ce soit dans notre sang.

Le 18, Jules Favre partait pour Villeneuve-Saint-Georges, les informations qu'il avait reçues lui donnant à penser que le quartier général prussien était à Grosbois. A Villeneuve, dans l'après-midi, il apprend que le quartier général est à Meaux, et il écrit à M. de Bismark. Le 19, à six heures du matin, il reçoit la réponse à sa lettre, et à neuf heures, l'escorte étant prête, il se dirige sur Meaux. A quelque distance de cette ville, un aide de camp vient lui annoncer que le roi de Prusse a passé la nuit à Ferrières ; il revient alors sur ses pas et rencontre enfin M. de Bismark au château de la Haute-Maison.

Un premier entretien dura jusqu'à la nuit. Le lendemain, 20 septembre, on se retrouve à Ferrières, vers neuf heures et demie du soir, pour ne se séparer qu'à minuit ; heure est prise pour le 21 à onze heures ; mais

M. de Bismark ne sort de chez le roi qu'à midi et demi ; après un dernier échange de paroles, M. J. Favre prend congé. Ce même jour 21, une lettre, datée de l'hôtel de ville, faisait connaître à M. le chancelier de la confédération du Nord, que nous ne pouvions admettre ses propositions. Je les résume.

La paix, en admettant qu'elle puisse être consentie par un pouvoir régulier, à l'abri des atteintes de « la populace », ne pourrait être conclue que sur ces bases : cession de l'Alsace, d'une partie de la Moselle avec Metz, Château-Salins et Soissons. Quant à l'armistice de quinze jours que l'on réclame pour la convocation d'une Constituante, il ne faut pas y songer, à moins de livrer d'abord Toul, Phalsbourg et Strasbourg. Si l'Assemblée doit se réunir à Paris, l'armée prussienne occuperait le mont Valérien ; le roi veut bien admettre, d'ailleurs, qu'elle se réunisse à Tours ; mais, dans l'un et l'autre cas, la garnison de Strasbourg devra se rendre prisonnière de guerre. « Strasbourg est la clef de la maison ; et je dois la garder. »

Ces entrevues de Ferrières, que M. J. Favre, dans son rapport, réduit aux proportions d'une démarche personnelle, dont il prend à sa charge la responsabilité, étaient, en fait, une nécessité politique, dont aucun des membres du gouvernement, pas même Gambetta, ne pouvait contester l'évidence. Elles étaient le complément obligé de nos circulaires et de l'appel que nous avions adressé aux puissances. J'ajoute que si quelques voix isolées ont protesté contre ce qu'elles nommaient une abdication, la très-grande majorité des citoyens a donné son approbation sans réserve à une mise en demeure, qui ne pouvait être que profitable à nos intérêts, puisqu'elle était conforme à l'humanité, comme à la justice.

M. Favre se trouvait, du reste, sur son terrain, autorisé qu'il était à demander la paix sans déshonneur, puisqu'il s'était prononcé contre la guerre. D'un autre côté, n'était-il pas indispensable, et je l'ai déjà dit, de supprimer toute équivoque, en contraignant notre adversaire à faire l'aveu de ses intentions. L'attitude prise par M. de Bismark ne nous laisse, à cet égard, rien à désirer. Ce n'est plus l'empereur que l'on prétend abaisser, puisqu'il a rendu son épée; ce n'est pas notre armée que l'on poursuit, puisqu'elle est enfermée dans ses derniers refuges; c'est à la nation qu'on en veut; à moins que ce ne soit avant tout à la République. Faire œuvre de conquérant et se concilier les sympathies des souverains, ses frères, en mettant le pied sur ce foyer maudit d'irréligion et de révolte; venger sa propre injure et donner la paix à l'Europe monarchique; c'est là, certes, un rôle auguste et qui devait tenter le futur empereur d'Allemagne, empereur et pontife.

Ainsi donc, notre force brisée, nos villes incendiées, nos champs en friche, tant de deuils irréparables, ce n'est point assez. Ce qu'ils veulent, c'est notre ruine sans remède; plus que notre ruine, notre humiliation. C'est beaucoup.

Soûls d'orgueil et de colère imbécile, les Allemands s'avancent à l'assaut, pour montrer plus tard à « la grande patrie » l'arme glorieuse qui nous aura frappés;

sans voir, ces tristes vainqueurs, qu'ils traînent à leur suite, avec nos dépouilles, leur propre servitude.

Si notre catholicisme romain a commis jadis cette faute, que des disciples aveugles voudraient continuer, de se défier de la science, ou de vouloir la plier à ses doctrines, la Prusse piétiste et féodale, autrement ingénieuse, prendra le peuple allemand, la science allemande, l'histoire et la philosophie, et elle en fera ses échansons. Elle bourrera ses canons perfectionnés d'érudition et de chair vive, pour imposer au monde cet idéal de discipline, renouvelé du Koran, que le grand Frédéric avait à peine entrevu. Mommsen, Virchow, Hoffmann et Bopp seront des instruments étiquetés dans l'arsenal de Berlin; la religion y trouvera sa place avec la loi; on y rencontrera même la liberté, à son rang.

— Des manifestations, imposantes par leur nombre, ont lieu sur la place de l'Hôtel-de-Ville, et sur la place de la Concorde, aux pieds de la *statue de Strasbourg*. Sur ce dernier point, les sentiments qui agitent la population acquièrent leur maximum d'intensité; c'est comme une fureur à laquelle les esprits les plus calmes ne peuvent se soustraire.

Des bataillons en armes débouchent incessamment des Champs-Élysées, de la rue de Rivoli, du pont de la Concorde. Ils viennent, l'un après l'autre, se ranger devant la statue, tambours en tête, les officiers l'épée haute. Je sais que la statue est là sur ce cube de pierre, où n'apparaît plus maintenant qu'un monceau prodigieux de fleurs, de jour en jour renouvelées, de couronnes d'immortelles, de banderolles et de drapeaux flottants. Est-ce un autel ? est-ce un tombeau ? Un étranger hésiterait, en se persuadant, en tout cas, qu'il y a là l'image d'un Dieu ou la dépouille d'un héros.

Au commandement des capitaines, tous ensemble on présentait les armes; en même temps les tambours battaient aux champs, les baïonnettes lançaient furieusement de nouvelles couronnes aux pieds de la grande idole, et des imprécations, avec des cris, montaient vers le ciel comme un tonnerre : — « Nous te vengerons! Tu nous resteras! »

Si l'on veut avoir un sentiment exact des passions d'un peuple, il faut avoir vu ces yeux terribles, agrandis par la colère, ces lèvres qui demeuraient ouvertes de côté en laissant voir les dents. L'aspect de tous ces visages, enflammés par la passion la plus noble, était si différent de ce que j'avais vu jusque-là, qu'un espoir inattendu est venu se mêler à l'émotion personnelle que j'éprouvais. Les aurais-je calomniés, me suis-je demandé, et ne manque-t-il qu'une occasion digne de lui à ce peuple changeant, pour attester au monde qu'il est encore le fils de Prométhée?

Allons, c'est dit : Strasbourg! et en avant.

— La journée militaire a été bonne. L'amiral Saisset s'est emparé de Drancy et nous avons eu à Pierrefitte un engagement « où nos jeunes troupes ont montré le sang-froid et l'aplomb de vieux soldats. »

Du côté de Villejuif, notre artillerie de campagne et nos forts auraient fait éprouver à l'ennemi des pertes assez notables.

24 septembre. — Il est de règle qu'au lendemain de leur défaite, les vaincus en appellent à la conscience publique, alors même qu'elle doit témoigner contre eux. Je suis à cet égard, suffisamment averti et je m'abstiendrais de toute récrimination, si j'avais attendu Sedan pour me demander de quel côté se trouvait le droit. En consultant mes notes, je constate sans déplaisir que cette question de droit m'avait déjà préoccupé, ce qui me laisse aujourd'hui quelque marge. Je n'ai pas, du reste, l'ambition d'être juste, je tâcherai seulement d'être sincère, dans la mesure de ma passion, en me réservant de modifier plus tard mes jugements, s'il y a lieu.

Quel était au mois de juillet dernier, la situation de la Prusse et la nôtre? quelles étaient ses visées et quelles pouvaient être nos prétentions?

Sadowa, l'Autriche humiliée, le Hanovre confisqué, la Saxe, épargnée par pitié et par politique, les Bavarois défaits, tout ce grand effort et ces spoliations n'avaient été pour la Prusse qu'un moyen. Désormais, l'Allemagne, vaincue et ravie, lui appartenait sans partage; car l'Allemagne dominée par un sentiment qui, chez elle, emportait tout, se tenait prête à accepter pour maître celui de ses princes qui réaliserait son rêve d'unité. Un seul obstacle restait à franchir, et cet obstacle, il ne serait même pas besoin à M. de Bismark de le désigner, c'était l'éternel ennemi, c'était Nous.

En regard de ce peuple, discipliné par une idée fixe, en regard d'une propagande qui, depuis soixante ans, ne négligeait aucune occasion de passionner les âmes, en regard d'une ambition résolue à tout oser, pourvue par son régime militaire de moyens d'action incomparables, une nation que la force peut contraindre pour un temps, mais possédée quand même de l'esprit de dispute, impatiente de toute règle, curieuse tout à la fois de repos et de changement, et à la tête de cette nation désorientée, divisée, sans conviction d'aucune sorte, un gouvernement, qui après avoir atteint la Russie dans son orgueil, diminué l'Autriche, blessé l'Italie par ses ingérences, patronné les prétentions de la Prusse à une « rectification de frontières », s'apercevait, un peu tard, qu'il avait été pris pour dupe.

Sollicité par des visions politiques conséquentes à ses origines, et par un intérêt dynastique trop évident, l'empire avait, en dernier lieu, conçu l'espoir d'être payé de ses complaisances envers la Prusse, et il ambitionnait, à titre de dédommagement, une concession de territoire sur le Rhin ou l'annexion de la Belgique. M. de Bismark, sans rien promettre jamais, sans rien écrire surtout, s'était appliqué à ne pas décourager cette attente, jusqu'au jour où, la victoire aidant et ses intrigues achevées, il jugea superflu de nous abuser plus longtemps. L'attitude des deux partenaires fut alors très-nette : nos insistances étaient devenues incommodes et compromettantes ; on possédait ce qu'on voulait avoir et, pour le surplus, on entendait bien se passer de nos services ; l'affaire de Luxembourg fut notre congé. Bientôt on alla plus loin ; un trône était vacant à nos portes ; le roi Guillaume, sans nous en avertir, l'accepte pour un des princes de sa maison[1], et, comme il s'était pré-

---

[1]. Et ici je me demande ce qu'eût fait la Prusse, si nous avions

paré à la lutte de longue main, comme il connaissait notre situation militaire mieux que nous-mêmes, il élude toute explication d'abord, pour intéresser ensuite à sa querelle « la grande patrie allemande ». C'était la guerre, la guerre sortie de nos fautes, sans doute, mais voulue par un ennemi qui avait su en profiter et qui, pour comble d'ironie, nous donna le rôle d'agresseur, alors que, au fond, c'était lui qui, d'heure en heure, nous avait conduits à une rupture qu'il jugeait indispensable à l'achèvement de sa fortune.

Dans les conditions physiques et morales où il se trouvait placé, fatigué d'avoir voulu, tourmenté par les coteries, déplorablement abusé sur l'état réel de ses ressources et désormais donnant trop au hasard, le gouvernement français commit alors cette dernière faute de croire qu'il ne s'agissait encore que d'une rencontre de soldats. Avec les résultats du plébiscite, nos mitrailleuses et nos chassepots, il crut pouvoir répondre de la victoire, n'oubliant qu'un point, c'est que cette fois il allait avoir en face de lui M. de Moltke et tout un peuple.

Je me souviens parfaitement de mon impression à ce moment. Je détestais la guerre ; l'Allemagne avec l'Italie avaient été mes deux grandes passions, mais l'intention de la Prusse était aussi trop évidente, je retrouvais en tout lieu la trace de sa main ; par ses soins et d'heure en heure, notre isolement se compliquait de défiances toujours grandissantes, il n'était plus temps d'acquérir des

accepté la couronne de Wurtemberg ou de Bavière. Ce Hohenzollern, roi d'Espagne, n'était du reste qu'un pion d'attaque dans le jeu de M. de Bismark.

alliés ; il importait de rompre le filet, avant qu'il fût complétement tendu.

Les agitations plus ou moins spontanées du boulevard, les cris *à Berlin!* tout ce mouvement factice, auquel j'ai assisté, n'était pas, comme on l'a prétendu depuis, l'indice d'une résolution préméditée; pour quiconque savait voir, il trahissait bien plutôt une improvisation trop peu sûre d'elle-même. La vérité, c'est que nous avons voulu la guerre, comme le blessé veut le fer qui doit peut-être le sauver. A Paris, nous étions sans haine et sans enthousiasme sérieux; dans le reste du pays, l'absence de parti pris était encore plus marquée. Depuis vingt-deux ans, nous laissions à un seul homme le soin de penser et d'agir en notre nom; dans les campagnes on s'était enrichi, dans les villes, des fortunes soudaines et déshonorantes avaient achevé de nous pervertir ; de jour en jour un seul sentiment pénétrait davantage toutes les âmes, l'égoïsme avec la passion du gain; en Poitou, dans le Limousin, dans dix autres provinces, qui donc songeait à la Prusse? personne ; c'est à peine, hélas! si l'on connaissait son nom.

Saarbruck fut le début ; Wissembourg suit ; après Reichshoffen nous livrons Nancy ; Strasbourg est cerné, Bazaine enfermé dans Metz avec l'élite de notre unique armée ; enfin voici Sedan, devant qui Waterloo prendra la figure d'une victoire.

C'était là pour la Prusse le sommet, pour nous l'accablement sans pareil; car là se trouvaient rassemblés comme à plaisir les témoignages de la force allemande et de notre sénilité. Après Sedan, la leçon était complète;

du haut de ce mont prodigieux, fait de nos morts, de nos canons, tout pavoisé de nos drapeaux humiliés, le roi Guillaume pouvait parler en maître. Il tenait dans ses mains l'avenir, celui de ses peuples et le nôtre; bien plus, il lui était permis, qui le niera? d'affirmer d'un mot sa sincérité, de régler pour des siècles les destinées du monde, en rompant avec l'ancienne loi barbare, pour fonder un ordre nouveau. « Vous ne vouliez pas la guerre, pouvait-il dire, et il l'avait déjà dit; votre empereur qui l'a voulue est mon prisonnier. C'est assez de ruines et de sang répandu ; nous vous avons prouvé que nous pouvions être les plus forts, tâchez d'avoir désormais des lois et des mœurs, et apprenez de moi à être justes. »

Ce langage, si chimérique qu'il puisse paraître, eût été à sa place dans la bouche d'un descendant de Frédéric, qui se dit chrétien. Mais, après avoir abaissé notre vanité, le roi de Prusse nous a épargné cette dernière et irrémédiable défaite de se montrer magnanime. Nous lui avons demandé la paix, il nous l'a refusée, nous avons reconnu nos torts, cet aveu ne lui a pas suffi; quelle que soit demain la fortune de ses armes, et en admettant que la victoire le suive jusqu'à la fin, ce ne sera plus, à tout prendre, qu'un conquérant à la façon de quelque Louis XIII, conduit par un mathématicien consommé et par un ministre ambitieux, deux politiques à courte vue, qui auront mis, après tant d'autres, leur talon dans l'histoire et qui légueront au fils de leur auguste maître une province de plus, — avec un héritage de colère sous lequel il fléchira.

Quoi qu'il en soit, ceux qui nous ont accusés de turbulence et d'insolence seront bientôt à même de juger lequel des deux orgueils est le plus lourd, du leur ou du nôtre ; à même de juger si dans notre œuvre interrompue, toute pleine d'inconséquences, il n'y avait pas en somme quelque chose de plus large, de moins menaçant, de plus humain, que dans leur dogme pangermanique. Dès aujourd'hui, l'Europe, si tant est qu'elle ne soit pas entièrement dominée par la peur ou par ses rancunes, est en mesure de se prononcer entre la Prusse et Nous ; car si avant le 1er septembre la cause était obscure, depuis Sedan toute équivoque a disparu ; c'est une seconde guerre qui commence, avec un but avoué : la conquête, étayée d'un seul argument : la force ; car après avoir déclaré qu'elle se bornait à se défendre, la Prusse ne se contente pas de nous avoir abattus ; elle veut nous amoindrir, elle prétend nous déshonorer à jamais, en exigeant de nous, à titre de garantie, la chair de notre chair. Avant de la lui livrer, il y aura chez nous, je le prévois, encore plus d'une veuve.

Quant à l'Allemagne, que la Prusse pousse sur nous à la façon d'une tour toute pleine de combattants aveugles, elle apprendra que la liberté ne se fonde pas avec l'épée d'un Guillaume de Hohenzollern ; mais qu'il faut, pour une pareille entreprise, l'âme d'un Washington ou d'un Guillaume Tell.

— Je viens de relire la proclamation du roi de Prusse datée de Saarbruck ; sa place est ici. — « L'Empereur Napoléon III ayant attaqué par terre et par mer la nation allemande qui désirait *et désire encore vivre en paix avec le peuple français,* j'ai pris le commandement des armées allemandes pour repousser cette agression, *et j'ai été amené par les événements militaires à dépasser les frontières de la France.*

« *Je fais la guerre aux soldats, et non aux citoyens français;* ceux-ci continueront par conséquent à jouir de toute sécurité pour leurs personnes et pour leurs biens, aussi longtemps qu'ils ne me priveraient pas eux-mêmes, par des entreprises hostiles contre les troupes allemandes, du droit de leur accorder ma protection. »

25 septembre. — Ce matin, quelques coups de feu, partis de Brimborion, ont accueilli nos canonnières au passage; partout ailleurs le silence; c'est aujourd'hui dimanche.

Tous les officiers que je rencontre insistent déjà sur un même fait. Notre ennemi profite à miracle des moindres accidents de terrain; tout lui est bon pour s'abriter : buissons, rideaux d'arbres, murs, et tas de fumier. Il a ce qu'on appelle, en vénerie, la science du bois; c'est une armée à l'affût, qui se meut sans bruit, tandis que nos sonneries et nos tambours dénoncent nos moindres mouvements. Ce grand art, de ne se pas laisser voir et d'être partout, trouble singulièrement des gens nerveux, que toute surprise déconcerte, et qui s'impatientent de tirer au jugé.

Le temps demeure au beau fixe; nuits étoilées, matinées fraîches, soleil brûlant pendant le jour. On prétend que les Prussiens éprouvent de grandes difficultés à se ravitailler et qu'ils ont l'intention de pousser sur Rouen et sur Amiens. Avons-nous, comme on le dit, des armées pour les arrêter? si non, la France leur est ouverte et ils n'ont qu'à choisir.

Le prix de certains objets de consommation s'exagère de plus en plus. Le beurre, dans nos quartiers, est à 6 fr. la livre, un œuf coûte quatre et cinq sous; nous manquons de lait. On trouve encore des légumes verts; mais je doute que nous en ayons pour longtemps.

Quatorze de nos départements de l'Ouest se sont réunis pour organiser la résistance. La direction de cet effort commun aurait été offerte à M. Carré-Kérisouët et plus de quinze millions auraient été votés par les conseils généraux. Le gouvernement décide que l'État contribuera pour un tiers à la dépense.

26 septembre. — Nous recevons une dépêche de Tours. Le récit des entrevues de Ferrières a produit en France la meilleure impresssion. On arme de tous côtés, et le général de Polhès opère déjà dans la direction d'Orléans avec un corps de troupes.

Ces nouvelles sont accueillies avec une très-vive satisfaction; car si nous sommes décidés à résister, secourus ou non secourus, l'assurance qui nous est donnée que nous ne sommes plus seuls est pour tous un encouragement sans prix.

En même temps, nous apprenons qu'un de nos ballons est descendu à Vernouillet. Nos lettres étaient là; nous ne sommes donc pas entièrement séparés de nos familles et de nos amis.

L'ennemi se retranche dans ses positions; nous voyons passer au loin ses convois et sa cavalerie; nous leur envoyons quelques obus à l'occasion.

Les boucheries de cheval se multiplient.

27 septembre. — Une commission de subsistance est instituée sous la présidence de M. J. Simon.

— Des cours martiales sont établies à Vincennes, à Saint-Denis et dans les 13e et 14e corps d'armée, pour réprimer le maraudage et le vol qui se propagent dans la banlieue de Paris. Ces tribunaux jugeraient également les espions. — Notre banlieue est, en effet, parcourue par des bandes de pillards qui mettent littéralement à sac les maisons abandonnées, pour venir remiser ensuite dans Paris le produit de leurs vols. Cela devient une industrie et j'ai vu, de mes yeux, défiler des séries de tapissières et de voitures à bras, chargées de meubles, de glaces, de tentures, de vins et de légumes. Aux barrières, tous ces gens répondaient imperturbablement : « Nous déménageons; c'est notre mobilier; ce sont les fruits de notre jardin. » Les paysans en étaient venus à faire le coup de feu avec ces coquins. Faut-il le dire, les soldats s'en mêlaient.

— Pendant le siége, les crimes et délits commis *par les gardes nationaux* seront jugés par des conseils de guerre composés, dans chaque secteur, de chefs de bataillon, élus par leur collègues.

— Une nouvelle dépêche officielle de Tours nous annonce que l'impression est partout la même. « En France, enthousiasme et exaltation pour la guerre : à l'étranger, blâme absolu des prétentions prussiennes. L'Europe ne permettra pas le morcellement de notre territoire. »

— Une reconnaissance se porte sur Maisons-Alfort et Créteil et pousse jusqu'à la ferme de Mèches. Elle est accueillie par une vive fusillade qui part des murs crénelés et des toits.

— Nos ballons n'emportent pas des lettres seulement; ils emportent aussi des pigeons voyageurs; nous pouvons donc espérer qu'on nous répondra.

— Toujours le beau temps. Cette saison exceptionnelle nous permet de bivouaquer en plein air et de compléter nos défenses. La garde nationale et la garde mobile s'exercent aux mouvements en ligne.

— Vers une heure, une grande fumée roussâtre a gagné le ciel, de l'est à l'ouest; on dit que c'est le bois de Romainville qui brûle. Vérification faite, c'est un vaste dépôt d'huiles essentielles, enfoui dans le lac asséché des buttes Chaumont, qui a pris feu, par suite de l'incurie d'un ouvrier.

— Des chefs de bataillon de la garde nationale protestent, à l'hôtel de ville, contre l'ajournement des élections municipales.

28 septembre. — Pour compléter les mesures prises contre les maraudeurs et les espions, le gouvernement de Paris décide que les lignes avancées ne pourront être désormais franchies que par les personnes munies d'un laisser-passer.

Des reconnaissances sont dirigées sur Neuilly-sur-

Marne, sur le platon d'Avron et, à l'est, vers Meudon. Nous enlevons un poste d'infanterie à Neuilly. Le général Blanchard procède au déboisement de l'île de Billancourt.

— La saison ne varie pas; c'est l'été. On se préoccupe, non sans raison, de l'immobilité apparente de l'ennemi. Nous l'estimons assez pour croire qu'il ne perd pas son temps. Il construit des batteries, creuse des fossés, se retranche dans les villages qui sont à lui. Un blocus, dût-il même durer deux mois, ne nous effraye pas; une attaque de vive force, nous l'appelons de tous nos vœux; mais ce que nous devons craindre, c'est que derrière ce rideau de hauteurs fortifiées, qui va nous ôter la vue et l'ouïe, ses détachements, plus ou moins nombreux, n'aillent détruire nos secours, avant qu'ils ne soient organisés. Nous faisons incessamment le compte des troupes qu'il maintient devant Metz, Strasbourg, Toul et Mézières, de celles aussi qui lui sont nécessaires pour contenir nos francs-tireurs des Vosges, pour défendre ses lignes de fer; et, tout compte fait, nous tremblons pour Rouen, Amiens et Orléans.

— Nous n'en avons pas fini avec les élections municipales; et M. Ledru-Rollin appuie de sa parole dans les clubs, les articles de M. Delescluze. La *commune* peut seule nous sauver; c'est le mot d'ordre du parti. Le peuple crie de confiance : Vive la commune! commune ou communisme, c'est tout un pour beaucoup. Je crains que ces gens-là ne donnent raison à M. de Bismark, et n'en déplaise à M. J. Favre, je tiens le mot de « populace » pour bien dit.

SEPTEMBRE 1870.

29 septembre. — L'agitation provoquée par le *Réveil*, la *Patrie en danger* et le *Combat* inspire au gouvernement des inquiétudes sérieuses ; on nous menace d'une descente de Belleville, et nos bataillons du centre sont consignés.

Réquisition est faite, au nom du gouvernement, de tous les blés et farines existant dans Paris. Sont exceptées de cette mesure les provisions de ménage. La viande de porc sera taxée à partir du 1er octobre.

Nous canonnons Stains, le Bourget, Garges, Orgemont, Saint-Gratien.

30 septembre. — Ce matin, vers trois heures, nos troupes se sont mises en mouvement sur plusieurs points. Les généraux d'Exéa et Ducrot, le colonel de Pindray ont attaqué l'ennemi sur Bondy, Créteil, Bougival ; au nord, au sud et à l'est, reconnaissances bien conduites, est-il dit, et qui auraient atteint leur but. En même temps, au sud encore, un combat sérieux s'engageait sur toute la ligne de Villejuif, Chevilly, Thiais. Le général Guilhem, à la tête du 35e et du 42e, pénètre dans Chevilly ; à sa gauche, le général Blaise entre dans Thiais, s'empare d'une batterie de position qu'il nous est impossible d'enlever faute d'attelages, et déborde Choisy-le-Roi, qui, du même coup, doit tomber entre nos mains, si nous pouvons tenir. Mais l'ennemi comprend trop bien la gravité du coup ; il demeure ferme dans Choisy ; ici et là, malgré notre effort, il défend ses barricades ; les maisons qu'il a percées de créneaux fusillent, à bout portant, les plus intrépides, et, de moment en moment, il lui vient de nouveaux renforts. Encore une fois, nous sommes forcés de reculer devant des obstacles matériels que l'artillerie aurait pu réduire, et devant le nombre. Le général Vinoy ordonne la retraite, qui s'opère bravement.

Le général Guilhem a été tué; son corps nous sera-t-il rendu? Nous avons quelques centaines de morts et des blessés; les pertes de l'ennemi seraient considérables. C'était Vogel de Falkenstein, dit-on, qui commandait les Prussiens.

Pendant le combat de Choisy, le général Blanchard pointait sur le Bas-Meudon, où il rencontrait trois régiments de la garde prussienne, qui ont été forcés de se replier. Un bataillon de mobiles de la Côte-d'Or a pris part à l'action et s'est très-bien tenu. Il a eu quarante hommes hors de combat dont huit officiers. La flottille du commandant Thomasset appuyait l'opération.

On ne s'entretient, durant tout le jour, que du combat de Choisy, en commentant le rapport militaire qui parle de la ferme contenance de notre infanterie, de la solidité de nos artilleurs et de l'attitude parfaite de nos gardes mobiles. On regrette vivement qu'il n'ait pas été possible de ramener les canons que nos soldats avaient pris; on se demande si nous avions suffisamment prévu la nature et la force des obstacles qui nous étaient opposés. Nous aurions eu affaire, en dernier lieu, à près de 30,000 hommes.

Après les critiques viennent les exagérations, et l'on ne peut se faire une idée des fables qui se colportent parmi le peuple. A l'entendre, nous aurions pris vingt mitrailleuses; un corps de quinze, de vingt-cinq mille

Prussiens aurait été cerné dans un endroit que l'on ne précise pas; quant aux morts de l'ennemi, ils se comptent par milliers...

Un arrêté de M. Gambetta nous permet de faire le dénombrement de notre garde nationale ; il a été distribué 280,738 fusils; nous avions 60 bataillons anciens; 194 bataillons nouveaux ont été créés. Encore une fois, que va-t-on faire de tout ce peuple armé?

OCTOBRE 1870.

1er octobre. — Je suis placé en sentinelle en avant de la porte de Saint-Ouen, et j'ai pour consigne d'interdire aux passants l'accès d'un champ de luzerne où nos ingénieurs ont pratiqué une fougasse. La banlieue continue de déménager, et je vois défiler sur la route jusqu'à des canots venus d'Asnières, ou d'ailleurs. Des femmes et des enfants picorent dans les plâtras des maisons démolies par ordre du gouverneur; un de ces gamins me propose de me vendre « un revolver qu'il a trouvé »; mais la mine du vendeur me met en défiance, et il retourne vers ses camarades, à cloche-pied.

En rentrant au poste, j'y trouve l'ordre du jour adressé par le général Trochu aux soldats du 13e corps qu'il félicite de leur vigueur dans l'affaire de Choisy. Le général Schmitz, qui s'est présenté en parlementaire à l'Hay, serait convaincu que les Prussiens avaient à nous cacher une évacuation considérable de leurs blessés sur ce point.

Le corps du général Guilhem a été remis à la Société internationale de secours aux blessés. Il était âgé de cinquante-cinq ans, et il laisse une veuve et deux enfants. Ses obsèques auront lieu le 3, aux Invalides.

Le commandant Poulizac des *Éclaireurs de la Seine* et le commandant Anquetil, des *Francs-tireurs des Lilas*, ont poussé des reconnaissances au nord-est, sur Bondy et Drancy.

Dimanche 2 octobre. — Nouvelle de la prise de Toul et de Strasbourg, après cinquante jours de bombardement.

Ce malheur devait nous arriver. La foule se presse sur la place de la Concorde ; les femmes viennent avec des couronnes, comme elles le font le jour des Morts dans les avenues de nos cimetières. Il en est plus d'une qui pleure. Quelqu'un s'approche de la statue et écrit au charbon à la suite du nom de Strasbourg... ET TOUL; en ajoutant simplement « J'en suis. » L'émotion est grande. C'est notre tour ; et nous espérons bien ne pas faiblir.

Le gouvernement décrète que la statue de Strasbourg sera coulée en bronze et maintenue sur le même emplacement, avec une inscription commémorative des faits qui ont signalé la résistance des départements de l'Est.

— Il résulte d'une note de l'état-major que les soldats allemands, enlevés par nos reconnaissances, se montrent surpris de n'être point passés par les armes. Au dire de leurs chefs, nous fusillons tous nos prisonniers.

— Reconnaissances vers Bezons et Argenteuil et au delà de Bondy. Bonne contenance sur ce dernier point des mobiles des Côtes-du-Nord, du Finistère et de la Seine (8ᵉ bataillon).

Du 3 au 6 octobre. — Le tir de nos forts fait de son mieux pour inquiéter les Prussiens dans leurs travaux; le 5, les mobiles de la Seine ont profité du grand soleil pour fouiller le village de Clamart; et, de leur côté, les *Tirailleurs parisiens* du capitaine Lavigne se sont engagés en avant de Créteil, où ils se sont vu arrêter par une forte barricade.

Mais il est trop visible que les préoccupations du gouvernement ne sont pas là; elles sont dans les articles du *Réveil,* du *Combat* et de la *Patrie en danger,* qui ne se lassent pas de réclamer l'organisation de *la commune,* ce qui serait l'achèvement de la désorganisation. Pour apprécier exactement l'état des choses, il faut, du reste, suivre messieurs les maires dans leurs agissements, voir ces magistrats du 6 septembre interprétant les lois à leur façon pour y substituer leurs arrêtés, répliquant aux ministres, dictant leurs volontés à l'hôtel de ville; puis, à leur tour, contrôlés, dominés par les clubs, qui installent leurs *comités de surveillance* et leurs *comités de vigilance* dans les locaux de la mairie, ou dans quelque bâtiment voisin qu'ils ont envahi. Ces comités citent les maires à leur barre et les somment de s'expliquer sur leurs actes, ou de faire connaître leurs intentions. En même temps, M. Gustave Flourens, major ou colonel général des troupes de la commune, vient notifier à l'hôtel de ville les volontés du peuple souverain, en demandant, à la tête de quelques centaines d'hommes en armes : 1° l'envoi en province de commissaires dictateurs; 2° la commune; 3° le rationnement pour tous. Et l'on écoute patiemment le généralissime de Belleville, qui sort comme il est entré, la mine haute, en annonçant qu'il reviendra. Le même jour, M. Ledru-Rollin déclare, dans une salle du café-concert, que si le gouvernement résiste, le peuple avisera.

Il est vrai qu'en réponse à tout ce désordre, une note du *Journal officiel* du 6 invite, de nouveau, les citoyens à s'abstenir des manifestations armées. On engage la population à se défier « des hommes, *entraînés par une dangereuse ardeur,* et qui cherchent à nous diviser. *C'est la discipline* qui fait la force de la Prusse, couvrons-nous du même bouclier. » C'est tout.

Comment veut-on qu'il nous reste une confiance et une conscience, quand on se borne à qualifier de « dangereuse ardeur » les appels à l'insurrection, les excitations à la révolte, en présence de l'ennemi? à quoi bon parler de discipline, quand on persiste à laisser de pareils crimes impunis. Chaque jour qui passe achève de nous convaincre que les hommes qui ont pris nos affaires en mains ne sont pas à la hauteur de la mission qu'ils se sont eux-mêmes donnée. Sollicités par trop de courants contraires, embarrassés dans leurs relations d'hier, comme dans un filet, ils ne peuvent se résoudre à sévir. Par leur tempérament, par l'ensemble de leurs idées ils sont « pour l'ordre » au fond; mais ils craindraient de paraître déserter leur cause, en acceptant nos services; ils ont horreur du sang, disent-ils, et ils s'appliquent honnêtement à ménager l'émeute et à nous donner satisfaction avec des mots.

Nous nous demandons quel peut être, dans un pareil jeu, l'attitude de M. le général Trochu? On dit qu'il a, en toute circonstance, des paroles pleines de sens, qui lui ont valu la confiance entière de MM. Garnier-Pagès et Pelletan, et l'approbation de M. Rochefort aussi. Il a l'intention de faire « une défense galante » avec l'aide de Dieu et de nos canons, si nos canons ne sont pas fondus, rayés et attelés, le jour précisément où nous n'aurons plus de pain; il a fait le sacrifice de sa vie, « bien qu'il s'attende à l'ingratitude »; mais, s'il joignait à cet esprit d'abnégation un peu d'audace; si, au lieu d'avertir, il savait frapper; si, au lieu de prédire il agissait; s'il pouvait se persuader qu'il peut faire de nous des soldats, alors peut-être conserverions-nous quelque espoir.

En attendant, nous prenons nos précautions en vue du bombardement : dans les maisons, on voiture d'étage en étage des baquets que l'on remplit d'eau; chacune de nos grandes collections masque ses fenêtres, avec des sacs à terre, et met à l'abri ses objets les plus précieux. Dès le mois d'août, les tableaux du salon carré et de la galerie des Sept-Maîtres avaient été transportés à Brest; la Vénus de Milo a été enfouie dans un caveau muré.

—M. Glais-Bizoin transmet au gouvernement, qui nous le communique, le télégramme suivant : « La province se lève; les départements s'organisent; tous les hommes valides accourent au cri : Ni un pouce de territoire, ni une pierre de nos forteresses. Sus à l'ennemi. Guerre à outrance ! »

Le brouillard était aujourd'hui un obstacle. Cependant les *Francs-tireurs des Lilas* ont poussé deux reconnaissances sur Bondy; ils ont perdu là leur lieutenant, M. Mascret. Dans l'après-midi de ce même jour, 6 octobre, le général Ducrot, à la tête des *Tirailleurs de la Seine*, des *Tirailleurs des Ternes* et des *Carabiniers de Neuilly*, s'est engagé entre Argenteuil et Chatou. Le général se loue de l'attitude de ses troupes.

7 octobre. — Le temps change et devient frais; brouillard en haut. Notre bataillon est consigné; toujours Belleville. Ce matin nous occupons Cachan, presque sans coup férir. Vers midi, reconnaissance sur Clamart par les mobiles de la Seine, qui tuent une vingtaine d'hommes à l'ennemi.

Le gouvernement nous donne des nouvelles de Tours du 1er. — « Nous avons en province deux armées de 80,000 hommes chacune; l'une sur la Loire et qui va s'avancer sur Paris; l'autre ayant son centre à... (on tait avec intention l'indication du lieu et le nom des généraux). Une troisième armée, composée de troupes régulières, de mobiles et de volontaires, se réunit également du côté de... Nous avons un nombre très-considérable d'hommes bien armés, bien équipés, et surtout de l'artillerie. Les zouaves pontificaux, débarqués de Rome, forment un solide appoint prêt à marcher. » — « Ces nouvelles, ajoutent les membres du gouvernement, sont la récompense de l'attitude de Paris; elles fortifient notre constance; elles nous montrent, comme un sérieux espoir, le jour où notre main rencontrera celle de nos frères des départements. »

M. Gambetta est parti pour Tours, en ballon. Ses amis croient pouvoir répondre de lui; mais ils l'accusent de modérantisme. Son attitude au 4 septembre était faite pour leur inspirer des défiances; il s'est conduit ce jour-là en avocat, parlant de légalité, exhortant le peuple à la patience, comme s'il pouvait être question de patience quand on touchait au but; de légalité, lorsqu'il s'agissait de rentrer dans le droit imprescriptible. Depuis lors, et malgré certains gages qu'il a donnés, il lui est arrivé, encore trop souvent, de parler de conciliation. Évidemment, il a besoin d'être soutenu; il était nécessaire de le surveiller à Paris; on devra ne pas le perdre de vue en province.

Toute la question est de savoir si les gens qui parlent de la sorte, feront de M. Gambetta leur instrument, comme ils y prétendent, ou s'il aura la force de se roidir contre eux; le malheur est qu'ils le tiennent déjà par plus d'une habitude. M. Gambetta a du feu et ce tour de bouche des orateurs, qui happe au vol le trait voulu. Il a des jets d'emportement plus ou moins spontanés, mais qui font, en tout cas, bonne figure à la tribune; faible à l'ordinaire, parce que lui aussi, et plus que pas un, il dépend; parce qu'il manque d'expérience et qu'au lieu de se résoudre, ce qui supposerait une décision libre et réfléchie, il verse à gauche, ou en avant, au gré du cordeau qui l'attire. Le manque de suite et de mesure et le manque de caractère ne sont pas ses seuls péchés;

il manque d'éducation; défaut à considérer, chez un homme qui peut, demain, avoir à traiter avec lord Lyons, le prince de Metternich et le chevalier Nigra.

A mon avis, M. Gambetta devait rester à Paris, à tous risques, ou ne partir que bien accompagné. On n'est pas fâché de s'en séparer, je le sais, et je sais aussi qu'on s'inquiétait de ses critiques et de ses exigences; mais si l'on juge qu'il puisse faire fausse route et si M. J. Favre n'a pas su le contenir, n'agit-on pas en égoïste, ne commet-on pas la pire des imprudences, en lui livrant ainsi le pays tout entier? Cela s'appelle : prendre le tison et le jeter chez le voisin.

— En même temps que M. Gambetta nous quitte, ses collègues nous informent que les élections municipales sont ajournées jusqu'à la levée du siége; convaincus, est-il dit, que ces élections, faites sous le canon, seraient un danger pour la république; jugeant, en outre, « qu'il est du devoir du gouvernement de faire respecter sa dignité, engagée par les sommations qu'on lui adresse, et dont il est encore menacé de la part de gardes nationaux en armes. »

Nous avions discuté, un certain nombre de mes amis et moi, l'éventualité plus ou moins prochaine d'un combat dans la rue. L'ennemi le veut et l'attend ; ses émissaires, qui pénètrent chaque jour dans Paris à la faveur de nos laisser-passer, se joignent aux orateurs des clubs pour hâter le moment d'une lutte qui serait notre déshonneur et notre fin. Organiser une contre-manifestation serait une faute; avertir le gouvernement serait puéril. Le seul parti à prendre était donc de savoir où nous en sommes, et de nous tenir prêts à tout événement.

Ce soir, nous nous étions donné rendez-vous, chacun de nous ayant reçu mission de s'assurer des dispositions de l'esprit public, dans les différents quartiers que nous nous étions partagés. Un seul de nous s'est excusé; mais il a écrit, son service le retenant à Vincennes.

En résumé, le résultat de notre enquête est assez rassurant. M. Blanqui conserve sur les hauteurs un certain ascendant; il a ses affiliés; l'action de M. Ledru-Rollin est très-limitée; la popularité de M. Rochefort a singulièrement baissé; nous savons du reste que son attitude à l'hôtel de ville est des plus courtoises; M. Flourens exerce sur ses hommes le prestige de l'uniforme; il a pour lui le bénéfice de l'éréthisme contagieux qui le tient jour et nuit en mouvement; c'est le fakir de la démagogie. De leur côté, MM. Delescluze et Pyat ont leurs adhérents; — mais l'immense majorité des citoyens est pour la résistance et pour l'ordre, qui seul peut la rendre durable. Le feu, s'il se déclare, sera vite éteint, à la condition, toutefois, qu'on saura se garder. Gardons-nous.

Quelques-uns de nos amis présents à la réunion ne sont pas sans quelque influence, par leurs fonctions, leur état de fortune ou par leurs relations intimes dans la presse; tel d'entre eux a une clientèle nombreuse; tel autre est bien connu par des services qui lui assurent une sérieuse autorité. Nous convenons ensemble d'agir dans un même sens : « Toute question politique demeurant écartée jusqu'à nouvel ordre, notre unique pensée doit être de faire, aussi longtemps qu'il nous sera possible, obstacle à l'ennemi. En conséquence, il convient de soutenir, quand même, le gouvernement établi, et de tenir pour coupable, attentatoire aux intérêts généraux du pays, et pour manœuvre prussienne, toute tentative qui aurait pour but de renverser ce qui est. »

Les compagnies sont un centre; il s'agit de s'y appuyer, en ayant soin seulement qu'elles soient averties à temps, en cas de surprise. Dissuader nos camarades de borner leur effort à la défense du quartier.

8 octobre. — « Les citoyens gardes nationaux sont invités, par une affiche, à se rendre, aujourd'hui, place de l'Hôtel-de-Ville, pour y réclamer l'élection *immédiate* de la commune. »

Jusque vers onze heures, la place conserve son caractère accoutumé : des promeneurs causent deux par deux, en allant et venant du quai à la rue de Rivoli; çà et là quelques groupes peu inquiétants; aux abords immédiats de l'hôtel, des employés, des solliciteurs, et les membres des différentes commissions qui vont et qui viennent. Le gouvernement n'a pris, évidemment, aucune précaution défensive; l'événement prouvera bientôt s'il a eu tort, car peu à peu le spectacle a changé. Par toutes les issues, on voit venir le flot des curieux, cortége habituel de toutes les émeutes. A la faveur de la masse qui s'accumule incessamment, les partisans de la *Patrie en danger* et du *Réveil*, les gens de MM. Flourens et Pyat, pénètrent sur la place par peloton, et, vers une heure et demie, ils forment un groupe solide de quelques milliers

d'hommes, d'où partent les cris de : *Vive la commune!*
Les élections! La foule, qu'ils s'efforcent d'entraîner et
qu'ils poussent vers les grilles, demeure indifférente à
toutes les excitations. Elle est venue pour voir et elle
attend. Que contient-elle au fond ? qui le sait ?

A deux heures, le 84e bataillon de la garde nationale
débouche sur la place, et vient se ranger devant les portes ; à ce moment, les clameurs redoublent, il se produit dans la foule un déplacement sensible, et les hommes de la commune se glissent au premier rang, tandis
qu'un certain nombre de personnes prudentes, qui
jugent qu'elles en ont assez vu, s'efforcent de se dégager.

Le général Trochu paraît alors ; il a devancé ses aides
de camp ; et son cheval, dont il contient l'allure, le
porte lentement jusqu'au centre de cette agitation confuse, d'où partent soudain des acclamations favorables qui couvrent, en un moment, la voix des amis du
Réveil.

Dans tout Paris, d'ailleurs, les autres bataillons
s'étaient mis en mouvement ; l'un après l'autre ils accourent, tambours battants, et leurs colonnes pressées chassent devant elles une manifestation misérable, définitivement avortée. Plus tard, M. J. Favre adressait à nos
officiers, formés en cercle, des paroles d'apaisement et
de gratitude, que venaient appuyer par intervalles les
détonations lointaines du canon.

En effet, tandis que ceux que M. J. Favre hésitait à
nommer nos adversaires demandaient la levée en
masse et s'apprêtaient à donner le signal d'une insur-

rection, nos soldats se battaient à la Malmaison et se faisaient tuer à Gennevilliers et à Bondy.

9 octobre. — La pluie qui a clos la manifestation d'hier n'a pas cessé de tomber.

Par ordre du gouverneur, M. Sapia, commandant du 146e bataillon, est déféré au conseil de guerre. Cet officier est accusé d'avoir distribué des cartouches à ses soldats dans la journée d'hier, en les invitant à marcher sur l'hôtel de ville. Il a été arrêté et conduit à l'état-major par ceux-là mêmes qu'il prétendait entraîner.

10 octobre. — Le cautionnement des journaux est aboli.

Une dépêche de M. Gambetta, datée de Montdidier (Somme), nous affirme que « de toutes parts on se lève en masse ».

Nos troupes surprennent, en avant de Cachan, la maison Millaud, d'où l'ennemi nous inquiétait; elles incendient les habitations voisines, et s'établissent.

Une instruction est ordonnée contre M. Flourens, qui, après avoir donné sa démission, s'est autorisé d'une élection, faite à l'insu du gouvernement, pour reprendre son commandement et convoquer ses hommes, dans l'intention avouée de les diriger sur l'hôtel de ville.

11 octobre. — Au rempart. La pluie, le vent, la boue. Nous avons pour refuge un îlot de trois maisons à un étage, sans portes ni fenêtres; la cour est un cloaque. Vers le matin, fatigué de me tenir debout et tout roide de froid, je m'étends sur un ais de sapin, que j'ai posé avec précaution sur quatre pavés, et j'essaye de dormir. Mais je suis trempé d'eau ; les patrouilles vont et viennent bruyamment, et un garde, qui veut replacer son fusil dans le coin obscur où je viens de m'établir, me frappe à l'épaule d'un coup si ferme que j'en aurai le bras engourdi pour longtemps. C'est assez de sommeil.

Je m'étonne, en rentrant rue Blanche, de n'entendre parler d'aucune manifestation; mais j'apprends en revanche que M. J. Ferry sollicité, dit-on, par un groupe d'officiers de Belleville, s'est rendu dans le xxe arrondissement, où il a passé en revue les cinq bataillons de M. Flourens[1].

J'ai dit, il y a quelques jours, mon sentiment sur le système de ménagements que les membres de la défense nomment leur politique, et cette opinion, chez moi très-arrêtée, je la maintenais tout à l'heure en présence de C. B.... grand partisan de J. Favre et tout dévoué à M. le général Trochu, deux inclinations qui se tiennent aujourd'hui, et qui plus tard pourront s'exclure. « Le seul moyen que nous ayons de combattre l'influence de certains hommes, me disait C. B....., c'est de nous montrer à ce peuple qu'ils s'efforcent d'égarer, c'est de le rassurer sur nos intentions. Vous nous accusez de complaisance et de faiblesse, quand nous faisons seulement œuvre de prévoyance et de protection. »

« Si nous étions en pleine paix, ai-je répondu, vos

[1]. Le *Journal officiel* du 12 rend compte de cette revue. « C'est sur de fausses apparences, dit M. Ferry, qu'on prête aux gardes nationaux du 20e arrondissement des sentiments hostiles. Je n'ai trouvé partout que des idées de concorde républicaine et d'abnégation.»

visites sur les hauteurs et votre régime paternel ne me déplairaient pas ; mais vous connaissez le proverbe : il y a temps pour tout. A l'heure où nous sommes, il ne s'agit pas de convertir ceux que vous nommez « des égarés », ni de restaurer la monarchie, ni de fonder la république ou la commune, il s'agit de chasser l'ennemi, le seul ennemi que je connaisse : l'Allemand. Ma seule réponse à M. Blanqui, c'est le cri de nos sentinelles : « Passez au large ! et s'il avance ensuite, je fais feu. »

— « Mais il est le plus fort ! »

— « Lui ! je le nie ; à moins que vous ne provoquiez parmi nous le découragement et la désertion. »

12 octobre. — Le gouvernement complète, par de nouvelles dispositions, le décret du 27 septembre, relatif aux conseils de guerre de la garde nationale.

Ce matin, le colonel Reille, des mobiles du Tarn, appuyé d'un gros de cavalerie, a fouillé le village de *Bois-de-Neuilly* et parcouru le plateau d'Avron. De son côté, le général Ducrot a dépassé la Malmaison, à la tête des *Éclaireurs Dumas*, des *Éclaireurs de la ligne*, du commandant Lopez, et des mobiles du Morbihan. Une batterie prussienne, placée à la bifurcation du chemin de la Jonchère et de la route de Bougival, a mitraillé nos soldats ; mais les coups ont été tirés de trop près pour nous causer grand dommage, et notre artillerie a contraint le canon de l'ennemi à se retirer.

Ce ne sont plus seulement les bouchers que l'on assiége, ce sont les charcutiers, autrefois si abondamment pourvus et dont les montres sont vides, à présent, comme si une armée en marche les eût mises au pillage. Dans les rues, des camions chargés d'obus, les voitures d'ambulances qui se dirigent au grand trot vers les portes, des tapissières où l'artillerie entasse ses barils de poudre, et partout des pelotons armés qui se succèdent, marchant en ligne, leurs clairons sonnant. Malgré tout ce bruit inusité, malgré tant de choses disparues, je retrouve encore Paris, de loin en loin; mais, après le soleil couché, la transformation est complète; car dans cette ville qui ne pouvait dormir, où le bruit et la clarté n'avaient pas de fin; à dix heures, le silence et l'obscurité commencent.

13 octobre. — Voici ce que j'ai recueilli de plus complet sur le combat de ce matin :

L'ennemi s'établissait fortement à Châtillon, cela n'était pas douteux; et nous étions renseignés assez exactement sur le caractère et le degré d'avancement de ses travaux, pour être certains que cette position dominante devait être, à un jour donné, un des principaux foyers d'attaque de M. de Moltke. Il était non moins évident que nous avions là, sous nos yeux, le centre et le point de départ de toute une série de mouvements dont il nous importait de connaître le sens et la direction. L'ennemi se préparait-il à faire effort contre nos lignes, ou bien donnait-il rendez-vous à ses troupes pour les diriger sur nos armées de secours? Quoi qu'il en fût, notre immobilité devenait, de jour en jour, plus inexplicable et notre commandant en chef s'était enfin résolu à agir.

La division Blanchard, du corps de Vinoy, était chargée de l'opération avec l'appui des brigades Dumoulin et La Charrière. Vers neuf heures, à un signal parti de Montrouge, les mobiles de la Côte-d'Or, déjà cités à l'ordre, et les mobiles de l'Aube, qui voyaient le feu pour la première fois, ont abordé Bagneux; presque en même temps nous occupions Clamart et nos soldats se dirigeaient ensemble sur Châtillon; mais les abords du plateau sont énergiquement défendus, et la brigade Susbielle, qui a gravi les pentes vers le nord, se heurte à son tour à une succession d'obstacles, qui la contraignent à s'arrêter. Toutefois, il nous reste encore un solide espoir; le colonel La Mariouse a traversé Bagneux à la tête du 35e et d'un bataillon de la Côte-d'Or; le 42e et un second bataillon de l'Aube débouchent de Clamart; ces braves gens cheminent lentement, car les murs de clôture, les maisons, les haies, sont autant d'abris qu'il faut tourner ou emporter de front; ils vont quand même et pénètrent enfin dans Châtillon.

Que se passe-t-il alors? Nos troupes ont-elles faibli devant les réserves qui viennent appuyer incessamment un ennemi trop bien retranché? Juge-t-on que le but soit atteint, que pousser plus loin soit inutile, et nous suffit-il d'avoir constaté que ce jour-là les Prussiens étaient en nombre? Toujours est-il que le général Trochu donne le signal de la retraite. L'ennemi en profite sur-le-champ pour essayer de nous rompre; mais il est arrêté par le feu des forts et des batteries mobiles, et nous regagnons nos lignes sans désordre marqué.

L'engagement a duré cinq heures. Le général Susbielle est légèrement blessé, le commandant de Dampierre a été tué à Bagneux ; nos pertes seraient « d'ailleurs » peu considérables, et nous aurions même ramené un groupe assez nombreux de prisonniers.

Un de mes voisins de table, qui n'en est pas à ses débuts, puisqu'il compte dix ans d'Afrique et qu'il a vu Solferino, me faisait à propos de ce combat une réflexion qui m'a paru très-juste. S'il importe, disait-il, de bien connaître les ressources de son ennemi, c'est sans doute pour faire peser sur lui, à tel moment voulu, des forces supérieures, faute de quoi vous obtenez tout au plus un équilibre, qui, dans la situation particulière où nous nous trouvons, est tout à notre désavantage. Exercer de jeunes troupes, ou donner de l'unité à des troupes mal assemblées, par des reconnaissances fréquentes, cela est très-bien ; mais il ne pouvait être question aujourd'hui d'une surprise rapidement conduite, dans un endroit découvert, ou sur un ouvrage de médiocre importance ; il s'agissait d'atteindre l'ennemi dans son fort, sur un point où il avait accumulé, nous le savions, des moyens de défense considérables. Il n'y avait donc pas à hésiter, il fallait être en nombre, ou s'abstenir. Malgré tout ce qu'on pourra dire, le dernier de mes hommes ne s'y trompera pas : pour nous, le résultat est nul ; pour l'ennemi, il est certain ; ses positions sont intactes ; et nous avions déjà, à un degré suffisant, le sentiment de notre infériorité, sans qu'il fût besoin de cette nouvelle démonstration pour nous en convaincre.

A cette question que je faisais : Pouvions-nous prendre Châtillon et le garder ? il m'a été répondu : Nous pouvions prendre Châtillon; quant à le garder, c'est différent. Tenez pour certain, du reste, qu'une lutte sanglante, quelles qu'en soient les suites, agit beaucoup moins sur le moral des troupes qu'une succession de tentatives décousues, sans objet défini. Tuer et être tué, c'est le métier ; la conviction que l'on a frappé son ennemi d'un bon coup peut être un cordial, même dans la défaite ; au contraire, vous ne faites que des soldats de déroute avec ce système d'attaques molles, constamment suivies de reculades.

— Le château de Saint-Cloud est en flammes ; et, du haut du Trocadéro, j'aperçois à la base du ciel une vaste lueur rouge, en forme d'éventail.

14 octobre. — En attendant que l'Assemblée nationale puisse régler les conditions de fonctionnement du Jury, le décret du 7 août 1848 est remis en vigueur. Des dispositions transitoires modifient ce décret dans quelques-unes de ses parties.

— Les Prussiens ont demandé un armistice pour enterrer leurs morts de Bagneux et de Châtillon.

— La nuit dernière, les *Éclaireurs de la garde nationale de Paris,* commandant Thierrard, ont surpris dans Rueil un assez fort détachement prussien, occupé à brûler deux maisons, et lui ont tué vingt hommes.

— Détail de siége : un avertissement est donné aux commerçants qui livrent au public comme graisses comestibles, ou comme saindoux, des suifs non purifiés ou des huiles de coco figées destinées, en temps ordinaire, à la parfumerie. Il est vrai que le beurre nous manque,

que l'huile se fait rare et que, dans beaucoup de petits ménages, on éprouve des difficultés sérieuses pour préparer les aliments.

15 octobre. — L'événement du jour est la lettre du général Trochu au maire de Paris, sur la mobilisation de la garde nationale [1].

Dans ce document, qui pour plus d'un motif doit émouvoir l'opinion, le général répond aux impatiences qui se sont manifestées et justifie des retards, dont le sentiment public « excité par un patriotisme très-vif et très-légitime » aurait tort, suivant lui, de s'inquiéter. Le général résume les opinions qui se sont produites au début. « On croyait et on disait que Paris était dominé par trop d'intérêts et de passions pour être défendable; on n'admettait pas que nos forts et notre enceinte, construits il y a trente ans, pussent résister, sans le secours d'une armée en campagne, à un ennemi victorieux, pourvu de moyens d'action perfectionnés ; on admettait encore moins que la population se prêtât aux sacrifices et aux habitudes de résignation que comporte un siége.

« Aujourd'hui que nos preuves de raison sont faites, que nous avons nous-mêmes réduit au silence les hommes qui servaient les projets de l'ennemi, et que nos remparts sont inabordables, l'unique préoccupation des esprits est de porter des masses hors de l'enceinte. Mais il nous faut premièrement une artillerie proportionnée à celle de notre adversaire, et le gouvernement

---

[1]. Voir le décret du 16.

met tous ses soins à la former; en second lieu, il faut que, par voie d'échange amiable, les compagnies qui seront maintenues dans la ville, cèdent leurs fusils à tir rapide aux *Volontaires,* qui devront marcher. »

Le général indique ensuite les procédés d'enrôlement et de formation des cadres. Les officiers seront nommés à l'élection ; ils nommeront les commandants des bataillons. Ces bataillons seront soumis aux lois et règlements militaires.

En finissant, le général rappelle que dès le mois de juillet il avait prévu nos désastres. « Le testament que j'ai déposé, à cette époque, chez M⁰ Ducloux, notaire à Paris, témoignera, à un jour donné, des douloureux pressentiments dont mon âme était remplie. »

« Pénétré, du reste, de la foi la plus vive dans le retour de fortune qui sera dû à la grande œuvre du siége de Paris, *je ne céderai pas à la pression de l'impatience publique et je suivrai jusqu'au bout le plan que je me suis tracé,* sans le révéler, en ne demandant à la population de Paris que la continuation de sa confiance. »

— Je néglige des plaisanteries plus ou moins acceptables sur *le testament* déposé chez M⁰ Ducloux et sur *un plan,* que nous connaîtrons peut-être un jour ; pour résumer, comme de coutume, les impressions de la majorité.

Tout le tempérament de l'homme qui nous gouverne est là, dans cette lettre, adressée à M. Étienne Arago : — résumé très-net des incertitudes qu'il a subies au début du siége, et dont il n'est pas encore entièrement dégagé; assemblage disparate des volontés du chef militaire, des précautions *amiables* du magistrat politique, de prophéties inachevées, et de projets mystérieux. Nous sommes heureux d'apprendre qu'après bien des hésitations le général s'applique à organiser cette artillerie, jugée désormais indispensable, et dont ses collègues et lui ne voulaient pas. Nous faisons des vœux pour que les dernières résistances soient enfin surmontées, les résistances de ceux qui disent : le Génie, l'Artillerie, l'Expérience, c'est Nous.

Si grave que soit d'ailleurs la question de nos canons, le point capital de la lettre du général c'est notre mobilisation. Eh bien, on n'hésite pas à penser qu'il n'y a rien à attendre du régime des enrôlements volontaires et qu'il n'y avait qu'un parti à prendre, un seul, et je l'ai dit, pour ma part, et répété, c'était de ne pas demander des hommes, mais d'en prendre ; et, les ayant pris, d'en faire des soldats, en les formant sans tarder à la discipline, s'il en reste une. Car, nous entendons bien qu'on menace et qu'on décrète des châtiments ; mais nous voyons aussi que les désordres continuent, et que le châtiment ne vient pas.

Ou nous connaissons mal l'esprit de la plupart de nos bataillons, ou ils ne fourniront qu'un nombre insignifiant de volontaires, même en admettant que MM. les maires renouvellent, comme ils le méditent, l'appareil de 92, en dressant sur nos places publiques les autels de la Patrie. Nous disons que l'on s'abstiendra, par ce motif qu'à la suite de chaque affaire, nos soldats se plaignent unanimement d'avoir été mal conduits et ramenés mal à propos ; par cette autre raison encore que les généraux, imbus de leurs préjugés d'école, des usages et des sentences réglementaires, répètent à qui veut les entendre : « Ce ne sont pas les hommes qui nous manquent, nous en avons trop. » A les en croire, il faudrait trois ans, six ans, pour faire de nous des fantassins ou des artilleurs ; nous n'avons devant nous que quelques semaines et il faut nous résigner à n'être que « des hommes » jusqu'à la fin.

16 octobre. — A la suite de difficultés qui importent peu, la rédaction de l'*Électeur libre,* journal de M. Arthur Picard, frère du membre du gouvernement (M. Jules Favre dit un mot de cette feuille dans son récit de Ferrières), s'est partagée en deux groupes, et les dissidents, ayant pour chef M. Harold Portalis, ont fondé *la Vérité.* Soit par esprit de rancune, soit par tout autre motif, les articles de *la Vérité* sont, en général, assez peu favorables à l'hôtel de ville ; mais le public les lit volontiers parce qu'ils sont entrecoupés de renseignements puisés, dit-on, à la légation des États-Unis. M. Washburne serait d'ailleurs tout à fait étranger à ces indiscrétions. Hier matin, le journal de M. Portalis, passant toutes limites, posait au gouvernement une série de questions tendant à faire supposer que Lyon s'est insurgé, que Metz a capitulé, que nos armées de province ont été battues, etc... Bien plus, ces mêmes questions étaient immédiatement affichées sur tous les murs, comme un appel. A quoi ?

M. Portalis a été arrêté ; son article est déféré aux tribunaux et le *Journal officiel* de ce matin répond : —

que le gouvernement est sans nouvelles certaines ; qu'il publie toutes celles qui lui parviennent, qu'il n'a pas été question d'armistice et qu'il résulterait d'un *on dit* que nous aurions eu un avantage sous Orléans, après avoir éprouvé un premier échec. Le *Journal officiel* insère ensuite de nombreux extraits du *Journal de Rouen* du 12 octobre, desquels il résulterait : que Phalsbourg tient, que Bazaine fait de fréquentes sorties, que les Prussiens ont rencontré, le 7, l'avant-garde de l'armée de la Loire et lui ont pris 1,000 hommes et 3 canons ; qu'ils nous ont battus, le 10, à Arthenay, et qu'ils ont été repoussés à Chérizy ce même jour. M. de Charette forme une *légion des volontaires de l'Ouest*. M. Thiers était à Vienne le 10. Garibaldi est à Tours. Nous avons des forces à Lyon et à Besançon.

L'esprit public fait bonne contenance en présence de toutes ces nouvelles, dont il dégage trois faits saillants : M. Thiers poursuit sa mission ; l'armée de la Loire existe ; Metz n'est pas pris. Avec cela, on peut tenir, même avec le rationnement. On acceptera *tout*, et même quelque chose de plus, à la condition de chasser l'ennemi. Toutefois, ses progrès dans les départements ne laissent pas que de nous préoccuper ; ne nous renfermons pas dans notre rôle d'obstacle.

17 octobre. — « Au moment où le siége de Paris semble définitivement passer de la période purement défensive à la période offensive, le gouvernement croit répondre au vœu public en résumant l'effort immense qui a été fait en quelques semaines pour rendre imprenable une place jugée hors d'état de se défendre. »

Après ce préambule, la note du *Journal officiel* entre dans le détail des travaux effectués.

Construction des redoutes du Moulin-Saquet et des Hautes-Bruyères. Établissements dans les forts des abris, plates-formes, magasins, casemates et embrasures. Fermeture des 79 portes de la ville. Barrage des quatre canaux; construction d'estacades dans la Seine. La zone militaire déblayée; les bois de Boulogne et de Vincennes en partie abattus. 61,000 mètres de palissades; trois batteries nouvelles à Montmartre, à Saint-Ouen, aux buttes Chaumont.

Sur les remparts, construction des abris; deux millions de sacs à terre pour les parapets; soixante-dix poudrières.

Le Point-du-Jour fortifié. Mines, torpilles, fougasses, barricades et tranchées aux abords.

En même temps nous reprenions possession de Vitry, Villejuif, Arcueil, Cachan, Issy, Suresnes, Puteaux, Courbevoie, Asnières, Villetaneuse, Stains, La Courneuve, Fontenay-sous-Bois et Nogent-sur-Marne.

— Le personnel de l'artillerie est aujourd'hui de 13,000 hommes, officiers, sous-officiers et soldats. Notre approvisionnement en poudres a été porté de 540,000 kilog. à 3 millions. Les projectiles oblongs qui nous manquaient nous sont rentrés au commencement de septembre, et l'industrie privée se charge de nous alimenter. De 10 coups par pièce, l'approvisionnement a été porté à 400 et 500 coups.

On fabrique plus de 2 millions de cartouches par semaine.

Nous avons, en batterie, sur le rempart ou dans les forts, 2,140 bouches à feu.

— Quelques personnes seulement liront ce compte rendu, qui doit rester indifférent au plus grand nombre; car les préoccupations ne sont pas là. Il nous est sans doute agréable d'apprendre que Paris, *dont la défense était assurée le 6 septembre* (proclamation du général Trochu), est aujourd'hui devenu inabordable; plus agréable encore de penser que nous allons prendre l'offensive; mais, il faut le dire, le placard de *la Vérité* rencontre un peu partout des échos fâcheux, et beaucoup de gens vont répétant qu'à l'hôtel de ville on se montre assez peu rassuré sur l'état des choses. Un bruit, encore inexpliqué, se mêle aux chuchotements des groupes : Bourbaki, sorti de Metz, serait à Londres où il aurait vu l'impératrice. Les uns disent qu'il s'est séparé de Bazaine; pour quel motif? d'autres, qu'il est son ambassadeur; dans quel but? Intrigue ou rupture, l'alternative donne à réfléchir. On croit à la loyauté de Bourbaki ; mais on se préoccupe de l'attitude que pourrait prendre celui que J. Favre nommait, le 23 septembre, « notre glorieux soldat ».

Paris n'est pas agité, cependant, malgré la révocation de M. Mottu, l'un de nos vingt maires provisoires, et des amis particuliers de M. Delescluze.

18 octobre. — Nous ne recevons qu'aujourd'hui communication d'une dépêche adressée par M. de Bismark aux représentants de la Prusse à l'étranger, sous la date du 27 septembre. En voici les termes les plus saillants.

Tout en admettant que M. Jules Favre « se soit efforcé
de faire un récit sincère des entrevues de Ferrières »,
M. Bismark juge convenable de donner personnellement
« une idée exacte » de ces entretiens. Il ne s'agissait
pas de conclure la paix, mais seulement un armistice;
toute question de paix devant être réservée jusqu'à
ce que le principe d'une cession de territoire eût été
premièrement accepté, M. de Bismark n'aurait pas dit de
Strasbourg « *la clef de la maison* », mais très-expressé-
ment « *de* NOTRE *maison* », ce qui marque un vouloir
résolu et définitif; quant aux répugnances que peut
avoir éprouvées M. J. Favre en présence de la nécessité
d'un démembrement, on pourrait citer plus d'un exemple
de ces sortes de sacrifices, et « l'honneur de la France
n'est pas essentiellement différent de celui des autres
nations. »

A *la Haute-Maison*, du reste, la conversation n'avait
pas dépassé les limites « d'une discussion académique »;
à Ferrières, continue M. de Bismark, elle prit un tour
« plus pratique », et l'on se renferma dans la question
d'un armistice de quinze jours, ou trois semaines.

Ici, nul doute, un arrêt dans la marche des opérations
militaires ne peut être que contraire aux intérêts d'une
armée victorieuse, tandis que son adversaire en profite
pour se réorganiser; d'où cette conséquence d'une com-
pensation légitime : la reddition de Toul, par exemple,
celle de Strasbourg et d'autres places de moindre importance, qui masquent ensemble les communications.

Après avoir consulté le roi, M. de Bismark aurait posé
les conditions suivantes :

Pour Paris : ravitaillement, après cession préalable d'une position dominante; ou le *statu quo*, c'est-à-dire maintien de l'investissement, la ville maîtresse de toutes ses défenses et continuant de vivre de ses ressources.

Dans les départements : continuation des hostilités devant Metz. La garnison de Strasbourg prisonnière de guerre ; les garnisons de Toul et de Bitche rendues avec les honneurs de la guerre.

Si le gouvernement de l'hôtel de ville n'a pas profité de « ces offres très-conciliantes », c'est qu'il ne veut pas d'une paix conforme au droit international et qui doit sortir d'élections libres et générales ; c'est qu'il est résolu à ne pas écouter l'opinion du peuple français.

— Je crois avoir analysé cette dépêche avec tout le soin qu'elle mérite. C'est net, catégorique, impertinent et même perfide. M. J. Favre a jugé convenable de répondre longuement; c'était inutile. Un seul mot nous suffisait : *Lisez*.

Si je vais au fond de moi, quand je suis bien seul et que je m'appartiens, je ne conserve au vrai qu'une médiocre espérance. J'aime ce pays passionnément et je n'en attends rien ; il a trop ri et trop longtemps vécu d'une mauvaise vie. S'il doit renaître dans un avenir que je ne verrai peut-être pas, c'est à la condition de modifier si profondément ses habitudes et son administration, que je ne sais pas s'il se rencontrera des hommes assez intelligents, assez désintéressés et assez résolus pour accomplir la révolution radicale que je juge nécessaire.

Telle qu'elle est cependant, avec son égoïsme, son ignorance et sa perversité, je préfère cette race dont je suis à ces menteurs sans entrailles, à ce peuple discipliné pour notre destruction; et, ayant à choisir entre le vainqueur, qui nous tend notre pain aux conditions que je viens d'écrire, et ce vaincu qu'il tient sous son pied, je préfère encore être à terre. A travers toute notre folie, nous avons gardé un cœur que je sens battre; je ne vois chez eux que des loups.

Paris dont je connais les vices, et qui n'est pas près de s'en corriger, partage cette conviction violente, et M. de Bismark nous a fourni ce soir un éclairage inespéré. J'ai vu brûler sa dépêche au carrefour Cadet. Le peuple traduit ses sentiments, comme il peut, avec les moyens qu'il trouve; et, dans cette occasion, j'ai eu le regret de me trouver à court de toute parole pédante.

— Le *Journal officiel* complète l'exposé de nos travaux de défense par l'indication des diverses entreprises confiées au corps des ponts et chaussées, aux ingénieurs des mines et aux ingénieurs civils. Ce tableau donne en effet l'idée d'une immense activité.

Concours prêté à la défense de Saint-Denis, dont les fossés sont remplis par les eaux du canal de l'Ourcq. — Construction des redoutes de la plaine de Gennevilliers, de Charlebourg, d'Asnières et du Pont-de-Clichy. — Bastionnement de la Muette. — Établissement en dix-huit jours du chemin de fer de la rue militaire, d'un développement de 40 kilomètres. — Baraquements sur cette voie. — Barrage de la Seine à Suresnes et à la Grande-Jatte. — Estacade du Point-du-Jour. Barrage incombustible au pont Napoléon pour arrêter les brûlots. — Mise en état de défense des aqueducs et égouts;

armement des égoutiers. — Mise en état des carrières souterraines; galeries murées; puits comblés. — Carrières à ciel ouvert rendues infranchissables. — L'ennemi a coupé l'aqueduc de la Dhuys; réorganisation du service des eaux. — Point capital : création dans Paris d'une fabrication de fusils Chassepot. — Fabrication de la dynamite.

Surveillance des commandes : 217 mitrailleuses à livrer avec leurs cartouches du 13 au 27 octobre; — 50 mortiers, 400 affûts de siége; 500,000 obus; 5,000 bombes de plusieurs grosses pièces de marine; et 300 canons de 7 centimètres, se chargeant par la culasse et portant à 8,000 mètres, à livrer successivement à partir du 25 courant.

Enfin tous les travaux de barricades, qui forment une troisième enceinte.

— Évidemment, les travaux publics n'ont pas perdu leur temps. Aussi s'accorde-t-on à dire que M. Dorian sait écouter, qu'il ne néglige aucun avis, et paye de sa personne. Cet effort énorme que je viens de résumer en quelques lignes suppose la mise en mouvement de plus de 100,000 hommes, ce qui explique comment on retrouve un peu partout le nom de M. Dorian.

19 octobre. — J'ai oublié de noter deux choses dans la journée d'hier : 1° la reconnaissance faite sur Villemomble et le parc du Raincy par les gardes mobiles du Tarn, de la Drôme et de la Côte-d'Or. Ces troupes se sont assurées en redescendant le plateau d'Avron que l'ennemi était en force à Neuilly-sur-Marne et retranché; 2° la réquisition faite au nom du gouvernement de tous les fourrages. — La même mesure s'applique aujourd'hui aux avoines, seigles, orges, escourgeon, aux farines de ces grains et aux blés en gerbes.

Mon seul étonnement c'est que toutes ces mesures soient décrétées l'une après l'autre au lieu d'être l'objet d'un article unique, dont la loi du 19 brumaire an III indique les termes et que justifierait surabondamment notre situation. La succession des exigences fatigue les détenteurs; ils s'exécuteraient de moins mauvaise grâce si on les informait une fois pour toutes qu'il leur faut tout livrer.

— La foule qui se tient en permanence à la porte des mairies, pour y savoir les nouvelles, lit ou se fait lire à haute voix, par une personne placée au premier rang, une dépêche de Gambetta : « Bourbaki est à Tours; nous avons encore à Metz 90,000 hommes; Lyon est calme et les prisonniers sont relâchés; Cambriels se maintient de Belfort à Besançon; M. Thiers est attendu à Tours; les bruits de médiation, par voie anglaise ou russe, circulent avec une intensité croissante. »

Rien de plus instructif que les commentaires dont est suivie la lecture de ce placard. On ne se préoccupe pas de l'attitude de Lyon, ni de *ces prisonniers inconnus,* qui auraient été délivrés. Lyon s'est-il en effet prononcé pour la commune, le préfet a-t-il été guillotiné comme le bruit en a couru, l'intérêt n'est pas là. Comme toujours, la foule va au nom familier, qui représente pour elle certains faits, dont elle a gardé mémoire; elle s'y attache, suit cette unique impression et ne parle que de Bourbaki. On se défie de l'Angleterre; la Russie c'est bien loin, et l'on s'imagine qu'il suffira d'un homme pour tout sauver. Si c'était lui? Hier, c'était un traître; à cette heure, il est notre seul général.

Le *Credo quia absurdum* ne trouvera en aucun lieu du monde sa plus juste application qu'à Paris; ce qui ne prouve pas seulement que nous soyons ignorants et sans mesure; mais ce qui prouverait aussi que nous sommes sérieusement malheureux, et que nous nous sentons abandonnés.

20 octobre. — J'ai voulu revoir le Bois de Boulogne après avoir revu Saint-Mandé, le Point-du-Jour et les rares endroits qui ne nous sont pas encore interdits.

Les étrangers qui ont visité jadis la mare d'Auteuil et le tour du lac, avec leur peuple toujours en fête, leurs pelouses toujours vertes, leurs eaux tout étoilées d'oiseaux précieux, pourront attester plus tard que nous avons bien fait les choses; le ravage est complet. Piétinées par les moutons, foulées par les troupeaux de bœufs, meurtries, effondrées par les charrois d'artillerie, les pelouses et la chaussée sont devenues pareilles à ces champs informes qu'un déluge a ravinés. Les massifs, coupés d'avenues et de sentiers, qui séparaient le lac des fossés, sont tombés sous la scie et la cognée, et, de tous ces ombrages savamment distribués, il ne reste plus que des chicots aiguisés pour découdre le ventre des chevaux. On va devant soi, silencieusement, dans ces terrains cahotés, où se montrent de loin en loin des buttes blanchâtres, derniers vestiges de nos maisons détruites ; et l'impression est si forte qu'on oublie par instants les motifs, le but de cette barbarie, tout près de s'en indigner encore un peu.

Mais un mouvement brusque dont vous n'étiez pas maître a changé votre horizon et vous avez sous les yeux maintenant le rempart formidable, avec sa crête coupée d'embrasures, où se montre la bouche noire des canons ; en même temps une voix vous crie : Passez au large ! et la mémoire vous revient.

Cette réalité ne vous suffit pas. Plus loin, voici le rond-point où, dans les après-midi d'automne, vous vous arrêtiez au bras d'un ami, pour regarder avec complaisance ce beau pays tranquille dont les moindres replis vous sont familiers ; les bois sont toujours là, les maisons connues, le grand parc et les clochers. Une redoute s'élève précisément dans ce lieu de votre repos ; ses canons gardés par des hommes robustes ont été chargés tout à l'heure et, sur un signe, ils vont couvrir de mitraille ces coteaux et ces terrasses, où s'abrite aujourd'hui l'ennemi détesté.

21 octobre. — Dépêche de Tours de M. Steenackers. « L'armée ennemie se démoralise ; elle trouve la guerre longue et s'en plaint. La résistance de Paris remplit la France et le monde entier d'admiration. Que Paris tienne bon et le pays est sauvé. Gambetta déploie la plus grande énergie. »

Combat de la Jonchère. Nos troupes en ligne pour l'attaque étaient de 6,350 hommes d'infanterie, un escadron de cavalerie et 30 bouches à feu, sous le commandement des généraux Berthault et Noël et du colonel Cholleton.

Nos réserves, sous les ordres des généraux Paturel et Martenot, comptaient 4,600 hommes d'infanterie, 2 escadrons de cavalerie et 46 pièces.

A une heure, notre artillerie est en position et elle concentre son feu, pendant trois quarts d'heure, sur Buzenval, la Malmaison, la Jonchère et Bougival.

A un signal donné, nos canons se taisent et nos régiments se portent en avant; ils tournent la Malmaison, parviennent au ravin qui descend de Saint-Cucufa, le dépassent et gravissent les pentes de la Jonchère, où ils sont arrêtés par la fusillade qui part des maisons crénelées et des bois où l'ennemi se tient caché. Plus bas, et dans le même instant, quatre compagnies de zouaves se voyaient rejetées dans une sorte d'impasse, et en danger d'être coupées, sans l'effort énergique d'un bataillon de Seine-et-Marne.

Dès le commencement de l'action, les francs-tireurs de la colonne Cholleton étaient entrés dans le parc de Buzenval, en se dirigeant sous bois vers Saint-Cucufa, tandis que la colonne Martenot occupait sur la gauche, pendant un instant, Montretout et les hauteurs de Garches.

Vers cinq heures, la nuit venant, le général Ducrot, commandant en chef, ordonnait la retraite.

J'allais omettre un détail assez essentiel. Une de nos batteries a été surprise près de la porte de Longboyau, et fusillée par l'ennemi à bout portant; le capitaine commandant de la compagnie de soutien, dix canonniers et quinze chevaux ont été tués ; deux de nos pièces sont restées entre les mains des Prussiens.

— On dit à l'état-major que l'attitude de nos troupes a été « excellente », que « le but a été atteint », que « nous avons contraint l'ennemi à faire entrer en ligne des forces considérables et qu'il a dû éprouver de grandes pertes ». — Comme quelqu'un le disait ce soir : *Ces phrases reviennent de Châtillon.*

Nous savons nous contenter de peu ; mais il est imprudent de nous présenter comme un avantage ce nouvel échec, dû comme toujours à notre ignorance parfaite des localités et à l'incohérence de nos mouvements.

— Ce même jour, une compagnie du 48e bataillon de la garde nationale, capitaine Proust, a surpris un poste prussien dans le parc de Launay, entre Villemomble et la station de Gagny ; nous avons eu cinq gardes blessés. — Une compagnie du 14e bataillon, capitaine de Vresse, s'est également rencontrée avec l'ennemi vers Joinville-le-Pont ; elle a eu deux tués et trois blessés.

22 octobre. — Dépêche de Gambetta. « La levée des hommes continue. La constitution de l'armée de la Loire s'achève. Marseille est rentrée dans l'ordre. *L'ennemi a occupé Orléans.* Nos forces se préparent à l'offensive. Dans la Franche-Comté, les Vosges et l'Ouest les mouvements de nos troupes se continuent. »

Encore un nouveau coup. Les Prussiens sont à Orléans! Mais où est l'armée ? Pourra-t-elle défendre Tours? Si Tours est pris, où ira la délégation ? Et notre fonderie de canons ; et la Normandie, etc. ...? Aujourd'hui, l'esprit public est assez bas ; et dans les groupes, où se croisent rapidement les questions que je viens de noter, on parle encore du combat de la veille en citant des faits qui donneraient à penser qu'aux portes de Paris même, comme à Wissembourg, comme à Reichshoffen, nous sommes insuffisamment renseignés. Un officier de marine ajoute : « Avec 20,000 hommes, nous forcions le pas. »

On prétend, en effet, que jusqu'à Versailles l'alerte a été des plus vives, et que le général Ducrot tenait dans sa main une occasion, que peut-être il ne retrouvera plus.

Prenez garde que nous ne pouvons indéfiniment attendre ; ne nous exposez pas à cette honte de nous rendre avec tout un peuple armé. Cette campagne, du commencement jusqu'à la fin, n'aura-t-elle eu qu'une même figure : des armées que l'on amasse sous les canons des forts, puis qu'on livre sans avoir su en user ? De propos délibéré, nous avons fait taire nos pressentiments, nous nous sommes interdit de juger les hommes; si tant de sacrifices de conscience et de fortune nous conduisent à vaincre, nous ne regretterons pas notre aveuglement volontaire; mais si c'est pour succomber indignement ! nous ne saurions vous le pardonner.

23 octobre. — Un engagement insignifiant sur Neuilly-sur-Marne ; rien autre.

Parmi nos engagés volontaires blessés à la Jonchère, on cite MM. Béranger, ancien consul à Stettin, Leroux et Vibert, peintres, et M. Cuvillier, statuaire, que l'on désespère de sauver.

24 octobre. — Je ne puis mieux comparer l'état bizarre

où nous vivons qu'à celui d'un homme à qui l'on administrerait alternativement un cordial et un mauvais coup. On parle de nos nerfs ; ils sont mis à une rude épreuve.

Hier c'était Orléans, avant-hier, c'était la Jonchère, aujourd'hui c'est Châteaudun. Metz viendra plus tard, nous n'en doutons pas.

Châteaudun n'est pas une victoire ; c'est un exemple, autant vaut. Le 18, il y a déjà six jours, cette petite ville ouverte a été attaquée par les Prussiens, bombardée et incendiée. Elle s'est défendue *jusqu'à neuf heures et demie du soir,* avec le concours des francs-tireurs de Paris. L'ennemi a perdu plus de 1,800 hommes ; il campe sur des ruines.

La délégation de Tours décrète que la ville de Châteaudun a bien mériré de la Patrie.

—Le conseil de guerre a acquitté le commandant Sapia.

Ce soir, comme je suivais les Champs-Élysées pour aller dîner chez Rigaud, j'ai vu monter dans le ciel, à ma droite, une immense clarté. J'ai cru d'abord à un vaste incendie, et, en arrivant chez mon ami, ma première parole a été celle-ci : Où est le feu ? On a fait attendre le dîner pour se mettre aux fenêtres qui s'ouvrent précisément au nord, et je me suis bientôt convaincu que nous assistions à une aurore boréale. Les deux arcs devenaient de plus en plus visibles, et, partant de la base du phénomène, semblables aux rayons d'un soleil nocturne, un nombre infini de rayons ondulés, passant du rose au rouge intense, jaillissaient jusqu'au zénith.

« Voilà de quoi les amuser ce soir, » a dit un officier de gendarmerie, homme de sens.

25 octobre. — Dimanche dernier, Pasdeloup avait rouvert au cirque ses concerts populaires, et cet essai avait réussi. Au Théâtre-Français, on a donné aujourd'hui une matinée littéraire, au bénéfice des blessés.

Au cirque, on était sérieux; aux Français, et malgré le talent de M. Legouvé et le succès des *Cuirassiers de Reichshoffen,* pièce de vers dite par Coquelin, on était triste. Cette salle à peine éclairée, avec son avant-scène, où se montraient les convalescents de l'ambulance[1], avec son auditoire de femmes en deuil, n'était pas faite pour donner raison à M. Sarcey, dans sa campagne pour la réouverture des théâtres.

— Ce soir, nouvelle aurore boréale. Certaines personnes, encore un peu, seraient assez disposées à voir un signe des temps dans ces phénomènes. Nous annoncent-ils seulement que l'hiver est proche? en tout cas, la température a changé sensiblement depuis deux jours, et, pour fabriquer des vêtements chauds à nos soldats, le gouvernement réquisitionne toutes les toisons de chèvre et de mouton.

26 octobre. — La belle rue du Cardinal-Fesch prend le nom de *rue de Châteaudun.*

27 octobre. — On ne se préoccupe pas de ce que fait le mont Valérien, qui couvre de feux Brimborion et l'orangerie de Saint-Cloud; la batterie Mortemart,

---

[1]. Elle était établie dans le foyer; et, parmi toutes ces dames qui ont rivalisé de dévouement pendant le siége, on m'a cité particulièrement Mme Marquet.

les bastions, Issy et Vanves se mettent inutilement de la partie, et tout leur bruit ne détourne pas l'attention de l'article du *Combat;* dix lignes.

« Fait vrai, sûr et certain. Bazaine a dépêché un de ses officiers au roi de Prusse, pour traiter de la reddition de Metz et de la paix, au nom de Napoléon III. Nous dénonçons à l'indignation de la France ce fait de haute trahison, que le gouvernement détient. »

Ce fait si hautement affirmé est-il vrai? Plusieurs personnes se présentent individuellement à l'hôtel de ville, puis, après elles, viennent des députations; en même temps, des gardes nationaux vont sommer la rédaction du *Combat* de s'expliquer. A l'hôtel de ville, on dément la nouvelle; au *Combat,* on maintient son authenticité.

Faut-il le dire? l'opinion la plus générale est que le *Combat* a dit vrai. Le gouvernement peut être sincère, mais il est le dernier informé.

28 octobre. — Le *Journal officiel* reproduit l'article du *Combat* en le dénonçant à l'indignation des honnêtes gens. « Les affirmations infâmes de M. Pyat sont une calomnie, à laquelle le gouvernement donne le démenti le plus net. Depuis le 17 août, aucune dépêche du maréchal Bazaine n'a pu franchir les lignes, mais l'on sait que, loin de songer à la félonie, qu'on ne rougit pas de lui imputer, le maréchal ne cesse de harceler l'ennemi par de brillantes sorties. La présence de Bourbaki à Tours, le commandement qui lui est confié, suffisent à démentir des nouvelles fabriquées. »

M. Pyat n'a pas attendu cette mise en demeure pour

faire connaître ses sources. Le renseignement qu'il a donné, il le tient de M. Flourens, qui le tient de M. Rochefort. Et il signe. — Tout aussitôt, M. Flourens réplique que la nouvelle de la reddition de Metz lui a été livrée par un citoyen attaché au gouvernement, ce citoyen n'est pas M. Rochefort. M. Flourens n'a pas à établir, du reste, l'exactitude ou la fausseté de la nouvelle, ce soin appartient au gouvernement. — De son côté, M. Rochefort se dégage. — Auquel entendre?

— Une heureuse nouvelle vient fort à propos faire diversion à ces débats :

Jeudi soir 27, les *francs-tireurs de la Presse* avaient fait demander au général de Bellemare, qui commande à Saint-Denis, s'il consentait à autoriser une reconnaissance dans la direction du Bourget. Il ne s'agissait pas d'une attaque en règle, mais d'un simple exercice, fait pour tenir en haleine et dégourdir des hommes que l'inaction dans des terrains détrempés commençait à incommoder. Le général ne vit à cette demande qui lui était soumise aucun inconvénient, et il se borna, séance tenante, à ordonner quelques dispositions complémentaires.

Ce matin, vers trois heures, les francs-tireurs se mettaient en mouvement, et leurs approches étaient conduites de telle sorte qu'ils abordaient l'ennemi sans brûler une amorce, et poussaient jusqu'à l'église. A cet endroit, une résistance sérieuse se dessine, et le général de Bellemare, averti de notre succès inespéré, dépêche comme renfort le 14e bataillon des mobiles de la Seine, un détachement du 34e de marche, deux pièces de 4 et une mitrailleuse.

A onze heures, le général arrivait de sa personne, suivi de deux bataillons, mais cette réserve était superflue, le village était à nous.

A midi, l'ennemi a démasqué deux batteries de position et fait avancer deux batteries mobiles qui ont incendié quelques maisons ; nos sapeurs n'en ont pas moins continué à réparer les barricades et à compléter les défenses des maisons. A sept heures et demie, les Prussiens essayaient une attaque à la baïonnette, mais le 14e mobiles les recevait à bout portant et ils s'enfuyaient sous cette première décharge.

Nous aurions eu affaire à deux régiments de la garde royale.

On oublie le *Combat* et Bazaine, pour ne parler que du Bourget, des *francs-tireurs de la Presse* et des *mobiles de la Seine*; il y a comme une nuance d'amour-propre dans notre satisfaction. Les journaux de Paris avaient là quelques-uns de leurs rédacteurs, et dans le peuple on répète : « C'était nous. »

Nous finissons bien la journée, après l'avoir mal commencée, mais ces sursauts sont inquiétants.

29 octobre. — Rapport du général Bellemare daté du Bourget, 7 heures du soir. « Nous sommes en très-bonne position ; nous tenons et nous restons. Les résultats du combat d'hier au soir ont été importants ; le terrain, en avant de nos tirailleurs, est couvert de cadavres prussiens. »

30 octobre. — « La France adopte les enfants des

citoyens morts pour sa défense. Elle pourvoira aux besoins de leurs veuves et de leurs familles qui réclameront les secours de l'État. » (Décret.)

« M. Thiers est arrivé aujourd'hui à Paris. L'Angleterre, la Russie, l'Autriche et l'Italie proposent aux belligérants un armistice, ayant pour objet la convocation d'une assemblée nationale; pour condition, un ravitaillement proportionné à sa durée; l'élection de l'assemblée serait faite *par le pays tout entier.* » (Note.)

« Le gouvernement vient d'apprendre la reddition de Metz. Après d'héroïques efforts, Bazaine et son armée, manquant de vivres et de munitions, sont prisonniers de guerre. » (Note.)

« Le Bourget, village en pointe, a été attaqué de front ce matin par plus de 15,000 hommes, appuyés par une nombreuse artillerie. D'autres colonnes, venant de Dugny et de Blanc-Ménil, ont tourné le village. Un certain nombre des nôtres restés dans la partie nord du Bourget ont été faits prisonniers. Le village de Drancy a été évacué. — *Le Bourget ne faisait pas partie de notre système général de défense; son occupation était d'une importance très-secondaire; et les bruits qui attribuent de la gravité aux incidents qui viennent d'être exposés, sont sans aucun fondement.* (Rapport militaire.)

Les passages soulignés l'ont été de ma main. Il convient, en effet, de peser chacun de ces mots, que je veux relire et répéter, pour se rendre compte de notre impression. Même dans le secret, je tiens à rester maître de moi, et la seule chose que je veuille dire, c'est que cela passe toute mesure. Démenti à *la Vérité,* démenti au

Combat ; à vingt-quatre heures de distance, la nouvelle de l'occupation d'Orléans et de la capitulation de Metz confirmée. Prise du Bourget le 28 ; « résultats importants, » nous disait-on hier ; la garde a donné ; nos défenses sont prêtes ; et, le lendemain, le Bourget est repris, Drancy est évacué, et nous laissons à l'ennemi, assure-t-on, huit cents prisonniers, et plus ; sans parler des morts.

Il nous est impossible de conserver aucune illusion ; et si nous n'inspirons qu'une médiocre confiance à nos généraux, nos généraux ne nous en inspirent aucune.

Et dire que l'œuvre patiente de M. Thiers peut périr dans un semblable naufrage ! c'est à désespérer.

Ce soir, Paris est hors de lui.

31 octobre. — On accuse les gens de Belleville d'être vendus à la Prusse ; c'est une calomnie. Les démagogues ont été, dans tous les temps, les Gaspards des gouvernements qu'ils prétendent renverser ; ce sont eux qui les sauvent.

La catastrophe de Metz eût passé presque inaperçue sans la déplorable affaire du Bourget ; ce qui s'explique. Le peuple ne se rendait pas compte, en effet, des conséquences désastreuses de la capitulation de Bazaine ; Metz n'était pour lui qu'une ville prise après tant d'autres, et Strasbourg l'avait blasé. Pour le Bourget, c'était tout différent. Il n'y avait là qu'un coup de main sans portée ; mais un coup de main réussi et, si médiocre que fût la revanche, c'en était une. Pour la première fois, depuis bien des jours, nous conservions une position que nous avions acquise, et d'autres motifs, que j'indiquais hier, rendaient cette action plus particulièrement populaire. Tout à coup, on nous apprend que ce village « en pointe », que nous aurions dû abandonner sur l'heure, ou qu'il convenait de rendre inabordable, vient d'être emporté par les Prussiens, à dix pas de nos lignes, sous nos yeux ; des témoins autorisés nous donnent en même temps l'assurance qu'il est impossible de commettre en un même jour plus de fautes, de négligences impardonnables ; à ce point, que l'on pourrait croire qu'il y a eu là quelque chose de voulu, comme un trait d'humeur et de jalousie. L'émotion est très-vive dans les faubourgs ; j'ajoute qu'elle est unanime et que des détails trop certains viennent encore l'exaspérer. Mais, au centre, on s'en tient aux paroles ; à Belleville, on passe aux actes, sous la conduite des meneurs qui guettent l'occasion. Metz, le Bourget vont être le prétexte ; la *Commune* reste le but.

Maintenant, quelles mesures le gouvernement a-t-il prises? nous n'en savons rien. Nous nous sommes réunis, dès hier, mes amis et moi; ce matin de très-bonne heure nous nous retrouvions ; le péril nous paraît certain et prochain; quels sont les ordres? on n'en reçoit pas. Partout l'incohérence et le découragement.

Cependant, la crise prend déjà des proportions menaçantes; la place de l'Hôtel-de-Ville est envahie par une foule que la pluie ne parvient pas à disperser et qui témoigne de ses sentiments par des cris furieux : *A bas Trochu! Pas d'armistice! La levée en masse! La Commune! Le Bourget!* Il en est qui promènent comme un drapeau des pancartes écrites, où ces mêmes cris sont sans doute répétés; l'émeute tâte son terrain, appuyée sur des compagnies sans armes, mais dont l'attitude et les paroles lui sont un encouragement. Le bataillon Millière est là.

On gagne midi de la sorte; la foule devient toujours plus compacte, et par degrés, par poussées, elle gagne une des entrées où se montre le général Trochu. Ce premier travail s'est fait lentement et il est une heure environ.

Le général fait appel à la raison des citoyens. « Il énumère les travaux accomplis pour mettre Paris en état de défense. Que demande-t-on? la guerre; nul plus que lui ne la veut; active, efficace; mais restons unis d'abord; la victoire est là. »

Au milieu du tumulte, un coup de feu se fait entendre, tiré on ne sait d'où, ni par qui; est-ce une menace ou un signal? Quoi qu'il en soit, les portes sont ouvertes et franchies par les premiers rangs; après eux, la masse entière s'engouffre dans l'édifice, dont elle ne connaît pas exactement les dispositions intérieures et où elle se partage en plusieurs courants.

Pour se rendre compte, à peu près exactement, de ce qui a suivi, il faut imaginer, en effet, plusieurs actions isolées, convergeant toutes vers un même but; mais à la façon des tronçons du serpent qui s'agitent, sans parvenir à s'ajuster. L'émeute et le gouvernement vont jouer, pour ainsi parler, à cache-cache; M. Pyat cherchera M. Flourens et ne le retrouvera plus; M. Trochu pourra s'échapper, M. J. Favre restera; enfin, les chefs du mouvement, ils y sont tous, et leurs complices iront de chambre en chambre, chaque groupe acclamant de nouveaux dictateurs, qu'un autre groupe saluera de ses huées de l'autre côté de la cloison.

Un des courants que j'ai dit pénètre dans une première salle, et tout aussitôt un programme est rédigé : Renvoi du gouvernement et plus d'élections ; le vote par acclamation. Les citoyens Dorian, L. Blanc, Delescluze, Blanqui, Flourens, V. Hugo et Félix Pyat, sont acclamés séance tenante. On entre, on sort, on crie, tandis que des amis diligents sèment sur la place, par les fenêtres grandes ouvertes, les listes des sept noms.

Dans une seconde salle où ils sont entrés avec beaucoup d'autres, MM. Aristide Rey, Taule et Maurice Joly, rencontrent le général Trochu et ses collègues; M. Joly interpelle le général ; mais il est bientôt interrompu par MM. Lefrançais et Chassin qui posent leur ultimatum : M. Dorian, président du conseil; la commune dans les quarante-huit heures. Les membres du gouvernement veulent répondre, M. Lefrançais voudrait écouter; les cris couvrent tout; on étouffe, on s'injurie; et le gouvernement profite du tumulte pour se retirer.

M. Rochefort est resté ; il parle et on perçoit ce qu'il dit : « Il ne connaît pas le citoyen Thiers, ne sait rien de l'armistice ; il est pour les élections... » *Pas d'élections ! L'acclamation ! La déchéance ! A bas Rochefort !* et l'acclamation désigne : MM. Dorian, Bonvalet, Greppo, Schœlcher Delescluze, V. Hugo, Pyat, L. Blanc, Martin Bernard[1].

---

1. MM. Victor Hugo et Louis Blanc ont protesté contre l'emploi qui avait été fait de leur nom. On prête ce mot à M. Hugo : « Il leur fallait un plumet. »

Sur ces entrefaites, avant ou pendant, on ne connaîtra jamais le moment précis, il pouvait être quatre heures, M. Pyat reçoit de M. Floquet, adjoint au maire de Paris, un papier contenant ces seuls mots : « Commune de Paris dans quarante-huit heures. *Signé :* Dorian. » MM. Pyat et Delescluze font connaître au peuple qu'il recevra satisfaction. Mais « le peuple » ne les écoute pas et maintient ses désignations.

Une scène beaucoup plus grave encore se passait, à la même heure, dans une autre partie de l'édifice. Le général Trochu qui s'était encore montré, pour se voir accueilli par les cris : *A bas Trochu! A la porte les incapables! Rends-nous le Bourget!* avait été suivi par un groupe qui, bientôt après, a envahi la salle des délibérations. A l'exception de M. Picard, qui a pu sortir de l'hôtel de ville, tous les membres du gouvernement sont présents. C'est d'abord à M. Dorian qu'on s'adresse, en le pressant d'accepter le mandat de président des élections qu'on vient de lui décerner ; mais M. Dorian, malgré toutes les injonctions, persiste dans son refus. En même temps, les membres du gouvernement sont entourés, menacés et s'efforcent en vain de contenir ces assaillants, parmi lesquels on retrouve MM. Lefrançais, Chassin et Joly. La situation, déjà très-sérieuse, se complique encore par l'apparition de M. Flourens.

L'élection immédiate ne lui suffit pas ; MM. Dorian et Schœlcher sont chargés de la surveiller ; l'affiche va être placardée dans un moment ; mais ce n'est pas assez. Le gouvernement doit se retirer, et il s'agit de nommer un *Comité de salut public* composé des citoyens : Dorian,

Flourens, Pyat, Mottu, Avrial, Ranvier, Millière, Blanqui, Delescluze, Ranc, Raspail, Rochefort, V. Hugo, Ledru-Rollin. Sur l'heure, M. Flourens donne l'ordre de garder à vue « les prisonniers » et de faire monter « ses hommes ». *Les tirailleurs de Belleville* pénètrent quelques instants après dans la salle, et toutes les issues sont gardées. Sommation est faite aux membres du gouvernement d'avoir à donner leur démission. — Ou Mazas! ajoute M. Millière.

M. Trochu, M. J. Favre, M. J. Simon demeurent inébranlables : « Ils ne céderont pas à la violence et ne rendront leurs pouvoirs qu'au peuple, mis à même de faire connaître librement sa volonté. »

On dit qu'aux injures se joignirent alors des voies de fait.

Dès son entrée dans la salle, M. Flourens était monté sur la table du Conseil; il s'y maintient depuis ce moment, allant, venant, ne cessant pas de parler avec de grands gestes, ou se penchant au bord pour écouter un mot qu'on lui dit à l'oreille, et repartant aussitôt après, à travers les écritoires et les papiers. Cependant, vers huit heures, un groupe de gardes nationaux du 106e, profitant de la confusion des uniformes et du flux et reflux, parvient jusqu'au général, l'enveloppe et assure sa fuite; MM. J. Ferry et Emmanuel Arago peuvent s'évader.

M. Flourens s'aperçoit trop tard de cet enlèvement, et il commence à s'inquiéter d'une situation dont MM. Pyat, Delescluze et Ledru-Rollin ont compris avant lui la gravité. Comme toujours, on ne savait rien dans Paris jusque vers le milieu du jour; mais, entre quatre et six heures, le bruit s'est répandu que l'Hôtel de ville avait été pris. On court, les pieds dans la boue, en se disant que tout est perdu; c'est de la stupeur, du dégoût, chez beaucoup du désespoir, rien d'agissant. Enfin le rappel et la générale se font entendre ; partout on se répète les noms de Pyat ! de Flourens ! de Blanqui ! par degrés l'indignation se montre et le cris *A bas la commune !* devient le cri de ralliement. Déjà M. E. Picard, a fait occuper l'imprimerie nationale et le *Journal officiel;* à l'état-major le général Soumain donne des ordres ; près de cent mille hommes s'ébranlent à la fois.

M. Pyat, qui avait quitté l'hôtel de ville, y revient accompagné de MM. Ledru-Rollin et Delescluze ; ce dernier seul se dérobe aux sentinelles du 106e; et au nom de ses amis, il avertit M. Flourens du danger qu'il va courir ; MM. Blanqui, Millière et Ranvier en reçoivent avis, et l'on vient de décider, d'un commun accord, que M. Delescluze ira proposer à M. Dorian *une transaction.* quand les mobiles bretons, venus de la caserne Napoléon par le passage voûté, font irruption dans les cours intérieures et opèrent leur jonction avec les 106e, 14e, 15e et 17e bataillons, qui abordent l'hôtel de front. L'entassement de tous ces hommes armés met obstacle à un conflit immédiat ; car il serait impossible de prendre du champ pour tirer ; en outre, les rangs se disjoignent dans la foule, et les tirailleurs de Belleville et leurs adversaires se trouvent confondus. Cependant, il est trop aisé de prévoir que le sang va couler.

M. Dorian, sollicité par M. Delescluze, et dans un intérêt d'humanité, consent à admettre que les élections pour la commune ou municipalité aient lieu le 1ᵉʳ novembre ; les élections pour le gouvernement le 2 ; M. Flourens et ses amis demeurant libres de sortir, sans être inquiétés. Les « prisonniers » de M. Flourens ratifient cette concession, dont M. J. Ferry est informé quelques instants après. L'envoyé de la commune le rencontre sur le trottoir de la place, à la tête de nouveaux bataillons. Les quais, les rues, sont hérissés de baïonnettes et M. Ferry semble croire « qu'il est un peu tard pour dicter des conditions ». Enfin M. Flourens se résout à partir ; ses tirailleurs lui font cortége. Ranvier, Millière, Blanqui le suivent, non sans courir quelque risque d'être maltraités.

Vers deux heures du matin, le général Trochu arrivait du Louvre ; il est salué au passage par les cris : *A bas la commune ! Vive la République ! Vive la France ! Vive Trochu !*

Après treize heures de lutte, d'avanies, de contrainte, M. J. Favre et J. Simon étaient enfin délivrés, l'hôtel de ville était purgé des séditieux ; et il nous était permis, au jour levant, de rentrer dans nos maisons, épuisés de fatigue[1].

---

1. Plusieurs arrestations furent opérées le 1ᵉʳ novembre; mais peu de temps après, MM. Félix Pyat, Maurice Joly, Ducoudray, Razoua et Tridon furent relaxés sous caution. M. Goupil s'échappa. MM. Vermorel, Lefrançais, Eudes, Ranvier, Tibaldi, et un certain nombre d'autres inculpés, furent retenus.

NOVEMBRE 1870

1ᵉʳ novembre. — Après un entretien avec M. J. Favre et le général Ducrot, M. Thiers a quitté Paris, hier vers trois heures, pour se rendre à Versailles. Le général se serait montré très-absolu.

— Un décret nous pose la question suivante : « La population maintient-elle, oui ou non, les pouvoirs du gouvernement? »

Le scrutin aurait lieu jeudi 3 novembre ; on procéderait, samedi, à l'élection des maires et adjoints[1].

---

1. Il est indispensable de relater ici des faits qui me paraissent de nature à jeter un certain jour sur quelques incidents de la journée d'hier. Dans la soirée même de la sédition, un placard, ayant tous les caractères d'un document officiel, informait le public que le gouvernement avait donné sa démission; que M. Dorian était nommé président d'une commission exécutive et que les élections pour la commune auraient lieu le lendemain 1ᵉʳ novembre. — En même temps, une seconde affiche signée : Dorian, Étienne Arago et Schœlcher nous faisait connaître que les maires, réunis à l'hôtel de ville, avaient jugé nécessaire de procéder immédiatement aux élections, lesquelles seraient faites le 1ᵉʳ novembre. L'authenticité de cette dernière affiche ne peut plus être contestée; car, aujourd'hui, un avis signé J. Favre la déclare nulle et non avenue, en interdisant aux maires d'ouvrir le scrutin. L'avis ajoute : *La population de Paris votera, jeudi, par Oui ou par Non, sur la question*

— Tout bataillon de la garde nationale qui sortira en armes, sans convocation régulière, sera dissous et désarmé. Tout chef de bataillon qui aura convoqué son bataillon sans ordre régulier pourra être traduit devant un conseil de guerre. (Décret.)

— Sont révoqués les chefs de bataillon dont les noms suivent : MM. Flourens, Razoua, Goupil, Ranvier, de Frémicourt, Jaclard, Cyrille, Levraud, Millière, Gromier, Barberet, Dietsch, Longuet, Chassin, Eudes et Tessier de Margueritles. (Décret.)

— Proclamation à la garde nationale : « Votre ferme attitude a sauvé la république d'une grande humiliation politique. Le gouvernement n'a connu la capitulation de Metz que le 30 novembre au soir; immédiatement, il l'a rendue publique. Il est vrai que deux jours auparavant le bruit de ce désastre avait été semé par les avant-postes prussiens, mais l'ennemi nous a habitués à tant de faux avis, que nous nous étions refusés à y croire. Le pénible accident survenu au Bourget, par le fait d'une troupe *qui a manqué absolument de vigilance, et s'est laissé surprendre;* la proposition d'armistice, interprétée contre toute vérité et toute justice, ont été mis à profit par une infime minorité pour tenter de se substituer violemment au gouvernement... L'appui que vous lui avez donné sera sa force à l'avenir contre les

---

de savoir si l'élection du gouvernement et de la municipalité aura lieu à bref délai. Il y a, comme on voit, dans ces termes, plus d'un point de contact avec la transaction proposée hier par les chefs de Belleville. Dans le décret ci-dessus, il n'est plus question de la commune, et toute trace d'engagement disparaît.

ennemis du dedans aussi bien que contre les ennemis du dehors. »

— M. Rochefort donne sa démission ; un certain nombre de maires provisoires résignent également leur mandat.

— Il paraît certain qu'avant la capitulation de Metz le maréchal Bazaine avait envoyé le général Boyer à Londres. Cet officier, après avoir été reçu par l'impératrice, se serait rendu à Versailles. Quel pouvait être le but de ces démarches? nous en sommes réduits aux conjectures ; on parle d'un projet de traité, de conditions débattues pour une restauration.

2 novembre. — M. Edm. Adam, démissionnaire, est remplacé à la préfecture de police par M. E. Cresson.

Le gouvernement insiste sur le sens du vote de demain et, pour couper court à toute équivoque, à l'endroit du scrutin de jeudi, il déclare que « cette élection ne ressemble en rien à celle de la commune; *elle en est la négation.* »

— Les *Débats,* le *Temps,* l'*Opinion nationale,* la *France,* la *Patrie,* le *Soir,* etc., se prononcent pour l'armistice.

3 novembre. — Nous ne connaissons pas encore le chiffre définitif des votes ; mais on sait déjà qu'une immense majorité est acquise au gouvernement.

Je noterai dans les proclamations qui sont affichées les passages suivants : « Que le vote d'aujourd'hui consacre notre union. Désormais c'est l'autorité de votre suffrage que nous avons à faire respecter ; et nous sommes résolus à y mettre *toute notre énergie*... Ce suffrage substitue la raison à la violence, et, en montrant où est le droit, il enseigne où est le devoir... N'ayons tous qu'un cœur et qu'une pensée : la délivrance de la patrie. »

4 novembre. — Résultats du vote :

Armées de terre et de mer, mobiles :

  Oui.................... 236,623
  Non.................... 9,053[1]

Paris et communes réfugiées :

  Oui.................... 321,373
  Non.................... 53,585

Soit en résumé :

  Oui.................... 557,996
  Non.................... 62,638

Un membre du gouvernement, à qui je parlais de la majorité qu'il venait d'obtenir et de l'attitude de la garde nationale dans la nuit du 31 octobre, m'a répondu un peu durement : « Pensez-vous que nous vous soyons bien reconnaissants de nous avoir préférés à M. Flourens ? » Cette réplique amère témoigne de plus de pénétration que de sens politique. Il est parfaitement vrai que le vote du 3 novembre n'implique pas, il s'en

---

1. Ce qui nous donnerait un total de 245,676 hommes ! mais il y a les invalides, les malades, les blessés, etc.

faut, une approbation sans réserve ; il ne marque en effet qu'une préférence. Paris vient de se prononcer pour le maintien de *ce qui est,* parce qu'il juge l'ordre nécessaire à la défense, parce qu'ayant à choisir entre M. J. Favre et M. Flourens, toute hésitation lui était interdite; enfin, parce qu'il espère qu'après cette sanction éclatante, donnée à des pouvoirs que jusqu'ici l'on pouvait contester, le gouvernement saura désormais où est sa force et dans quel sens se prononcent nos volontés.

« Hier, ai-je dit à celui qui me parlait, vous avez déclaré que vous étiez résolus à mettre toute votre énergie à faire respecter nos suffrages. Nous vous attendons aux preuves. On ne s'assied pas à la table du conseil de l'hôtel de ville, comme au bureau de M. de Buffon, pour y rédiger de nobles harangues. Il faut vous persuader qu'une magistrature comme la vôtre ne comporte ni tant de ménagements, ni tant de lenteurs. « L'humanité » doit se voiler la face dans les jours où nous sommes; plus tard, elle reprendra ses droits si elle les retrouve. Il s'agit à cette heure de la vie ou de la mort d'un peuple ; et si l'emploi des moyens terribles peut nous donner la victoire, il vous est interdit d'hésiter. Nous venons de mettre dans vos mains, par un acte réfléchi et presque unanime, une force immense ; nous nous donnons à vous, nous, nos enfants et nos biens, sans rien réserver ; nous ne vous demandons en échange d'un semblable sacrifice que de partager notre espoir et d'avoir une volonté. Blanqui a raison contre vous ; Delescluze a raison ; nous n'avons que faire de mansuétude et de paroles; c'est de l'audace qu'il nous faut; ce sont des actes. L'indiscipline gagne de proche en proche, soyez sans pitié contre elle ; l'ivrognerie nous avilit, fermez les cabarets; nous vous avons déjà fait fermer les cafés; d'immondes filles infectent des milliers de nos soldats d'un mal détestable, vous avez des prisons; des chefs trop connus négligent leurs devoirs, se jalousent, ou prédisent hautement notre chute, faites des exemples immédiats. Depuis deux mois déjà vous exercez, de notre consentement, la dictature; qu'en avez-vous fait? Serait-ce Belleville qui vous fait peur? nous nous chargeons de Belleville; chargez-vous de Châtillon. Que pouvez-vous attendre et que méditez-vous? Vous nous faites jouer sur le rempart un jeu désormais inutile; vous nous fatiguez par des veilles sans objet, au lieu de nous aguerrir de jour en jour par quelque péril digne de nous; enfin vous confondez, à plaisir, dans la masse de nos bataillons, des hommes qui ne vous inspirent que du mépris, et cette élite de gens de cœur qui savent manier un fusil et qui ne demandent qu'à être enrégimentés. Ceux-là acceptent à l'avance toute les fatigues ; ils sauront obéir et ils sauront se battre, si vous les placez sous les ordres de chefs résolus, capables de les diriger. »

5 novembre. — L'élection collective qui devait avoir lieu aujourd'hui ayant été scindée, nous avons élu nos maires seulement. Dans plusieurs arrondissements, il y aura lieu de procéder à un second tour de scrutin.

MM. Mottu, Delescluze, Millière, Ranvier et deux ou

trois de leurs amis ont passé. La majorité paraît acquise au gouvernement.

— Le *Journal officiel* nous annonce la formation de trois armées. La première, composée de 266 bataillons de garde nationale sédentaire, est placée sous le commandement de M. Clément Thomas. La seconde a pour chef le général Ducrot, avec trois corps, dirigés par les généraux Vinoy, Renault et d'Exéa; la troisième, qui compte sept divisions, y compris les marins de l'amiral La Roncière le Noury, a pour commandant en chef le général Trochu. Le général Vinoy n'acceptera pas la situation en sous-ordre qui lui est faite.

— Il y a huit jours, ce vote et ces dispositions militaires auraient été un événement; ils disparaissent ensemble dans la nouvelle de la rupture des négociations. Le gouvernement, d'accord avec les puissances, avait posé pour condition de l'armistice le ravitaillement des places assiégées et spécialement de Paris, la liberté des élections pleinement assurée dans les provinces occupées par les troupes allemandes. Après bien des détours, des réserves et des lenteurs, M. de Bismark a tout accordé; — en déclarant, au dernier moment, que « les autorités militaires » ne pouvaient consentir à un ravitaillement, même restreint, sans avoir été mises, au préalable, en possession d'un fort au moins. A ce mot, déjà dit, M. Thiers a jugé, non sans raison, que sa mission était finie. La Prusse, dans l'intention manifeste de donner aux puissances neutres une apparence de satisfaction, s'était résignée à entendre notre ambassadeur; sur la plupart des points en discussion, elle continuait de protester que la paix était le but unique de ses désirs; mais en tenant toujours en réserve cette inqualifiable exigence de la reddition de Paris, qui ruinait tout. Aujourd'hui même, M. Thiers a eu avec M. J. Favre une conversation à l'extrémité de nos lignes, et le gouvernement va lui expédier, si ce n'est déjà fait, l'ordre de rompre les négociations.

Toutes nos inquiétudes renaissent à ce coup, et chacun reprend, l'un après l'autre, les renseignements qui nous sont parvenus sur la situation des départements. La défense tend-elle encore à se localiser; ou bien, avons-nous réellement des armées qui puissent nous venir en aide? Quel est au juste l'état de nos ressources? on nous a dit, au début, que nous étions approvisionnés pour deux mois, et nous voici au 5 novembre. Pourrions-nous vivre encore pendant six semaines, ou plus, sans être ravitaillés? Toute la question est là; car si nous consentions volontiers à ignorer le plan de M. le général Trochu, nous persistons à souhaiter que la France soit mise à même de faire connaître ses intentions.

Du reste, je crois devoir placer ici quelques détails qui sont à ma connaissance personnelle. M. Thiers, après avoir passé la nuit du 30 au 31 octobre au ministère des affaires étrangères, était parti pour Versailles à l'heure même où l'émeute prenait possession de l'hôtel de ville. Il était navré de toute manière, se demandant si le gouvernement qu'il allait représenter existerait encore le lendemain. D'un autre côté, l'armée de la Loire lui avait paru prendre figure; mais Gambetta lui inspirait des inquiétudes sérieuses; enfin, il se sentait mal à l'aise dans les pouvoirs qui lui avaient été confiés, pouvoirs singulièrement limités par la déclaration du 21 octobre, qu'il jugeait intempestive, trop absolue et faite pour tout ruiner. A Versailles, le 1er, il avait eu une première entrevue avec M. de Bismark, qu'il rencontrait de nouveau le lendemain; mais le 3, alors que tout paraissait s'acheminer vers une solution favorable, M. de Bismark, tardivement préoccupé des événcments de l'avant-veille, s'inquiète des résultats qui ont pu suivre et se demande si une entente est encore possible. M. Thiers, que cette manœuvre n'abuse pas, propose immédiatement de s'assurer de l'état des choses; un officier est envoyé à Paris, il constate que la majorité est acquise au gouvernement; il ne s'agit donc plus que de reprendre l'entretien si malheureusement interrompu. C'est alors que la question du ravitaillement fut posée; sur ce terrain déjà parcouru, les mêmes difficultés persistantes se reproduisent et l'on en vient à parler, non plus d'un armistice, mais de la paix. A quelles conditions? voilà ce qu'on ne sait pas; on parle de trois milliards et de la cession de l'Alsace. Quoi qu'il en soit, M. Thiers prend alors rendez-vous à Sèvres, où il expose la situation à MM. Favre et J. Ferry. Mais ces messieurs jugent l'armistice et la paix également inacceptables, et, comme je l'ai dit, tout est rompu.

Sans doute, la déclaration « ni un pouce de notre territoire, ni une pierre de nos forteresses » était une maladresse dans la bouche d'un homme d'État, et, peut-être, pouvions nous prêter l'oreille à M. de Bismark, lorsqu'il semblait réduire ses exigences. Mais Strasbourg et trois milliards, était-ce là réellement son dernier mot? N'était-ce pas plutôt un leurre à double fin? Ceux d'entre nous qui se montrent prêts à accepter le marché dans ces termes oublient trop aisément qu'un décret du roi Guillaume, *daté du 21 août,* annexait à l'Alsace, considérée d'avance comme acquise, les territoires de Sarreguemines, de Thionville, de Château-Salins et de Metz. Pense-t-on que M. de Bismark soit, aujourd'hui, sincèrement disposé à nous restituer ces villes que son maître déclarait siennes, alors que Strasbourg et Metz étaient encore debout? Pour ma part, je n'en crois rien,

6 novembre. — Autre incident. Il avait été question, dans quelques journaux, d'un emprunt qui aurait été contracté par la délégation de Tours. Le gouvernement déclare qu'il n'a reçu, jusqu'à présent, aucun avis de cette mesure. Nous croyons à la bonne foi du gouvernement, en tenant le fait pour certain.

L'auteur de *Carmen,* de *Colomba* et de tant d'autres œuvres achevées, M. Prosper Mérimée, serait mort à Cannes, le 11 octobre. Nos hommes de talent s'en vont, dans les lettres et partout.

7 novembre. — Dans une circulaire adressée à nos agents diplomatiques à l'étranger, M. J. Favre rend compte de l'attitude de la Prusse dans la question de l'armistice, en s'attachant tout naturellement à établir que nous nous sommes renfermés dans le programme agréé par les puissances et que la Prusse n'a tenu aucun compte de leurs intentions et de nos désirs. J'attends la réplique de M. de Bismark.

8 novembre. — « Pour satisfaire par des dispositions nouvelles aux nécessités des opérations militaires et répondre aux vœux unanimement exprimés par la garde nationale », il est formé dans chaque bataillon quatre *compagnies de guerre* de cent hommes chacune. Sont appelés à en faire partie : les volontaires ; les célibataires et les veufs de 20 à 35 ans d'abord, puis de 35 à 45 ans ; enfin, les hommes mariés ou pères de famille de 20 à 35 ans et de 35 à 45 ans. Les hommes valides de chacune de ces cinq catégories ne seront appelés qu'après épuisement de la catégorie précédente. *Les compagnies de guerre nommeront leurs officiers.*

— Le général Trochu cède au général Vinoy le commandement de la troisième armée. La division La Roncière forme un corps indépendant. Tous nos chefs se jalousent.

— Les bêtes à cornes et à laine sont frappées de réquisition. — La viande de mulet est soumise à la taxe.

Du 9 au 14 Novembre. — Le 9, rien. Le 10, l'ennemi démasque une batterie à Choisy-le-Roi. — Le 11, nous occupons définitivement Créteil. A vrai dire, l'ennemi n'a jamais tenu dans ce village que l'extrémité de la rue qui conduit à Bonneuil ; il avait là une barricade contre laquelle nos tirailleurs brûlaient leur poudre par passe-temps. Pendant le jour, l'habitation contiguë à l'église, et dont le parc borde le pavé de Maisons-Alfort, était occupée par les nôtres, qui très-régulièrement, à la nuit tombante, se repliaient sur Maisons, tandis que les Prussiens quittaient leur abri, au même instant, pour venir les remplacer. Ils arrivaient comme en flânant, coiffés de leur béret ou de leur casque, se détournant parfois de leur chemin pour voir où nous en étions de nos travaux dans le jardin de l'archevêque, mais sans y rien changer jamais. Après un sommeil paisible, dans les chambres du second étage où ils remettaient tout en ordre, ils repartaient, le matin venu, pour leur réduit de Bonneuil, et nous leur succédions une demi-heure après. Ce même manége durait depuis un mois; on vient d'y mettre un terme, pour armer sans doute la batterie de l'Archevêché.

Le 12, le gouvernement, s'autorisant de la loi du 10 août dernier, appelle sous les drapeaux les hommes de 25 à 35 ans, non mariés ou veufs sans enfants qui n'appartiennent pas à la garde nationale mobile. Ce même jour, le capitaine de Néverlée, aide de camp du général Ducrot, s'avance avec ses volontaires jusque sur la place de l'hospice à Saint-Cloud, attaque une patrouille prussienne et lui tue cinq hommes. — Le 13, le contingent de la garde mobile de 1870 est appelé sous les drapeaux. La Faisanderie et Nogent canonnent Champigny, tandis que Gravelle bat Montmély et que Charenton inquiète Thiais.

Enfin, le 14, nouvelle proclamation du général Trochu. Après avoir dit un mot de l'étonnement de l'ennemi en présence de notre attitude et rappelé tout ce qui a été fait pour la défense, au point de vue matériel comme au point de vue de l'organisation, le gouverneur de Paris ajoute : « Nous n'avons pas fait ce que nous avons voulu, mais ce que nous avons pu, dans une suite d'improvisations dont les objets avaient des proportions énormes, au milieu des impressions les plus douloureuses pour notre patriotisme... Eh bien, l'avenir exige de nous un effort encore plus grand, car le temps nous presse... Le monde ne comprendrait pas que la population et l'armée, après s'être si énergiquement préparées à tous les sacrifices, ne sussent pas aller plus loin; c'est-à-dire souffrir et combattre, jusqu'à ce qu'ils ne puissent plus souffrir ni combattre. Ainsi donc, serrons nos rangs autour de la république et élevons nos cœurs.» Cette proclamation est suivie de cet avis : « A partir du 15 novembre, les portes seront fermées à 5 heures du soir.»

Depuis quelques jours, notre attention avait été mise en éveil par cette série de décrets que j'ai analysés et qui équivalent, à peu de chose près, à la levée en masse. La proclamation du général résout tous nos doutes ; il n'est plus question ici d'une reconnaissance, ni même d'un combat ; mais d'une partie où nous allons, peut-être, engager tout notre enjeu. J'ai vu plus d'un visage sérieux aujourd'hui ; et dans un certain nombre de familles l'émotion est profonde. Chacun, du reste, est résolu à faire son devoir. — A Fontenoy, les gentilshommes retournant à la charge disaient : Allons, Messieurs, encore pour le Roi ! Le mot d'ordre à cette heure c'est :
— Encore pour Strasbourg !

— Le capitaine Lavigne, des tirailleurs parisiens, dans une reconnaissance sur Champigny, que nous avions rendu presque intenable la veille, a refoulé les postes prussiens, en leur faisant éprouver des pertes réelles.
— A l'ouest, nos forts sur toute la ligne ne cessent guère de tirer.

Un officier, qui barbouillait de crayon rouge et bleu ma carte de Paris, me disait, tantôt, en me montrant Chennevières : « C'est là qu'il faut passer. Il n'y a rien à faire au nord, ni dans l'ouest ; nous venons de prendre position à Créteil ; on tâte journellement, je le sais, la Boucle de la Marne; l'affaire sera dans le sud-est, j'en jurerais. »

15 novembre. — L'armée de la Loire, commandée par le général d'Aurelles de Paladines, s'est emparée d'Orléans le 10, après deux jours de lutte. Nous avons pris à l'ennemi deux canons, vingt caissons attelés, une grande quantité d'approvisionnements. L'action principale s'est passée à Coulmiers, dans la journée du 9. L'élan des troupes a été remarquable, malgré le mauvais temps.

Cette dépêche de Gambetta est précédée d'une lettre de Jules Favre aux *habitants et défenseurs de Paris.* « C'est avec une joie indicible que je porte à votre connaissance la bonne nouvelle que vous allez lire. Grâce à la valeur de nos soldats, la fortune nous revient ; votre courage la fixera ; bientôt, nous allons donner la main à nos frères des départements et avec eux délivrer le sol de la patrie. »

Dès hier soir, la bonne nouvelle s'était répandue ; on prétendait même l'avoir vue affichée à la porte de la mairie du IXe arrondissement. Mais j'étais souffrant, et, ne pouvant sortir, j'ai dû attendre le *Journal officiel* de ce matin. Du reste, notre joie n'est pas calmée ; on va, on court, on revient ; on adresse la parole à des gens que l'on ne connaît pas ; le rire a reparu ; et nous comprenons tous, à travers tant de secousses incohérentes, que notre raison est chose fragile et que, encore un peu, elle va nous échapper.

16 Novembre. — M. Étienne Arago est nommé commissaire général des monnaies, en remplacement de M. Pierre Clément, décédé.

Une très-longue note, insérée au *Journal officiel,* contient deux ou trois faits empruntés au *Times* du 3 novembre, qui me paraissent dignes d'attention. Ainsi, l'armée prussienne de Metz se partagerait en trois corps, *le prince Frédéric-Charles avec le gros de ses forces disponibles, ayant reçu mission d'opérer dans le centre de la France.* Mézières est libre ; le siége de la Fère se poursuit ; nos francs-tireurs ont tué, vers Réthel, près de 500 hommes à l'ennemi. Le 20 octobre, dans une sortie, la garnison de Verdun a encloué vingt-six canons. A Formerie, nous avons débusqué les Prussiens de leurs positions ; mais, d'autre part, *ils ont occupé Dijon,* après huit heures de lutte, et à Gray (Haute-Saône), von Werder nous a battus. « En somme, dit la note, l'occupation de Dijon est le fait le plus regrettable de ceux que nous venons de mentionner ; ce qui ressort de ces récits, c'est que de tous les côtés l'ennemi rencontre une résistance énergique et que la France combat l'envahisseur, pied à pied. »

Cette même note mentionne certains bruits qui courent relativement à la reddition de Metz et une proclamation de M. Gambetta qui justifierait les accusations dont le maréchal Bazaine serait l'objet.

Bourbaki était à Amiens le 1ᵉʳ novembre.

— Je suis assurément de l'avis de la note lorsqu'elle qualifie de fait regrettable l'occupation de Dijon ; mais je me préoccupe encore bien davantage de la marche de Frédéric-Charles, « sur le centre de la France ». Nous avons repris Orléans ; mais il n'est pas dit que von der Thann, ait subi un échec décisif ; et, s'il suffit à nous tenir tête, avec ses Bavarois, que pourra faire notre armée devant les 80,000 hommes, ou plus, qui viennent de Metz ? *Paladinus Aureliensis,* comme on l'appelle, n'est pas encore à la veille de nous donner la main.

18 et 19 novembre. — « Notre armée est nombreuse, bien organisée, disciplinée. On fortifie Orléans, où elle est rentrée, et l'on croit pouvoir résister à un retour offensif, même puissant. » A cette dépêche, datée de Tours le 11, vient s'ajouter un second télégramme du 13. « L'ordre le plus complet règne à Lyon, Marseille, Perpignan, Saint-Étienne. L'ennemi a évacué Dijon. Notre gouvernement est partout respecté et obéi. L'effervescence causée par la reddition de Bazaine, est maintenant calmée. »

— Le gouverneur de Paris met à l'ordre du jour les défenseurs de Paris qui ont bien mérité du Pays, depuis le commencement du siége. Je cite presque au hasard : *De Montbrison,* capitaine de cavalerie auxiliaire, constamment à la tête des colonnes d'attaque au combat du 31 octobre, se fait hisser sur un mur de parc au milieu d'une grêle de balles, pour reconnaître la position de l'ennemi. *Désaëgher* et *Chenot* vont chercher sous le feu de l'ennemi un de leurs camarades blessé, Désaëgher est lui-même grièvement atteint. *Bouvet*, le bras traversé par une balle, reste au feu malgré les instances de son commandant et se retire des derniers. *Bocquenet*, capitaine d'artillerie ; toujours en vue, a eu deux chevaux tués sous lui. *Culhon*, canonnier, les chevaux de sa pièce sont tués, les servants sont hors de combat ; aidé de son lieutenant, il continue le feu jusqu'à l'arrivée des attelages. *Sirday* et *Bouquier*, du train d'artillerie, vont chercher résolûment un caisson et une pièce qui allaient tomber aux mains de l'ennemi. *Guerroz*, sergent-major, tous ses officiers sont hors de combat ; il prend la tête, rallie ses hommes et les ramène par deux fois à l'ennemi. *Beau*, tambour, se place au premier rang et s'avance en battant la charge sous le feu de l'ennemi. *Glotty*, soldat ; trois Prussiens le couchent en joue, il marche à eux et les fait prisonniers. *Kydenou*, soldat, entre le premier dans Chevilly le 30 septembre, et se sert des créneaux de l'ennemi pour le fusiller à bout portant. *Lecca*, lieutenant, officier d'une grande bravoure, entraîne ses hommes par son exemple et franchit le premier la barricade de Châtillon. *Ardit*, caporal, il a les deux poignets emportés dans Chevilly, et il ne se retire qu'après en avoir demandé l'autorisation à son capitaine. *Gaudebout*, soldat, blessé grièvement, reste au feu jusqu'à la fin. *Admard*, soldat, reçoit deux blessures, se fait panser et reprend son fusil. *Hoff*, sergent ; le 29 septembre, tue trois sentinelles ennemies; le 1er octobre, un officier prussien; le 5, met en déroute, à la tête de quinze hommes, un détachement d'infanterie et de cavalerie; enfin, dans divers combats individuels, il tue 27 Allemands. *Graciot,* caporal; son sous-lieutenant est blessé, il l'emporte ; son sous-lieutenant est tué dans ses bras, il est lui-même atteint à la main droite, et il continue de combattre jusqu'à épuisement de ses forces. *Gérodias,* tambour, voit sa caisse brisée par un éclat d'obus, il prend le fusil d'un camarade tué à ses côtés et se porte en avant. Il est blessé et ne se retire que le combat fini. *Aubé,* sergent, embusqué à quinze pas d'une barricade; il s'y maintient pendant une demi-heure en tirant et fait plusieurs prisonniers. *Thiébault,* soldat, blessé au début du combat de Châtillon; il continue d'avancer et ne s'arrête que sur l'ordre de son chef. *Deschamps,* soldat, il donne à tous l'exemple du mépris du danger et refuse de se retirer, bien qu'il ait le bras troué par une balle. *Charlier,* soldat, s'avance seul au-devant de l'ennemi abrité dans un jardin et tue un de ses adversaires à bout portant. *De Nugent,* engagé volontaire, ex-lieutenant dans l'armée autrichienne, se signale dans tous les engagements par son intrépidité; tué à Châtillon. *Buisson,* capitaine au 9e lanciers, poursuit un cavalier et le fait prisonnier sous le feu de l'ennemi. *Crucerey,* capitaine au 3e bataillon de la Côte-d'Or, entré le premier dans Bagneux où, seul, il a fait neuf prisonniers. *Terreaux,* garde au même bataillon, désarme un porte-fanion dans la mêlée et le fait prisonnier, etc., etc.

En copiant ces noms d'officiers et de soldats, qui se sont si noblement conduits, ce n'est pas seulement de l'admiration que j'éprouve, j'éprouve aussi comme un violent espoir qui fait taire tous mes pressentiments, et pendant quelques instants trop rapides, je vis d'héroïsme. Il aura beau faire, notre ennemi, cette terre qu'il voudrait frapper de stérilité sait encore produire de grandes âmes, et s'il est dit qu'il doive nous vaincre, je lui conseille d'être impitoyable, car aussi longtemps qu'il nous naîtra des Dampierre, des commandants Jacquot, des Kydenou et des Ardit, il lui faudra veiller sur son champ et trembler pour ses villes.

Patience, il nous reste des hommes; nous trouverons des généraux.

20 novembre. — Nous savions déjà que les Prussiens, dans tous les pays qu'ils envahissent, substituent aux fonctionnaires de notre administration des agents à eux, chargés de faire la police, de percevoir les impôts, etc. On disait aussi que sur différents points ils avaient créé des feuilles périodiques, rédigées par des écrivains venus d'Allemagne et placés sous le contrôle de l'étatmajor. Nous recevons aujourd'hui un exemplaire d'une de ces publications, le *Moniteur officiel de Seine-et-Oise*, qui nous donne l'arrêté de M. de Brauchitsch, préfet de Versailles, relatif aux traitements des instituteurs, curés, gardes champêtres, et à la réouverture des écoles. Ce document n'est pas toujours écrit dans un français très-correct, mais il témoigne d'une sollicitude si éclairée pour les intérêts moraux et matériels des populations, que celles-ci feraient preuve d'ingratitude, très-certainement, si elles prononçaient le nom de Brauchitsch autrement qu'avec respect. Pour ma part, je ne l'écrirai pas une troisième fois, mais je me promets de ne pas l'oublier. M. le préfet est du reste un homme très-doux, j'en jurerais, pénétré de cette sage maxime que lorsqu'il s'agit de faire le bonheur des gens, il n'est pas défendu de les contraindre. Ainsi, l'imprimeur du journal est *requis,* le libraire-vendeur *requis,* les maires *requis,* et, si le garde champêtre ne remplit pas son devoir, si le cantonnier n'est pas sur la route, si l'école est fermée, si l'office n'est pas dit, lorsque M. B..... fera sa tournée, les maires payeront. Je ne change rien à l'arrêté, en me persuadant qu'il n'a pas été fait pour nous ; c'est le régime de Berlin.

Après ces prescriptions, vient une circulaire de M. de Bismark, datée du 8 novembre, et qui ne contient aucun renseignement nouveau sur l'armistice que M. Thiers avait été chargé de négocier. M. de Bismark ne parle que du ravitaillement qu'il déclare inacceptable ; il laisse dans l'ombre l'intervention des puissances, en accusant, encore une fois, le gouvernement de n'avoir qu'un but : se perpétuer, aux dépens des intérêts du pays.

Cette assertion est absolument inexacte. Le gouvernement désirerait trouver une solution, mais il est engagé, empêché, il a des répugnances sincères et des faiblesses inavouables ; son espoir est presque nul, et ne sachant au juste ni ce qu'il devrait faire, ni ce qu'il faudrait vouloir, toute son habileté consiste à gagner du

temps. Sa grande angoisse, au fond, est de se soustraire
s'il se peut, à l'obligation d'un sacrifice, dont il pressent
la nécessité et qui le rendrait impopulaire.

21 novembre. — M. Favre répond à la circulaire de
M. de Bismark. On se répète de part et d'autre, et ces
assauts de paroles ne contiennent rien qui puisse nous
émouvoir.

Après tant d'autres réquisitions que j'ai notées, voici
de toutes la plus sensible : les détenteurs de pommes
de terre sont tenus d'en faire la déclaration, sans que
cette mesure s'applique, du reste, aux provisions de
ménage. En même temps, on nous avertit que toute
livraison de gaz aux particuliers et aux établissements
publics cessera le 30 novembre. Paris, que je ne reconnais
plus, va devenir méconnaissable ; et ceux-là seuls
qui ont vécu de notre vie parisienne pourront apprécier
jusqu'à quel point cette dernière privation va nous
atteindre.

J'ajoute que depuis une semaine, la vie matérielle
devient, pour beaucoup d'entre nous, un problème assez
difficile à résoudre ; et je me demande comment vont se
nourrir tous ceux qui, manquant d'argent, n'ont pas fait
de provisions. N'oublions pas qu'en dehors des gardes
nationaux à trente sous, il existe dans notre population
un nombre considérable de petits ménages et de gens
malaisés qui se refusent péremptoirement à tendre la
main. On m'a cité déjà plusieurs exemples de familles
qui se sont mises au régime de la soupe au vin et du riz
pour tout aliment. On vivait au jour le jour, comme on

pouvait : la femme de quelque ouvrage d'aiguille, le mari d'un petit emploi dans un magasin, chez un architecte, chez l'huissier ou au théâtre; ces industries médiocres varient à l'infini ; du jour au lendemain, plus rien. Et maintenant comment faire ? un œuf coûte vingt-cinq sous ; un chou, quand on en trouve, se vend cinq et six francs ; le beurre, il ne faut plus en parler ; quant au lapin, il varie entre vingt et vingt-cinq francs, lorsqu'on n'en demande pas trente. Dernièrement encore on avait des légumes, quelques herbes ; mais tous nos terrains vagues à l'intérieur de la ville ont été soigneusement sarclés par les femmes et par nos gamins; et les fusils prussiens ont couché dans notre banlieue tant de maraudeurs sur leur butin, que, malgré l'appât du gain, il ne se trouve plus de gens assez hardis pour aller nous chercher des légumes.

Ce qui n'empêche pas le tambour de battre sans trêve, le clairon de sonner du matin au soir et la garde nationale de s'exercer quelque temps qu'il fasse.

Du 22 au 25 novembre. — Le 22, les compagnies de marche de sept bataillons et deux compagnies de génie auxiliaire ont été passées en revue par le général Clément Thomas. Ces compagnies étaient pourvues de leur équipement complet. On dit que les 72e et 149e bataillons envoient demain leurs contingents aux avant-postes.

C'est sans doute un commencement ; mais nous touchons à la fin de novembre ; et il n'est pas indiscret de se demander à quelle époque nos *deux cent soixante-six bataillons* seront en mesure de répondre à l'appel. Je ne saurais trop le répéter, nous avons perdu un temps irréparable ; car je persiste à croire qu'il y avait là une force, dont on pouvait tirer parti, en faisant un choix.

Une dépêche de Gambetta, datée du 16, nous dit que l'ordre le plus parfait règne sur tous les points. « Outre les 200,000 hommes de l'armée de la Loire, nous aurons au 1er décembre une nouvelle armée de 100,000 hommes, parfaitement organisée et munie de tout, sans compter 200,000 mobilisés prêts à marcher au feu à la même époque, mais tout à fait en seconde ligne. »

« Notre succès d'Orléans a excité au plus haut degré les sentiments patriotiques de la nation, et les préparatifs de défense sont poussés avec une prodigieuse activité ; les plus faibles sont entraînés. »

« Nous occupons fortement Orléans sur les deux rives de la Loire, prêts à résister vigoureusement à un retour offensif. »

Dans une lettre adressée, le 16, par M. de Bismark à M. Washburne, ministre des États-Unis, je lis ce passage : « Plusieurs ballons expédiés de Paris sont tombés entre nos mains ; les passagers qui les montaient *seront jugés selon les lois de la guerre*... Toutes les personnes qui prendront cette voie pour franchir nos lignes, sans autorisation, s'exposeront au même traitement, *qui leur est tout aussi applicable* qu'à ceux qui feraient des tentatives semblables par voie ordinaire. »

M. J. Favre combat, non sans raison, cette nouvelle jurisprudence. Le *Standard* fait remarquer, de son côté, que le cas est sans doute nouveau ; mais que si un Français déguisé sous un habit d'emprunt, et se dérobant dans les lignes ennemies, peut être arrêté et frappé comme espion, la même règle ne peut s'appliquer, en aucune sorte au voyageur en ballon qui tombe dans ces lignes contre sa volonté. Une ville assiégée est dans la situation d'un port bloqué; l'équipage du navire qui force le blocus devient prisonnier de guerre, et aucun peuple civilisé n'avait encore songé à le traduire devant une cour martiale.

Je sais gré au journal anglais de sa dialectique; mais à quoi sert d'être dans le vrai? S'il veut bien prêter l'oreille, il entendra ce qui se dit à l'Université même de Berlin, ce qui se dit chez le savant et chez le juge : *La France est un pays hors la loi.* Le professeur l'affirme dans sa chaire, le paysan le répète dans sa maison; M. de Bismark n'est qu'un écho. A Bonn, à Tübingue, à Leipsick, à Heidelberg, au gymnase et à l'école, on n'enseigne qu'une même chose depuis soixante ans : la haine de notre nom; toute cette terre allemande sue la haine. Peut-être, quoi qu'on dise, nous auraient-ils pardonné de les avoir battus; mais ce qu'ils ne peuvent oublier c'est de nous avoir servilement copiés pendant plus d'un siècle, d'avoir été nos mercenaires et nos disciples, vivant de notre desserte, vêtus de nos habits usés. Hier encore, avant de passer espions, ils étaient nos commis et nos domestiques. On parle de Finnois et de Mongols; en effet, je retrouve chez notre ennemi certains traits indélébiles, par où se trahit le barbare; mais c'est avant tout un parvenu; je n'ai pas dit un affranchi, car s'il nous pille et s'il nous tue, il n'en demeure pas moins un valet que ses maîtres peuvent frapper impunément sous la livrée comme sous l'uniforme. Il n'est pas impossible toutefois, et l'orgueil aidant, qu'il ne perçoive un jour la notion de la liberté : il n'aura jamais celle du droit.

« Le 25, au matin, M. J. Ferry, membre dn gouvernement, s'est rendu à la mairie du xxe arrondissement, pour offrir au bataillon des *Volontaires de Belleville*, qui partait pour les avant-postes, un drapeau *commandé spécialement pour ce bataillon.* » M. Ferry voudra bien croire que, sachant où il place ses affections, nous ne jalousons pas ses présents[1].

« A partir de dimanche matin 27, les barrières de l'enceinte ne s'ouvriront plus que pour le passage des troupes et du matériel. » On est quelque peu surpris d'un avertissement dont l'ennemi ne manquera pas de profiter ; nous allons attaquer, cela est clair.

« Un subside complémentaire de 75 centimes est attribué, le 28, aux femmes des gardes nationaux qui reçoivent l'indemnité de 1 fr. 50 par jour. »

Faits de guerre. — Le feu de nos forts a continué contre les travaux de l'ennemi. Le 24, les compagnies de guerre du 72e bataillon, commandant de Brancion, sont entrées dans Bondy et ont eu avec les Prussiens à la sortie du village, un engagement de tirailleurs qui nous a coûté quelques blessés. — Ce soir même 28, le pla-

---

[1]. Veut-on savoir comment cette nouvelle avance a été accueillie ? Un orateur a dit dans un club de l'endroit : « N'acceptez pas ce drapeau, citoyens, on ne nous le donne que pour nous désigner à l'ennemi ! » On sait du reste ce qui suivit.

teau d'Avron a été fortement occupé par les marins de l'amiral Saisset et par la division d'Hughes ; soixante-dix pièces d'artillerie à longue portée doivent être installées sur ce point, pour battre les routes de Gagny, Chelles et Gournay. La bataille attendue aura lieu, sans doute, dans cette direction; car, en même temps que des corps nombreux se dirigent vers Vincennes, on accumule, depuis quarante-huit heures, des forces considérables dans la plaine d'Aubervilliers.

Les uns persistent à croire que nous allons retrouver l'armée d'Orléans à Fontainebleau ; d'autres affirment que les nouvelles sont mauvaises, et que nous n'avons qu'un but : obtenir des conditions moins dures, en gagnant, s'il se peut, une bataille.

DÉCEMBRE 1870.

Journées des 29 et 30 novembre, 1ᵉʳ et 3 décembre. —
Le 29, au matin, nous trouvons affichées sur les murs
les trois proclamations des membres du gouvernement,
du général Trochu et du général Ducrot :

— « Citoyens, l'effort que réclamaient l'honneur et le
salut de la France est engagé. Vous l'attendiez avec une
patriotique impatience que vos chefs militaires avaient
peine à modérer... A cette heure suprême où ils exposent
noblement leur vie, nous leur devons le concours de
notre constance et de notre vertu civique... Nous comptons sur le succès, nous ne nous laisserions abattre
par aucun revers. » Ont signé les membres du gouvernement et les ministres.

— « Citoyens de Paris, soldats de la garde nationale et
de l'armée :

« La politique d'envahissement et de conquête entend
achever son œuvre. Elle introduit en Europe et prétend
fonder en France le droit de la force. L'Europe peut
subir cet outrage en silence, mais la France veut combattre, et nos frères nous appellent au dehors pour la
lutte suprême.

« Après tant de sang versé, le sang va couler de nouveau. Que la responsabilité en retombe sur ceux dont la détestable ambition foule aux pieds les lois de la civilisation moderne et de la justice. Mettant notre confiance en Dieu, marchons en avant pour la patrie.

« *Signé :* Trochu. »

« Soldats de la 2ᵉ armée de Paris !

« Le moment est venu de rompre le cercle de fer qui nous enserre... A vous est dévolu l'honneur de tenter cette grande entreprise.

« Dès nos premiers pas, nous trouverons d'implacables ennemis, rendus audacieux par de trop nombreux succès. Il y aura donc à faire un vigoureux effort, mais il n'est pas au-dessus de vos forces : pour préparer votre action, la prévoyance de celui qui nous commande en chef a accumulé plus de 400 bouches à feu, dont deux tiers au moins du plus gros calibre ; aucun obstacle matériel ne saurait y résister, et, pour vous élancer dans cette trouée, vous serez plus de 150,000.

« Vainqueurs dans cette première période de la lutte, votre succès est assuré, car l'ennemi a envoyé sur les bords de la Loire ses plus nombreux et ses meilleurs soldats ; les efforts héroïques et heureux de nos frères les y retiennent.

« Courage donc et confiance ! songez que, dans cette lutte suprême, nous combattrons pour notre honneur, pour notre liberté, pour le salut de notre chère et malheureuse patrie, et, si ce mobile n'est pas suffisant pour enflammer vos cœurs, pensez à vos champs dévastés, à vos familles ruinées, à vos sœurs, à vos femmes, à vos mères désolées!

« Puisse cette pensée vous faire partager la soif de vengeance, la sourde rage qui m'animent, et vous inspirer le mépris du danger.

« Pour moi, j'y suis bien résolu, j'en fais le serment devant vous, devant la nation tout entière : je ne rentrerai dans Paris que mort ou victorieux; vous pourrez me voir tomber, mais vous ne me verrez pas reculer. Alors ne vous arrêtez pas, mais vengez-moi.

« En avant donc! en avant, et que Dieu nous protége!

« *Signé :* Ducrot. »

Un même frémissement court par toute la ville; les paroles du général Ducrot sont dans toutes les bouches; on se heurte à la porte des mairies pour y savoir des nouvelles; on se presse sur les boulevards; on s'interroge; on prête l'oreille; on ne sait rien, on n'entend rien.

« Tant mieux! dit le plus grand nombre; c'est qu'ils sont déjà loin. — Ont-ils passé? — Passé! ils ont tourné Chennevières, et Chelles est à nous. — Nous sommes à Villeneuve-Saint-Georges. — Nous serons avant quatre heures à Melun. — L'armée d'Orléans nous y attend. — La jonction est faite. — Le prince Charles est coupé. »

Ce grand silence, où l'on entasse tant d'exagérations, me fait peur.

A dix heures, je suis à Bercy; on ne sait rien. Je reviens par la barrière d'Italie; je vais à la barrière d'Orléans; je remonte vers le Panthéon, à bout de forces et d'angoisses.

A la hauteur de l'école des mines, je rencontre le commandant T... qui arrive des Hautes-Bruyères, où il a vu les généraux Vinoy et Maudhuy et voici ce que j'apprends: hier soir nous avions fait une démonstration dans la presqu'île de Gennevilliers et dans l'île de Marante, où nous nous sommes établis. Ce matin, le contre-amiral Pothuau a lancé ses fusiliers marins, appuyés par les 106e et 116e bataillons de la garde nationale, sur la Gare-aux-Bœufs de Choisy-le-Roi; cette position a été très-brillamment enlevée. Vers huit heures moins un quart, deux régiments et des mobiles bretons ont abordé l'Hay; nous sommes revenus trois fois à la charge, pour pénétrer enfin assez avant. Sur un ordre parti on ne sait d'où, la retraite a sonné tout à coup et nos soldats se sont repliés sur la redoute en laissant derrière eux leurs camarades les plus engagés, des blessés et des morts[1]. De plus grands sacrifices devenaient sans objet; car, par suite d'un accident ou d'une fausse manœuvre, on ne sait, *le passage de la Marne à Joinville a été manqué.*

— Le fait est-il certain? — Certain.

Je repars navré.

La nouvelle s'est déjà répandue: mais les premiers qui disent la vérité sont menacés d'être conduits à l'état-

---

[1]. Le rapport officiel évalue le nombre de nos blessés à 500, parmi lesquels le lieutenant-colonel Mimerel du 110e atteint grièvement. Le commandant Cristiani de Ravaran a été tué; le commandant Réals, du 4e bataillon du Finistère, est blessé. La garde nationale aurait montré beaucoup d'entrain à Choisy. Les marins ont été ce qu'ils sont partout.

major. Cependant les témoignages se multiplient ; les affirmations se font plus précises ; et, après avoir vu tout sauvé, on juge tout perdu.

On frappe du poing les proclamations du matin ; on souligne certaines paroles, dont on rit à présent, à la façon des gens en démence. On s'indigne de cette négligence incroyable qui préside à toutes nos opérations ; on cherche à s'expliquer comment, dans une circonstance aussi grave et peut-être décisive, le gouverneur de sa personne ou ses lieutenants immédiats, tout au moins, n'ont pas surveillé un travail dont l'insuccès doit avoir des suites déplorables. Nos chefs ont-ils prévu l'effet désastreux que peut produire un pareil événement sur une population surexcitée comme à plaisir par les déclarations les plus véhémentes, et qui se trouve à la même heure en présence d'un échec irréparable. Désormais quel parti prendre? l'ennemi connaît nos intentions ; plus que jamais il se tiendra sur ses gardes ; c'est une partie perdue.

Je ne dors pas et personne ne dort.

30 Novembre. — Dans la journée d'hier, le gouvernement avait invité les journaux à mettre le public en garde contre les faux bruits. « Les opérations entreprises par le Gouverneur sont complexes; *elles comportent de feintes attaques et de feintes retraites.* Il est donc impossible de rien préjuger... » On nous invite au calme en qualifiant de « mouvements préparatoires » les engagements de la veille et du matin. Du reste, on a pris la précaution de décréter que « tout journal qui rendra compte de faits de guerre, autres que ceux publiés par l'autorité militaire, sera suspendu. »

Après le désastreux événement d'hier, qui n'était pas « une feinte » sans doute, le général Trochu et le général Ducrot, conservent-ils l'espoir, comme on l'affirme, de rencontrer l'armée de la Loire vers Fontainebleau, ou bien font-ils seulement acte de désespérés? Ce matin, le canon gronde et ce ne sont plus les coups espacés que nous avions coutume d'entendre; c'est, dans le sud et vers l'est, un tonnerre continu, entrecoupé de bruits semblables à l'écroulement d'un monceau de pavés. Détonations et déchirements se suivent sans trêve, formant au-dessus de nos têtes comme un dôme de bruit.

Cette fois, du reste, toute méprise devient impossible, la bataille est au sud-est et toute ma journée se passe sur le chemin de Vincennes; vers six heures je me retrouve sur le quai de la Halle aux vins, où les bateaux-mouches, qui descendaient la Seine, versaient incessamment de nouveaux convois de blessés. Dans la nuit, je recevais des nouvelles qui complétaient les renseignements que j'avais déjà recueillis.

L'action est partie de Montmesly, en avant de Créteil, pour contourner la boucle de la Marne par Champigny et s'étendre de là comme une traînée de poudre jusqu'à Bry-sur-Marne et le plateau d'Avron. En avant de Champigny, nous avions établi deux ponts; l'un, en escalier, sur les restes du pont de pierre de Joinville, l'autre de plain-pied, vers Nogent. A Bry-sur-Marne, d'autres ponts avaient été disposés pour assurer les communications de la 2ᵉ et de la 3ᵉ armées.

Dès le matin, les six pièces de la batterie de l'archevêché à Créteil couvraient de feux Montmesly et l'espace compris entre ce monticule et le carrefour Pompadour ; nous avions du même côté la batterie de la Patte-de-Chat, placée à l'entrée de Maisons-Alfort, deux pièces du fort de Charenton qui pouvaient être utilisées dans cette direction, la redoute de Saint-Maur, qui prenait l'ennemi à revers; trois pièces de la batterie du Haut-Créteil, plus spécialement destinées à fouiller les bois de Bonneuil ; enfin, des pièces de campagne et des mitrailleuses.

Vers dix heures, toute cette artillerie se tait ; dans le même instant, la division Susbielle sort de ses lignes, et nos régiments, disposés en échelons, marchent si fièrement sur Montmesly que ceux qui les regardent sont remplis d'espoir. Ils gravissent les pentes sans rompre leurs rangs, abordent la ferme carrée et la prennent d'assaut ; puis on les voit hésiter en face des épaulements, d'où part une fusillade de plus en plus nourrie. Comme à Châtillon, comme à Choisy, à la Jonchère et partout, nous avions affaire, encore une fois, à un ennemi tenace dans ses abris, rompu au métier, et trop habile pour se montrer à découvert, avant d'avoir à nous opposer des forces doubles des nôtres. Nos redoutes avaient à peine cessé leur feu, que ses réserves étaient accourues de la ferme de l'hôpital et des bois de Bonneuil, et ce flot d'infanterie qui nous charge de front et qui, du même coup, menace de nous couper la route de Créteil, contraint nos soldats à reculer. Leur retraite est bientôt accélérée par les volées rapides d'une batterie allemande, et la poursuite de l'ennemi ne s'arrête que sous le feu de nos canons.

L'opération sur Montmesly avait une sérieuse importance; car en occupant cette position nous commandions Bonneuil qui mène à Chennevières; et, sur la droite, le carrefour Pompadour ,qui conduit à Choisy-le-Roi. Cependant, ce n'était encore qu'un épisode de la bataille, dont l'effort principal devait se porter plus haut, de l'autre côté de la Boucle de la Marne. Là se trouvaient le général Ducrot, commandant en chef, les généraux Blanchard et Renault, avec leurs deux corps d'armée, et le général Trochu, qui s'est renfermé scrupuleusement, m'a-t-on dit, dans son rôle d'assistant, mais en homme aussi peu soucieux de sa vie qu'aucun autre de ses lieutenants.

Au point du jour, nous passions la Marne, à Joinville et à Nogent. Le canon des forts et des redoutes se chargeait de nettoyer la place devant nous et de contenir les réserves, précaution plus que jamais indispensable, en présence des obstacles que nous allions rencontrer. — Dès l'abord, en effet, sur les premières pentes qui bordent la rivière, nous trouvions Champigny; derrière Champigny, et plus haut, Cœuilly, défendu par la roideur de ses glacis et protégé de tous côtés par des murs entre-croisés et par ses bois; sur la gauche, Villiers, d'un accès encore plus difficile peut-être ; à droite, le village de Chennevières sur la crête la plus élevée de tous ces mouvements de terrain; enfin le plateau isolé qui porte le même nom, forteresse naturelle et dominante d'où la vue s'étend au loin. L'ennemi tient tout cela ; nous n'avons pour aller à lui que des sentiers, et aux endroits où nous pourrions nous faire jour, il a pris soin de creuser des tranchées, ou d'abattre des arbres.

Vers neuf heures, nous attaquions Champigny; deux heures plus tard nous étions maîtres de ses barricades faites de moellons, de portes et de meubles; à midi nos troupes dépassaient les dernières maisons et le bois du Plant, pour s'avancer ensemble sur Villiers et sur Cœuilly, lorsqu'un retour offensif des plus violents est venu les arrêter sur place, puis les refouler. A ce moment critique l'artillerie du général Frébault nous rend le plus signalé service, en se portant sur tous les points menacés; elle plonge dans les masses, ou démonte les pièces qui nous déciment. De son côté, le général Ducrot, qui ne s'épargne pas, lui non plus, conduit en personne plusieurs charges à la baïonnette. Sur la fin du jour, nous avions repris les pentes de Champigny et les abords de Villiers.

En avant d'Avron, sur la rive droite de la Marne, le général d'Exéa avait emporté la Ville-Évrart, vaste habitation comprise entre la grande route de Strasbourg et le canal de Chelles, tandis qu'une de ses divisions, commandée par le général Bellemare, passait la rivière à Bry-sur-Marne, presque en face de Villiers, et poussait dans la direction de ce village en appuyant fort à propos le mouvement du 2ᵉ corps.

Nous avons eu affaire aux Saxons à Champigny; ce sont les Wurtembergeois qui tiennent Villiers et Cœuilly.

Je transcris maintenant les notes et rapports de la journée :

— Un premier avis nous informe du passage de la

Marne sur des ponts « dont l'établissement avait été retardé par une crue subite et imprévue de la rivière ».

— *3 heures.* « La droite a gardé les positions qu'elle avait conquises; la gauche, après avoir un peu fléchi, a tenu ferme, et l'ennemi, dont les pertes sont considérables, a dû se replier en arrière des crêtes. L'artillerie du général Frébault a magnifiquement combattu. Le général Ducrot a été admirable. L'action continuera demain. » *Signé :* Trochu.

— *5 heures.* Proclamation des membres du gouvernement. « L'action est engagée sur plusieurs points. La conduite des troupes est admirable. Le gros de l'affaire est à Cœuilly et Villiers. La bataille continue. »

— *7 heures 42 m.* Fin de journée bonne. Une division du général d'Exéa ayant passé la Marne, l'offensive a été reprise et nous couchons sur les positions. L'ennemi nous a laissé deux canons, en abandonnant sur place ses blessés et ses morts. » *Signé :* Trochu.

Note officielle. « La journée du 30 consacre, en relevant notre honneur militaire, le glorieux effort de Paris; *elle peut, si celle de demain lui ressemble, sauver Paris et la France.* Notre jeune armée a montré ce que peuvent les soldats d'un pays libre. Elle a combattu douze heures sous un feu meurtrier et conquis pied à pied des positions sur lesquelles elle couche. Les généraux Renault et Ladreit de la Charrière[1] sont grièvement blessés. Un grand nombre d'officiers sont glorieusement tombés.

---

1. Le général de la Charrière est mort le 3; le général Renault le 6.

Quelle que soit l'issue de la lutte, notre armée aura bien mérité de la patrie. »

Je ne parle pas des sorties qui ont été faites vers Drancy et Épinay. Sur ce dernier point cependant, nous avons enlevé deux pièces nouveau modèle, et ramené 72 prisonniers. Le commandant Saillard[1], du 1er mobiles de la Seine, a été blessé.

1er décembre. — Nos troupes se sont fortifiées sans grande hâte dans leurs cantonnements; et, en arrière de nos travailleurs et de nos avant-postes, le gros de l'armée bivaque dans les cultures placées en contre-bas de la route de Champigny à Bry-sur-Marne. On s'est fabriqué des abris comme on a pu, avec de la paille et des planches, le plus grand nombre n'ayant que le ciel pour toit. Le froid a été rude; et, pendant toute la nuit, nos brancardiers des ambulances n'ont pas cessé de parcourir les pentes pour relever avec un égal empressement nos blessés et ceux de l'ennemi. On voit monter et descendre, à ras de terre, les feux rouges de leurs lanternes; plus d'un butte sous la charge, et l'on distingue alors un cri d'angoisse parmi toutes ces plaintes dont l'air est rempli. Beaucoup de blessés que nous n'avons pu secourir à temps, sont morts d'hémorrhagie; plusieurs sont morts de froid.

Le jour s'est levé, et nous continuons notre triste devoir sous les yeux de l'ennemi, qui s'abstient de toute démonstration résolue, mais sans nous permettre de

---

1. Il a succombé le 13.

dépasser les dernières maisons de Champigny. A cent mètres de cette limite, on aperçoit, dans un champ de navets, deux blessés qui bougent; l'un d'eux s'est soulevé à plusieurs reprises sur les coudes pour nous regarder, il a quelque balle dans le corps, à moins que ses jambes ne soient brisées. Un de nos infirmiers prend son élan et court droit à lui; mais il tombe avant d'arriver, roule sur lui-même et reste étendu. Vingt minutes après, un second soldat se dévoue; il s'avance en rampant, plusieurs balles sifflent sans l'atteindre; il approche, quand on le voit se jeter de côté tout à coup et s'aplatir, pour ne plus se relever. Les deux blessés cessent de s'agiter dans le même instant; ont-ils été frappés, eux aussi?

Cependant, l'artillerie d'Avron couvre de ses volées l'espace compris entre la forêt de Bondy et Gournay; son feu redouble aux approches de la nuit. L'ennemi se prépare évidemment à une attaque, car depuis vingt-quatre heures il n'a pas cessé de diriger ses renforts sur Villiers.

Le vent vient du nord; la nuit est glacée et vraiment lugubre. On attend des ordres, en se demandant si on ne va pas prévenir les Prussiens en les attaquant. Leur immobilité ne trompe personne, et nos soldats qui les sentent, pour ainsi dire, suspendus sur leurs têtes se répètent de proche en proche : « Ils vont nous tomber dessus. »

Rapports officiels. — « Nos troupes restent ce matin dans leurs positions. Elles relèvent les blessés de l'ennemi et ensevelissent ses morts. L'armée est pleine d'ardeur et de résolution.   « Général Trochu. »

2 heures de l'après-midi. — « L'artillerie d'Avron couvre l'ennemi de ses feux. Nos troupes ne sont pas inquiétées; elles ne demandent qu'à marcher. D'un moment à l'autre la lutte peut recommencer.

« J. Favre. »

2 décembre. — A ce moment indécis du matin où la lumière n'est encore que brouillard, l'ennemi, avec ses forces accumulées, se précipite sur nos avant-postes qu'il enlève à la baïonnette, court sur Champigny, en descendant en même temps de Cœuilly, de Villiers, de Chennevières, nous surprenant sur toute la ligne et nous écrasant, à la façon d'une roche qui roule. Tout ce que nous avions pris, nous ne l'avons plus; encore un peu et la masse des nôtres est jetée dans la Marne; déjà plusieurs groupes de soldats débandés ont repassé les ponts, pour chercher un refuge de l'autre côté. Mais, il s'en faut, heureusement, que le plus grand nombre songe à suivre cet exemple; la résistance s'organise et s'étend, nos redoutes tirent avec rage; et deux ou trois batteries de campagne fermement assises arrêtent les Wurtembergeois et les Prussiens, à grands coups de boîtes à balles. Entre onze heures et midi, nous reprenons l'offensive et c'est au tour des Allemands de reculer. Vers deux heures, ils renonçaient définitivement à nous faire lâcher prise et, cédant peu à peu sous l'effort de nos régiments, ils regagnaient leurs postes, tandis que nous reprenions possession de Champigny, seul gage qui nous reste de ce grand effort.

Je tiens note ici d'un épisode. Nous avions une batterie de trois pièces, à l'intersection du chemin de fer de Mulhouse et de la route de Joinville à Bry. Batterie très en vue, qui tirait sur le parc de Cœuilly, faisant à l'ennemi le plus de mal qu'elle pouvait, atteinte elle-même à diverses reprises, si bien qu'un de ses canons avait été démonté. Vers 2 heures, les artilleurs voient venir le général Trochu, accompagné du prince Bibesco et de deux ou trois autres aides de camp. On fait savoir au général que la place est un peu chaude; il se contente de répondre : « C'est bien »; puis il témoigne le désir de fumer et un officier lui prête sa pipe. Dans l'entourage, quelqu'un fait allusion à l'anniversaire d'Austerlitz ; un autre réplique par la date du 2 décembre 1851. Le général regardait Villiers et Cœuilly, en paraissant croire que la journée du lendemain serait nulle; mais que nous pourrions reprendre l'offensive le 4. Des réserves errantes passaient au pas gymnastique en arrière de la batterie, le général leur fit signe de la main pour les arrêter en disant : c'est inutile; c'est un combat d'artillerie. Et, comme son geste n'était pas compris, un de ses aides de camp se disposait à rejoindre les mobiles; mais le général le retint en ajoutant : « Non, c'est Ducrot qui commande. »

Vers 4 heures, tout avait cessé.

Rapports et proclamations. — 1 h. 1/4. « Attaqués à la pointe du jour par des forces énormes, nous sommes au combat depuis plus de sept heures. Au moment ou je vous écris, l'ennemi nous cède encore une fois les hauteurs. »

« Général Trochu. »

DÉCEMBRE 1870.

— 3 h. 10 ᵐ. Une proclamation des membres du gouvernement répète que l'ennemi nous a attaqués avec la plus grande violence. « Nos troupes étaient prêtes à recevoir le combat. » Notre artillerie « a empêché l'ennemi de gagner du terrain. » — 5 heures. « Je reviens à mon logis du fort (Nogent) très-fatigué et très-content. Cette deuxième grande bataille est beaucoup plus décisive que la première. L'ennemi nous a attaqués au réveil avec des réserves et des troupes fraîches ; mais l'étonnante ardeur de nos troupes a suppléé à tout. Beaucoup ne reverront pas leurs foyers ; mais ces morts regrettés ont fait à la jeune république de 1870, une page glorieuse dans l'histoire militaire de notre pays.

« Général Trochu. »

3 Décembre. — « L'armée du général Ducrot a repassé la Marne dans la journée. Elle bivaque dans le bois de Vincennes, *pour donner suite aux opérations.* » (Rapport militaire.)

4 Décembre. — « Les pertes de l'ennemi ont été tellement considérables dans les glorieuses journées des 29, 30 novembre et 2 décembre, que l'ennemi, frappé dans sa puissance et son orgueil, a laissé passer une rivière en sa présence à une armée qu'il avait attaquée la veille avec tant de violence... L'armée, réunie en ce moment, à l'abri de toute atteinte, puise de nouvelles forces *dans un court repos,* qu'elle était en droit d'attendre de ses chefs, après de si rudes combats.

« Général Schmitz. »

« Soldats, après deux journées de glorieux combats, je vous ai fait repasser la Marne parce que je suis convaincu que de nouveaux efforts, dans une direction où l'ennemi a eu le temps de concentrer toutes ses forces, seraient stériles. *La lutte n'est suspendue que pour un instant.* « Général DUCROT. »

— J'ai voulu rajuster en un seul récit, à l'aide de mes notes, les événements de ces cinq journées, en m'abstenant de les faire suivre d'aucune réflexion. Le simple rapprochement des proclamations du 29 et des rapports qui ont suivi, jusques et y compris, bien entendu, la dernière note datée du 4, supplée à toute critique. A quoi bon disputer, d'ailleurs, faire ressortir les inconséquences, insister sur des paroles trop fières suivies, le jour d'après, d'une retraite qui peut être un acte de raison, mais qu'il est tout au moins imprudent de nous présenter comme un avantage. Nous avons autre chose à faire hélas! que de signaler les fautes commises; nous comptons nos morts.

Le général Renault, amputé [1]; le général Ladreit de la Charrière, grièvement blessé [2]; les généraux Paturel et Boissonnet, blessés; le colonel de Grancey, des mobiles de la Côte d'Or, tué; le colonel de Vigneral, les commandants Lemintier de Saint-André, Le Gonidec de Kerhalic et du Dezersen des mobiles d'Ille-et-Vilaine, grièvement blessés; le baron Saillard, ministre plénipotentiaire, commandant du 1er mobiles de la Seine, blessé [3]; Sau-

1. Mort le 6.
2. Mort le 3.
3. Mort.

zède, substitut à Alger, blessé; le capitaine de frégate Desprez, tué; Potier, substitut à Versailles, blessé; le capitaine de Neverlée, tué; M. de la Garde, le capitaine Berthier, blessés; Gaston de Belzunce, engagé volontaire, 20 ans, blessé mortellement; Bayard de la Vingtrie, Torterue de Sazilly, mortellement blessés; le lieutenant colonel du génie Guyot, blessé[1]; de Caraman, de Gontaut Biron, blessés grièvement; le colonel Franchetti, des éclaireurs de la Seine, tué; le prince de Podenas, de Trécesson de Kerjigu, tués; colonel de la Monneraye, blessé[2]. Prévault, Tremoulet, Mathis, Chevalier, Étienne de Bussières, blessés ou morts; etc., etc...

5 décembre. — Il y a, dans les contes fantastiques d'Edgar Poë, un personnage épouvantable, qui ne peut rester seul, qui ne dort pas, que le silence fait pâlir, et qui roule, épave désespérée, au gré de la foule et du bruit.

Encore un peu, et nous serons pareils à cette sinistre image. Déjà, nous aussi, nous allons au hasard, durant tout le jour et pendant une partie des nuits, sans nous arrêter; partout en quête, non pas d'une certitude, mais d'une apparence de salut; ne conservant plus, parmi les facultés qui nous étaient jadis familières, qu'une sensibilité portée jusqu'à l'excès, avec le désir constant d'être abusés. Par instants, notre raison reprend ses droits, une évidence matérielle nous frappe et nous envisageons alors notre situation d'un regard sûr; mais

---

1. Mort.
2. Mort le 6.

la vérité, qui vient de nous apparaître, nous fait horreur et nous lui préférons les fables que l'on débite à la porte des mairies, ou les raisonnements d'un honnête homme, notre ami, qui croit fermement à un miracle possible et qui nous en démontre la probabilité.

Et moi aussi, je veux y croire; et moi aussi je m'interdirai toute critique, en acceptant l'espérance, d'où qu'elle vienne, et sans examiner si celui qui me l'apporte est un sage bien renseigné, ou seulement un malheureux comme moi, qui part de ses désirs pour se créer des illusions.

J'ai eu la satisfaction de constater tantôt que le niveau de l'esprit public n'avait pas notablement baissé. La rentrée de nos troupes ne laisse pas que d'étonner beaucoup; mais ceux-là mêmes qui s'en montrent le plus surpris disent du général Ducrot : « Il a fait tout ce qu'il a pu pour se faire tuer, et s'il en est revenu, ce n'est pas sa faute. » Pour le surplus, on s'en tient assez unanimement aux termes mêmes de la proclamation : « La lutte n'est suspendue que pour un instant. » Et l'on se répète que nous allons recommencer.

Parmi tous ces gens que j'écoutais parler dans les groupes, il en était plus d'un certainement qui tenait des discours médiocres, et parfois même ridicules; mais je n'en ai pas rencontré un seul qui me parût préoccupé du souci de lui-même; pas un. Cependant, la vie devient, pour beaucoup, de jour en jour plus difficile; le boucher vend de la morue et des harengs, nous manquons de bois pour nous chauffer, de charbon pour cuire nos aliments, de graisse pour les accommoder. Je sais bien que dans un certain nombre de maisons, on vit encore, à peu près, comme à l'ordinaire; mais, au-dessous de ces privilégiés, il y a la couche profonde des petits rentiers, des employés de tout ordre, des petits industriels, des ouvriers honnêtes de tout métier ; comment subsistent dans ce vaste monde le père, la mère et les enfants? comment se nourriront-ils demain? Voilà le problème. Ce que j'admire en attendant, et de toute mon âme, c'est l'abnégation parfaite de toutes ces créatures et, je dirai plus, leur volonté; elles sont prêtes à tout souffrir, en effet, pourvu qu'*ils* n'entrent pas.

— Une dépêche de Gambetta, datée du 30 novembre, nous annonce que le ballon monté par MM. Robert et Deschamps est allé tomber en Norwége. Ceux-là, du moins, ne seront pas traduits devant une cour martiale. Gambetta ajoute : « Notre situation est excellente. Au 20 novembre, notre centre gauche était complétement dégagé. Les Prussiens repoussés ne peuvent se maintenir ni à Saint-Calais, ni à Cloyes, ni à Châteaudun. Offensive, heureuse reprise sur notre droite, depuis trois jours. Occupons Montargis. — De son côté, le général Bourbaki écrit d'Amiens, à la date du 20 : « Nos troupes sont prêtes à marcher. J'ai avec moi de l'artillerie et de la cavalerie. »

Aujourd'hui même, dans une reconnaissance sur Aulnay, le commandant Poulizac a enlevé trois postes prussiens sur le chemin de fer de Soissons en leur tuant sept hommes. Nos éclaireurs ont rapporté un certain nombre de fusils, de couvertures et d'effets de campement.

Le gouvernement demandait avant-hier des lits pour

les blessés ; les offres, dès le premier jour, se sont élevées à près de 1,400 ; elles s'arrêtent, ce soir, au chiffre de 6,430. On ne s'en tiendra pas là[1].

6 Décembre. — M. le comte de Moltke « juge utile » de nous informer que l'armée de la Loire a été défaite, le 4, près d'Orléans et que cette ville a été réoccupée par les troupes allemandes. Si nous avions quelque doute, M. de Moltke met à la disposition d'un de nos officiers un sauf-conduit « pour aller et revenir. » — Le général Trochu a répondu simplement qu'il ne croyait pas devoir faire vérifier le renseignement qui lui était transmis « par les moyens indiqués. »

Une note, signée par tous les membres du gouvernement, ajoute : « Cette nouvelle qui nous vient par l'ennemi, en la supposant exacte, ne nous ôte pas le droit de compter sur le grand mouvement de la France accourant à notre secours. Elle ne change rien, ni à nos résolutions ni à nos devoirs. Un seul mot les résume : combattre. »

C'est aussi l'avis de toute la population, qui se défie, non sans motif, des intentions de l'ennemi. On ne veut rien de lui, pas même la vérité, en admettant qu'il sache la dire. Du reste, nous ne faisons plus le compte de nos malheurs ; et si M. de Moltke a cru nous accabler sous ce nouveau coup, il a complétement manqué son but. Son billet laconique prête à trop de suppositions qu'il aurait dû prévoir ; et si nous admettons que notre armée ait été conduite à reculer, nous attendrons un

---

1. Le chiffre des lits offerts a atteint 26,000.

plus sûr témoin, pour nous convaincre qu'elle a été détruite.

Ici, rien de saillant, sinon l'institution d'une cour martiale au Mont-Valérien pour juger les maraudeurs et les pillards[1]. Puis le licenciement du trop fameux bataillon des *Tirailleurs de Belleville*, que nous avons vu figurer à l'hôtel de ville le 31 octobre. Cette troupe « d'élite » avait été envoyée à Créteil ; elle a honteusement déserté les tranchées ; et les quelques honnêtes gens qui s'y étaient fourvoyés, ont refusé de demeurer plus longtemps confondus « avec des hommes dont les mœurs et l'honnêteté leur sont suspectes. » M. Flourens, bien que révoqué, s'était présenté à Créteil, revêtu des insignes de son grade, pour prendre le commandement de la place. Ordre a été donné de l'arrêter.

7 et 8 décembre. — Depuis quelques jours, on se préoccupait de la présence dans Paris de trois ou quatre officiers allemands, prisonniers sur parole, disait-on, et qui se montraient un peu partout, accompagnés d'un guide. Le 6, on avait signalé leur présense rue Drouot ; et le 7, comme ils venaient d'entrer dans la salle commune d'un restaurant de second ordre, un habitué leur adressa la parole ; l'instant d'après toute l'assistance se joignait à lui, et les étrangers n'avaient plus d'autre parti à prendre que de se retirer devant des menaces qui pouvaient, encore un peu, être suivies d'effet. Je

---

1. « J'estime, dit le général Noël, que le temps des ménagements est enfin passé. » Est-il passé ?

crains même qu'il n'y ait eu un commencement de violence. Le lendemain, le général Schmitz donnait des explications : les officiers allemands s'étaient engagés, par écrit, à ne pas quitter Paris et à ne pas correspondre avec l'armée. Il y avait d'ailleurs un intérêt à ce que des hommes, dont le témoignage ne pouvait être suspect, fussent mis à même de constater l'excellent esprit de notre population et l'état de nos approvisionnements. Le général Trochu fait connaître, d'autre part, qu'il a appris « avec une véritable douleur » les manifestations que je viens de rapporter. « Ces officiers, prisonniers sur parole, *comme sont les nôtres en Prusse,* sont placés sous la sauvegarde de l'honneur national. Envoyez-les moi immédiatement, je stipulerai leur échange contre un pareil nombre d'officiers français... »

Quels que soient mes sentiments d'aujourd'hui à l'égard de l'Allemagne, sentiments qui ne changeront plus, j'aurais tout naturellement protégé de ma personne les prisonniers de M. le général Trochu, et je ne sache pas qu'aucun des officiers ou soldats prussiens, bavarois ou saxons, que nous avons vus passer, le jour même d'un combat, aient jamais été l'objet d'une insulte. Mais le général commet une erreur inadmissible, en comparant deux situations essentiellement différentes. L'Allemagne, victorieuse, commettrait une infamie, en ne témoignant pas à notre armée prisonnière, le respect et les empressements que l'on doit au malheur ; Paris assiégé, affamé, menacé, est en droit, jusqu'à un certain point, de ne pas vouloir pour compagnons et pour témoins de sa vie misérable, des hommes qui nous ont pris Strasbourg et Metz, et qui veulent les garder, qui nous épient depuis des années, et qui n'ont qu'un rêve : notre destruction.

Qu'on les échange, si l'on veut, qu'ils soient libres et que demain nous les retrouvions encore en face de nous, j'y consens; mais leur place n'est pas au milieu de nous.

Du 9 au 13 décembre. — Nous avons eu, depuis le 1er décembre jusqu'au 12, un froid constant, dont nous souffrons d'autant plus que nous sommes plus mal nourris. J'ai déjà dit que le combustible nous manquait, aussi a-t-il été question de raser, dans la ville même, nos avenues de jeunes arbres; mais les plus pauvres ont protesté, et avant d'en venir à ce sacrifice, nous brûlerons nos portes et nos planchers, s'il le faut. Notre banlieue nous offrirait d'immenses ressources, car ses routes sont bordées de peupliers et d'ormes abattus pour les besoins de la défense, et qu'il ne s'agirait plus que de charroyer, besogne relativement aisée, si nous n'avions déjà mangé tous nos chevaux de trait disponibles. Ceux d'entre nous qui, par état, ont de longues courses à faire, les délicats qui ne seraient pas allés à pied, il y a six mois, de la rue Laffitte à la rue Royale, se voient obligés, bon gré, mal gré de prendre l'habitude de la marche, on ne trouve plus de voitures de place, et la compagnie des omnibus, qui s'aperçoit elle-même des emprunts que lui a faits notre artillerie, est forcée de réduire le nombre de ses services. Quant aux voitures bourgeoises, elles ont été presque toutes offertes par leurs maîtres aux ambulances, et si vous rencontrez encore un coupé filant au grand trot, vous pouvez être assuré d'apercevoir dans l'intérieur la figure connue de Béhier, de Richet ou de Nélaton.

Le 26 octobre, nous étions mis à la demi-ration pour le gaz; un peu plus tard, on en supprimait complétement l'usage chez les particuliers et dans les établissements publics ; aujourd'hui, le gaz disparaît de nos rues, pour se voir remplacé par des lampes à pétrole placées de loin en loin, dans la cage de verre des candélabres. Sur certains points, que je connais trop bien, on s'avance littéralement à tâtons, on se heurte au passage, ou bien l'on tombe brusquement du bord du trottoir que l'on n'aperçoit plus, dans le ruisseau, fort heureusement gelé.

C'est la nuit, le froid et la pauvreté qui viennent ensemble en aide à notre ennemi.

Cependant, nous continuons d'équiper nos bataillons de marche, dont on forme des régiments. En même temps, la houille, le coke et le bois sont frappés de réquisition; en même temps, la vente de la farine est interdite et défense est faite aux boulangers de l'employer à un autre usage qu'à la fabrication du pain. Cette dernière mesure, qui se justifie par quelques accaparements et par la quantité de biscuit qui se débitait, donne lieu, dans la journée du 11, à une panique. Le bruit se répand que nous allons être rationnés pour le pain ; tout aussitôt, les boulangers sont envahis, on fait main basse, en un moment, sur les fournées, et l'on croit n'avoir plus rien à craindre, en emportant chez soi deux ou trois pains au lieu d'un. Cette invasion a eu un résultat fâcheux; ce que les uns avaient pris en trop, les autres ne l'ont pas eu, et dans un grand nombre de ménages, le pain a manqué. Le lendemain, le gouvernement a jugé nécessaire d'affirmer que « le pain ne sera pas rationné. Nous sommes encore fort éloignés du terme, où les approvisionnements deviendraient insuffisants. »

Une nouvelle manœuvre de l'ennemi nous a presque égayés ces jours derniers. Un de nos pigeons nous est revenu portant deux dépêches datées de Rouen, le 7, et de Tours le 8 : « Rouen s'est donné. Populations de connivence avec les Prussiens qu'elles acclament. Orléans, pris par ces diables. L'armée de la Loire n'est plus. Brigandage florissant. Paris n'est pas la France, peuple veut dire son mot. Résistance n'offre plus aucune chance. » L'une de ces dépêches, adressée au *Figaro* était signée : *comte de Pujol* ou *de Puget*; la seconde était signée : *Lavertujon*.

M. Lavertujon est secrétaire du gouvernement; il ne nous a pas quittés, la fraude est donc évidente.

En regard de ces inventions parties de Versailles, nous avons les dépositions des officiers français, qui viennent d'être échangés contre les officiers allemands dont je parlais dans mon journal du 8. MM. Guyon, Magnien, Antoniolli et Mahulot, qui faisaient partie du 16e corps de l'armée de la Loire, ont été pris le 2 décembre entre Patay et Villeprevot. Voici en résumé ce qu'ils savent : Le 1er, l'aile droite a rencontré l'ennemi à Villepion sur la route de Chartres et, après six heures de combat, nous enlevions les positions à la baïonnette.

Le 2, nous attaquions l'ennemi à Villeprevot, à deux heures nous avions l'avantage, mais peu après nous devions nous replier devant des renforts considérables, pour rentrer dans nos cantonnements de la veille. On se serait encore battu le 3 et le 4.

Ce récit, que j'abrége, contient plusieurs renseignements précieux. L'armée de la Loire serait, dit-on, fortement constituée, et son attaque sur Villepion, sa retraite à Villeprevot suffisent à établir qu'elle a de la solidité. En outre, la date même des engagements nous donne la certitude qu'il existait une corrélation entre ses opérations et les nôtres.

Le général Chanzy qui commanderait le 16e corps nous inspire confiance. Des officiers qui l'ont connu à l'état-major d'Alger, et d'autres personnes qui ont été à même de le voir assidûment en Syrie, en parlent comme d'un homme sérieux, froid, résolu et depuis longtemps estimé à son prix.

Quelle a été maintenant l'issue des combats du 3 et du 4 ; dans quelles conditions Orléans a-t-il été repris? si tant est que la nouvelle donnée par M. de Moltke soit vraie ; autant de questions auxquelles nos pigeons peuvent, seuls, se charger de répondre.

14 et 15 décembre. — Le gouvernement revient sur ses déclarations du 12, relatives au rationnement du pain, en répétant que le pain ne sera pas rationné, « bien que Paris soit prêt assurément à tous les sacrifices pour l'honneur et pour la patrie. Rien ne fait prévoir que la quantité de pain vendue quotidiennement doive être diminuée. *Il n'y aura de différence que pour la qualité.* Le plus grand intérêt de la défense étant de prolonger autant que possible la résistance de Paris, le gouvernement a résolu qu'aussitôt après l'écoulement des quantités existantes il ne serait plus distribué dans la ville que du pain bis. Il va sans dire que le pain sera d'une qualité uniforme, et qu'aucune exception ne sera tolérée. »

Le lendemain 15, les détenteurs de chevaux, ânes et mulets sont avertis qu'ils ne doivent plus se considérer que comme de simples gardiens. Ce même jour, les pigeons si impatiemment attendus nous apportent les deux dépêches suivantes :

Tours, 5 décembre. — « Orléans a été évacué devant les masses de Frédéric-Charles. Nous avons dû reprendre sur notre gauche les positions par nous occupées avant la reprise d'Orléans, le général Chanzy, commandant toutes ces forces réunies.

« Le 15ᵉ corps est prêt à se porter à droite ou à gauche.

« Bourbaki commande le 18ᵉ et le 20ᵉ corps, auxquels on envoie incessamment des renforts pour couvrir Bourges et Nevers. A la suite de l'évacuation d'Amiens, l'ennemi a marché sur Rouen, qu'il menace d'occuper aujourd'hui ou demain. Le général Briand couvre le Havre. Le général Faidherbe, qui a remplacé Bourbaki dans le Nord, est en action.

Les Prussiens ont levé le siége de Montmédy et de Mézières. Ils sont vigoureusement tenus en échec par Garibaldi, entre Autun et Dijon.

« Gambetta. »

Tours, 11 décembre. — Ici les choses sont moins graves que ne le répandent les Prussiens à vos avant-postes. Après l'évacuation d'Orléans, l'armée de la Loire a été divisée en deux parties, l'une, sous le commandement de Chanzy, l'autre de Bourbaki. Le premier tient, avec un courage et une ténacité indomptables, contre l'armée de Mecklembourg et du prince Frédéric-Charles, depuis six jours, sans perdre un pouce de terrain, entre Josnes et Beaugency. Les Prussiens tentent un mouvement tournant par la Sologne. Bourbaki s'est retiré sur Bourges et Nevers. Le gouvernement s'est transporté à Bordeaux, pour ne pas gêner les mouvements stratégiques des armées. Faidherbe opère dans le Nord, et Manteuffel a rebroussé chemin de Honfleur vers Paris. Nous tenons ferme ; l'armée, malgré sa retraite, est intacte, et n'a besoin que de quelques jours de repos. Les mobilisés sont prêts et entrent en ligne sur plusieurs points. Bressolles, à Lyon, se dispose à se jeter avec 30,000 hommes dans l'Est, appuyé sur les forces de Garibaldi et les garnisons de Besançon et de Langres. Je suis à Tours, et je me rends dans une heure à Bourges, pour voir Bourbaki.

« La France entière applaudit à la réponse que vous avez faite au piége de Moltke.

« Saluts fraternels.

« L. GAMBETTA. »

Le *Journal officiel* fait suivre ces dépêches d'extraits empruntés à la *Nouvelle Gazette de Prusse* du 8.

Ce sont d'abord des renseignements fournis par les journaux français des départements. Le 27 novembre nous aurions battu les Prussiens à Baune-la-Rolande (Loiret); le 29, nous surprenons Étrépagny (Eure); le 2 décembre, les Prussiens réoccupent les villages de Terminiers (Eure-et-Loir), Guillonville, Villepion (Eure-et-Loir) et Ruan (Loiret); le 3, dans un combat très-vif, où ils se sont surpassés, les zouaves pontificaux perdent les trois quarts de leur bataillon et le colonel Charrette est grièvement blessé; dans la nuit suivante, le général d'Aurelles de Paladines, jugeant la position intenable, fait connaître qu'il devient nécessaire d'évacuer Orléans et de se retirer derrière la Loire. « Il lui restait, dit la feuille de Tours, une armée de plus de 200,000 hommes et 500 pièces de canon ; plus les pièces de marine du camp retranché. » Enfin l'ennemi occupe Orléans le 5 à minuit et nous battons en retraite.

Après ces nouvelles, émanées de la délégation de Tours, viennent les dépêches du quartier général prussien :

Versailles, 6 décembre. — *A la reine Augusta à Berlin.* — « Dans l'affaire d'Orléans, on a fait plus de 10,000 prisonniers, on a pris 77 canons et 4 chaloupes canonnières. Trescow a pris d'assaut Gidy (Loiret), Janvry (?) Prunes (?) le chemin de fer fortifié; il était à minuit à Orléans. Aujourd'hui, Manteuffel a occupé Rouen avec le 8ᵉ corps.

« Guillaume. »

Versailles, 6 décembre. — Le 4, des portions du 8ᵉ corps ont battu une brigade française sortie de Rouen. Dans cette affaire, 10 officiers, 400 hommes et 1 canon sont tombés entre nos mains. Le 3, nouveau combat victorieux de notre aile droite, qui a pris un second canon. A la suite de ce combat, le corps ennemi, réuni pour protéger la ville, l'a abandonnée. Elle a été occupée par le général Gœben dans l'après-midi. On a trouvé 8 gros canons dans les retranchements abandonnés.

— Il faut bien se rendre cette fois; nous avons été défaits; et si Briand couvre le Havre, si Faidherbe au nord se dispose à agir, si Bourbaki est mis en mesure de défendre Bourges, il n'en demeure pas moins évident que nous avons subi de grandes pertes, qu'Orléans est au pouvoir de l'ennemi, que Tours est menacé, que Rouen est pris, que Dijon peut tomber demain, que l'armée est coupée; pour tout dire, que notre secours s'éloigne au lieu de se rapprocher. Ce n'est pas tout, qu'est devenu d'Aurelles? les lignes que j'ai guillemetées dans les nouvelles de source française renferment contre notre général en chef un reproche catégorique; elles l'accusent nettement d'avoir conseillé, voulu l'abandon d'une position qu'il aurait pu défendre « avec 200,000 hommes, 500 pièces de canon, etc... » La dépêche de Gambetta du 5 indique du reste que le commandement en chef aurait été confié au général Chanzy.

Ces réflexions, avec beaucoup d'autres, nous les faisons tous; en nous demandant par surcroît ce que devient l'armée du général Ducrot, dont on nous disait, le 3, c'est-à-dire il y a douze jours, « qu'elle puisait de nouvelles forces dans *un court repos;* la lutte n'étant suspendue *que pour un instant.* »

Le froid, la fatigue de nos soldats, après de si rudes

assauts, la nécessité de remanier certaines divisions trop éprouvées, la nécessité de donner des capitaines et des lieutenants à des compagnies qui n'avaient plus que des sergents pour les commander, l'impossibilité constatée par le général Ducrot de faire notre trouée par Champigny, nos revers sur la Loire, tous ces motifs et d'autres encore ont pu justifier notre rentrée dans Paris; mais ce qui nous demeure inexplicable c'est la durée de notre inaction. De l'aveu même du général Ducrot, l'ennemi, à la fin de novembre avait envoyé sur la Loire « ses plus nombreux et ses meilleurs soldats »; attendrons-nous que Chanzy soit écrasé par de nouveaux renforts; attendrons-nous que de nouveaux contingents arrivés d'Allemagne aient encore fortifié « le cercle de fer » que nous devions briser; attendrons-nous que la famine nous contraigne à mettre bas les armes; qu'attendons-nous?

— « Le plan » primitif du général Trochu était, me dit-on, de sortir par le nord; ce plan il l'aurait sacrifié aux instances de Gambetta qui avait conçu l'espoir de nous rejoindre par le sud. En rapprochant les dates de nos opérations en avant d'Orléans et de notre sortie du 30, on constate, en effet, l'existence d'un accord.

Du 16 au 18 décembre. — MM. les généraux Vinoy, d'Exea et Frébault sont nommés grands-croix de la Légion d'honneur; les généraux Princeteau, Ribourt, Daudel et Appert, M. Danlion, intendant, sont nommés grands officiers; quinze généraux ou colonels et un intendant, passent commandeurs; puis, viennent les officiers et les chevaliers. D'autres décrets réorganisent les cadres, ou reconstituent, sur de nouvelles bases, ceux de nos corps d'armée qui ont le plus souffert dans les batailles de Champigny. Il n'est pas inutile de donner, à ce propos, le chiffre officiel de nos pertes dans les trois journées du 29, du 30 et du 2.

	Tués.	Blessés.
Officiers	72	342
Troupes	936	4,680
Total	1,008	5,022

M. le général Trochu ne s'était pas trop avancé en disant que beaucoup des nôtres ne reverraient pas leurs foyers, en effet, beaucoup !

Et là-bas, encore, à Coulmiers, à Patay, à Orléans, Rouen, Dijon, dans les Vosges, combien ! combien de pères sans enfants, d'enfants orphelins, de mères en deuil.

On nous avait dit qu'à Champigny les Wurtembergeois avaient été très-éprouvés, le rapport du général Obernitz ne laisse à cet égard aucun doute. Sa seule division a perdu 2,019 officiers et soldats, tués, blessés ou disparus.

Un rapport du général Clément Thomas nous révèle un fait ignominieux. Le 200e bataillon de la garde nationale a été trouvé aux avant-postes de Créteil dans l'état le plus déplorable; la moitié des hommes étaient ivres, le commandant Leblois était lui-même pris de vin. Cet officier a été révoqué.

Nouvelle dépêche de Gambetta, datée du 14. « A

Bourges, avec Bourbaki, occupé à réorganiser les 15e, 18e et 20e corps, que les marches forcées, sous les pluies affreuses qui ont suivi l'évacuation d'Orléans avaient mis en fort mauvais état. Bourbaki couvre Nevers et Bourges. Les 16e 17e et 18e corps se sont repliés sur Beaugency et Marchenoir, où ils ont soutenu tous les efforts de Frédéric-Charles, grâce à l'indomptable énergie du général Chanzy, qui paraît être le véritable homme de guerre révélé par les derniers événements. Ces derniers corps, appuyés selon les prescriptions du général Trochu de toutes les forces de l'Ouest, ont exécuté une admirable retraite, en causant aux Prussiens des pertes considérables. Chanzy s'est dérobé à un grand mouvement tournant de Frédéric-Charles sur la rive gauche de la Loire. Frédéric-Charles a vainement essayé de passer la Loire à Blois et à Amboise et menacé Tours. Chanzy est aujourd'hui en sûreté dans le Perche, prêt à reprendre l'offensive lorsqu'il aura fait reposer ses troupes, qui n'ont cessé de se battre admirablement contre des forces supérieures, depuis le 30 novembre jusqu'au 12 décembre.

« Vous voyez que l'armée de la Loire est loin d'être anéantie, selon les mensonges prussiens. Elle est séparée en deux armées d'égale force.

« Faidherbe, dans le Nord, aurait repris La Fère avec beaucoup de munitions, artillerie, approvisionnements. Voilà plus de huit jours que nous n'avons aucune nouvelle de vous. Que se passe-t-il?

« Le mouvement de retraite des Prussiens s'est accentué. Ils paraissent las de la guerre. Si nous pouvons durer, et nous le pouvons, si nous le voulons énergiquement, nous triompherons d'eux. Ils ont déjà éprouvé des pertes énormes, et ils se ravitaillent difficilement. Mais il faut se résigner aux suprêmes sacrifices, ne pas se lamenter, et lutter jusqu'à la mort.

« A l'intérieur, l'ordre le plus admirable règne partout.

« Le gouvernement de la défense nationale est partout respecté et obéi. « GAMBETTA. »

Bordeaux, 10 décembre 1870. — L'amiral Bourgois, commandant aux Açores, annonce, par Lisbonne, que l'amiral Dupré, sur la frégate française *Vénus*, a coulé, dans les mers de la Chine, la frégate prussienne *Etha*, après un combat acharné.

— Encore une fois, et de parti pris, je laisse de côté mes impressions personnelles, pour me renfermer, autant que possible, dans mon rôle de témoin. J'écoute ce qui se dit, en suivant le courant qui me porte, vers ce rivage inconnu où je dois retrouver mes amis victorieux; à moins que je n'y rencontre, dans un nuage de poudre, l'étendard flottant et les fanfares de notre ennemi.

Comme toujours, le public ne se préoccupe pas d'analyser les faits qu'on lui présente; il les saisit en bloc, en dégage, par un mouvement rapide, un ou deux à son choix; puis il part, semant sur sa route sa joie ou sa colère. Le public n'a vu qu'une chose dans la dépêche de Gambetta : nos soldats se sont bien battus; ils vont se battre; les Prussiens sont las ; *il ne s'agit pas de se lamenter, mais de lutter*, et, par-dessus tout, « nous avons un général. » Enfin.

Le nom de Chanzy est partout ; les enfants crient : Chanzy! en se battant sur le terre-plein du Pont-Neuf ; dans tous les groupes on ne parle que de Chanzy. Ajoutons que, depuis le 13, la gelée a cessé et que cet adoucissement inespéré de la température prête un nouvel élan à nos espérances ; on a tout oublié : le pain bis, les harengs salés ; « Frédéric-Charles a trouvé à qui parler. » Quant aux *suprêmes sacrifices* dont parle Gambetta, il n'y a qu'une voix : *accepté*.

Les nouvelles, de source allemande, indiquent du reste que les combats sous Orléans ont été des plus sérieux. Le général Von Stephan a été grièvement blessé ; le lieutenant Kalb, fils unique du ministre de Bavière, a été tué ; le 3ᵉ régiment d'artillerie a perdu 150 hommes, tués ou blessés. Le contingent de Mecklembourg-Schwerin a eu 3,200 hommes mis hors de combat. Enfin, au dire des Français, un officier wurtembergeois aurait affirmé que l'armée allemande a perdu près de 20,000 hommes dans les journées du 30 novembre et du 2 décembre.

Ce sont, sans doute, ces résultats qui ont déterminé les rois de Bavière et de Wurtemberg à offrir au roi de Prusse la couronne d'empereur d'Allemagne. J'avais cru jusqu'ici que leurs peuples s'étaient réservé cette honte de demander un maître, à Berlin. Après l'exemple qui leur est donné, ils sont capables d'essayer de la liberté ?

19 décembre. — Le gouvernement décide que les officiers de tout grade de la garde nationale mobile seront nommés par lui, pendant la durée des opérations militaires.

J'ai dit, il y a deux mois déjà, mon opinion sur le système des élections militaires ; je ne puis donc qu'applaudir à la fin d'un régime, qui présentait, surtout à cette heure, de déplorables inconvénients.

— Mise à l'ordre du jour des officiers, sous-officiers et soldats, qui se sont le plus distingués dans les dernières affaires.

Roger du Nord, Langlois, Frédaut, Bayart de la Vingtrie (mort) dans la garde nationale de Paris.

Généraux *Renault* et *de la Charrière* (morts); général *de la Mariouse; Boudet; Vosseur; Franchetti* (mort); *de Néverlée* (mort); capitaine *Viel*, blessé grièvement, tous se montrant au plus fort de l'action, et enlevant nos soldats par leur exemple.

Dans l'artillerie : Torterue de Sazilly, capitaine; *Trémoulet*, capitaine; *Chevalier*, lieutenant; *Mathis*, sous-lieutenant, tombés héroïquement, en maintenant leurs pièces sous le feu le plus meurtrier; *Bureau, Langlois* et *Chastagnèdes* qui reste au feu la main déchirée par un éclat d'obus; *Thurel*, grièvement blessé, ramène sa pièce avec un seul cheval, les trois autres ayant été tués. *Carlavan*, déjà cité à l'ordre, intrépidité remarquable. *Tourenc*, courage et sang-froid, imperturbables sous le feu.

Dans le génie : de Bussy, chef de bataillon; *Delataille*, grièvement blessé; *Perseval*, lieutenant, blessé le 2, continue son service, tué le 3. *Kleine*, maître ouvrier, engagé volontaire avec son fils âgé de dix-sept ans,

DÉCEMBRE 1870.

recherchent ensemble les positions les plus périlleuses. *Charalet*, blessé de deux coups de feu à l'Hay.

Troupes de ligne : *Schultz,* caporal du 35ᵉ, persiste à tenir sur une des barricades de Champigny, malgré des ordres réitérés ; *Prévault,* lieutenant-colonel, officier d'avenir, tué à la tête de son régiment ; *Cahen,* chef de bataillon, blessé le 30 septembre à Chevilly, signalé pour sa vigueur le 30 novembre ; blessé le 2 décembre, reprend son commandement, après s'être fait panser. *Girouin,* capitaine, entouré par l'ennemi dans un jardin, le 2 décembre, s'y défend pendant sept heures, fait sortir enfin ses hommes par une brèche, sort le dernier, frappé mortellement. *Arrighi,* soldat des plus intrépides ; *Marchand,* soldat, blessé deux fois, refuse de se retirer et ne se laisse emporter qu'après un troisième coup de feu qui lui casse la jambe. — Tous du 42ᵉ. *Proal,* capitaine mortellement blessé en chargeant à la tête de son bataillon ; *Faure,* soldat, tue ou blesse trois soldats ennemis ; se trouve en face de quatre autres, les somme de se rendre et les ramène. *Davrigny,* sergent, déjà cité à Chevilly, remarquable par sa vigueur et sa bravoure. *Furon,* sergent, fait preuve d'une grande énergie en conduisant ses hommes au feu. *Boutellier,* sous-lieutenant, blessé grièvement en enlevant une tranchée à la tête de sa compagnie. *Jacquet,* sergent, charge, avec quelques hommes, l'ennemi qui veut s'emparer de son lieutenant blessé.

— *Parisot,* capitaine, accourt pour soutenir une compagnie compromise, abat deux hommes ; il est tué à bout portant. *Martel* lieutenant, magnifique pendant toute la bataille, ramène plusieurs fois ses hommes à l'ennemi, blessé grièvement ; *Dognat,* soldat, entraîne ses camarades et fait obstacle à l'ennemi, qui nous charge, en se jetant sur lui à la baïonnette. *Léonville,* blessé d'un coup d'épée, arrache l'arme qui l'a frappé et s'en sert pour tuer l'officier prussien. *Subilton,* sergent, passe la Marne, en barque avec cinq hommes résolus, se jette sur une tranchée occupée par l'ennemi, qu'il met en fuite en lui tuant plusieurs hommes. *Roques,* soldat, atteint à la tête et à la main, se fait panser, revient au feu. *Morvat* dit *Bedford,* du 114e, blessé mortellement à la tête de son bataillon, *Pallu,* capitaine, admirable d'entrain, tué roide ; *Baron,* soldat, toujours le premier à l'attaque, le dernier à la retraite. *Luzscha,* soldat blessé le 13 octobre, blessé le 30 novembre, d'une bravoure remarquable. — *De la Monneraye,* lieutenant-colonel du 122e, blessé mortellement à la tête de son régiment, en lui donnant l'exemple d'une valeur au-dessus de tout éloge. *Perrier,* capitaine, du 125e, conduite héroïque, voit ses deux officiers tués à ses côtés ; entre le premier dans un parc énergiquement défendu, par un trou laissant passage à un seul homme. A été acclamé par ses soldats. *Roux,* sergent, déjà cité à l'ordre, attaque, lui onzième, une maison vigoureusement fortifiée, cinq de ses hommes sont tués, il enlève la maison et fait les Prussiens prisonniers. *Thanaysi* aborde à la baïonnette la sentinelle d'un poste prussien, la tue, entre dans le poste qui se rend. *Dupuy de Podis,* lieutenant-colonel, frappé à mort après avoir entraîné plusieurs fois son régiment dans les charges à la baïonnette. *Sanguinetti,* lieutenant-colonel, tué en conduisant ses bataillons à l'assaut de Villiers. *De Podenas,* capitaine au 4ᵉ zouaves, entraîne sa compagnie avec la plus remarquable vigueur, son cheval est tué sous lui et il est lui-même mortellement frappé, au moment où il culbutait l'ennemi. *Primat,* lieutenant, mal guéri d'une blessure reçue à Metz, résiste intrépidement au retour offensif des Prussiens et meurt en les arrêtant. *Leroux,* se maintient sans reculer, aux côtés de MM. de Podenas et Primat et se fait tuer avec eux.

Garde mobile. — *Baron Saillard,* ministre plénipotentiaire, chef du 1ᵉʳ bataillon de la Seine. Frappé, dès le début de l'action, d'une balle qui lui traverse le bras droit; ne quitte pas la tête de son bataillon; atteint une heure après à la main gauche, d'un second coup de feu qui le désarme; continue néanmoins de donner ses ordres; frappé d'une troisième balle à l'aine, puis d'une quatrième à l'épaule; mort le 13. *Duvanel,* garde (Seine), a fait preuve d'une grande intrépidité, mortellement blessé; *Graux,* garde (Seine), s'est élancé le premier sur une barricade, au milieu d'une grêle de balles. *Ory,* aide-major, a pansé les blessés au milieu de la fusillade; son caporal est frappé à ses côtés.

De Grancey (Côte-d'Or), lieutenant-colonel. Bravoure hors ligne; déjà cité à Bagneux le 13 octobre, tué à la tête de son régiment qu'il ramenait à l'ennemi. *De Cambefort* (Loiret), capitaine, officier de courage et de sang-froid. *Lambert de Cambray* (Loiret), sous-lieutenant, atteint par un éclat d'obus en marchant à la tête de son peloton, amputé d'un bras et d'une jambe. *Botard* (Loiret), soldat, reste cinq heures sous le feu dans un lieu découvert, pour surveiller les mouvements de l'ennemi. *L'abbé de Marhallach,* aumônier (Finistère); toujours aux postes les plus périlleux, sur la ligne la plus avancée de nos tirailleurs. *De Kermoysan,* capitaine, a enlevé ses troupes avec une intrépidité digne des plus grands éloges.

Tillet, lieutenant-colonel (Morbihan), prend et garde, à la tête de quarante hommes de son régiment, une position, dont l'ennemi ne parvient pas à le déloger. *Lejeune, Chambert* et *Grenon* (Indre), remarquables pour leur courage et leur sang-froid. *Sauvan d'Aramon,* soldat (Seine-Inférieure), toujours en avant de ses camarades qu'il entraîne par son exemple. *Champion,* lieutenant-colonel, commandant une brigade, a enlevé à la tête de ses hommes, sous un feu meurtrier, une maison crénelée.

Marine : — *Salmon,* capitaine de vaisseau, entrain et vigueur remarquables dans les attaques sur Choisy. *Desprez,* capitaine de frégate, officier du plus grand mérite, mortellement blessé après avoir contribué puissamment à la prise de la gare aux Bœufs. *Gervais,* lieutenant de vaisseau, se signale par son énergie dans la même affaire. *Pazzy,* sergent, entré un des premiers dans la gare. *Lelièvre,* caporal va relever son commandant sous une grêle de balles. *Chicot, Soulié,* bravoure à toute épreuve. *Joachim,* capitaine d'armes, admiré de tous pour son intrépidité.

— Un avis nous informe qu'à dater d'aujourd'hui les portes de Paris seront fermées à midi.

20 Décembre. — Le gouvernement répond par une

note insérée au *Journal officiel* aux journaux qui l'accusent « de compromettre la défense par ses hésitations. »

« Son programme est simple : combattre l'invasion jusqu'à ce qu'il l'ait repoussée, par la force, ou par un arrangement honorable. Ce programme, Paris fût-il seul à résister, le devoir continuerait à l'imposer. Mais, grâce à Dieu, *l'effort de la province s'unit au nôtre et se prononce chaque jour davantage.* Qui aurait pu croire, il y a quelques semaines, que nos jeunes recrues de la Loire arrêteraient par dix jours de combats, les bandes allemandes victorieuses. Non-seulement, elles les ont tenues en échec, mais elles les ont fait reculer, en leur infligeant des pertes considérables. Elles forment une armée intacte prête à donner la main à Briand vers l'ouest, à Bourbaki au sud, alors que le général Faidherbe, dont chacun sait la distinction et le courage, opère du côté du nord. Telle est notre situation, résumée en quelques mots. »

Cette note passe, du reste, inaperçue au milieu de l'émotion produite par l'appel de nos bataillons de marche, par les préparatifs de départ et les adieux. Dans beaucoup de maisons on ne s'est pas couché ; les hommes sont restés debout tout équipés, les femmes et les mères craintives ont fait taire leurs alarmes comme elles ont pu, s'inquiétant de ce qui pouvait nous manquer, plaçant dans les sacs un objet que nous avions oublié, quelque provision soigneusement réservée, un peu de linge, puis encore autre chose dont elles supposent que nous pourrions avoir besoin. Si on les écoutait on prendrait tout ; et surtout on les prendrait, car elles voudraient nous suivre. Mais, avant le jour, les clairons ont sonné et jusque vers midi nos colonnes sans fin sortent par toutes les portes, précédées des gardes sédentaires qui ont voulu faire la conduite à leurs jeunes camarades; suivies du long cortége des femmes et des enfants. C'est aux extrêmes limites qu'on se sépare, en échangeant, une dernière fois, des serrements de mains et des embrassements.

Spectacle bien fait pour hausser les cœurs. C'est la nation en armes qui vient de passer et il n'est pas un de nous qui n'ait frémi d'angoisse, d'orgueil et d'espoir ensemble à la vue de ces visages sérieux de nos amis, de nos fils, marchant à l'ennemi. Réellement, ils étaient bien ; tous droits et fermes et marquant le pas, sous le faix nouveau pour eux des sacs, des piquets de tente et des gamelles. Où allaient-ils? nous ne le savions pas; ils ne le savaient pas eux non plus; la seule chose certaine c'est qu'au nord ou au midi le péril les attendait. Au revoir amis de L... de W..., G..., B..., et que Dieu vous garde.

21 décembre. — *Midi.* On se bat à la fois dans l'ouest, au nord et à l'est. Le gros de l'affaire serait, dit-on, au Bourget; nos bataillons de marche ont continué leur mouvement cette nuit, ils sont en ligne avec l'armée. On aurait vu ramener des prisonniers; le Bourget serait pris.

— *11 heures du soir.* Les marins de l'amiral La Roncière sont entrés dans le Bourget, ils étaient appuyés par de l'infanterie et des mobiles de Paris; nous avons fait les prisonniers; mais nous n'avons pu garder le village. Le corps de Vinoy opérait à droite, sur Neuilly-sur-Marne, la Ville-Évrart et la Maison-Blanche, dont nous nous sommes emparés, et que nous gardons. A l'ouest, les troupes du Mont-Valérien se sont portées sur Buzenval et Montretout; nous avons délogé les Prussiens d'une île dont le nom m'échappe.

Il nous est impossible de nous former une opinion, au milieu des renseignements contradictoires qui nous parviennent. Avron, Neuilly-sur-Marne, la Ville-Évrart, et plus en avant la Maison-Blanche, sont en face de Chelles; est-ce vers Chelles que nous tendions? Voulions-nous rejoindre Faidherbe; était-ce seulement une bataille que nous cherchions? Il faut attendre à demain.

22 décembre. — Triste journée, détestable journée. Tout est arrêté, sauf le verbiage décidément insoutenable des bulletins officiels qui nous traitent par trop en enfants. « La journée d'hier n'est que le commencement d'une série d'opérations. Elle peut servir à établir deux points importants: l'excellente tenue de nos bataillons de marche et la supériorité de notre nouvelle artillerie, qui a éteint complétemens les feux de l'ennemi. *Si nous n'avions pas été contrariés par l'état de l'atmosphère, il n'est pas douteux que le Bourget serait resté entre nos mains.* Le gouverneur se concerte avec les chefs de corps sur *les opérations ultérieures.* »

Il ne s'agit pas de nous révéler ce qui se fera demain; mais, pour la centième fois, nous demandons qu'on nous dise *la vérité* sur les faits accomplis. Je le répète, on oublie trop, en rédigeant des phrases semblables, que l'on s'adresse à des hommes et que l'ennemi les lira. Pour lui, sinon pour nous, on devrait se montrer plus sérieux.

Un rapport de M. de la Roncière nous fait connaître que nos marins et le 138e, énergiquement conduits par M. le capitaine de frégate de Lamothe-Tenet, ont enlevé la partie nord-ouest du Bourget, en même temps que, dans la partie sud, le général Lavoignet se voyait arrêté par de fortes barricades et des murs crénelés. Nous nous sommes maintenus, au nord, pendant trois heures, prenant les maisons une à une jusqu'à l'église, sous les feux partis des caves et des fenêtres. Notre retraite s'est faite avec calme. Cent prisonniers ont été ramenés du Bourget. « Bien que notre but n'ait pas été atteint, dit l'amiral, je ne saurais trop louer la vaillante énergie de nos troupes. » A la bonne heure; et voilà qui est parler.

Reste à savoir pourquoi, comment, les troupes engagées dans le Bourget n'ont pas été plus fortement soutenues; car ce n'étaient pas les réserves qui manquaient, ni l'artillerie. A cet égard je ne citerai qu'un fait. — Vers 10 heures du matin deux batteries de 12 partaient du fort d'Aubervilliers pour battre, sur la gauche du Bourget, le mur de parc, connu de nos avant-postes sous le nom de *Mur-Blanc*. Des locomotives blindées, venues de la Courneuve se joignaient aux batteries; et à l'arrière, le fort les appuyait. Toutes ces pièces tiraient à ras de terre pour ne pas atteindre nos marins qui tenaient dans le village, et pour faire brèche plus sûrement. La brèche faite, les batteries se portent sur la droite, à portée de fusil de la Suiferie, et couvrent de feux ce vaste bâtiment. Peine inutile, car les régiments d'infanterie qui venaient de passer entre le fort et Drancy pour se masser derrière les batteries, à droite et à gauche du village, demeurent sans ordres, l'arme au pied.

Vers 3 heures tout était fini de ce côté, et les mobiles et les gardes nationaux qui, depuis le matin, reliaient énergiquement le Bourget au Drancy, par des tranchées profondes, cessaient à la même heure leur travail.

Autant que personne, j'ai horreur des faux bruits, et, pour croire à un on-dit, il ne me suffira pas de le retrouver partout. J'ai assez le sens de la justice, en un mot, pour choisir mes témoins, assez de défiance et de précaution pour remonter aux sources. Eh bien, s'il est pour moi un fait de plus en plus constant, c'est que la plupart de nos officiers supérieurs, très-braves de leur personne, prêts à se faire tuer à jour dit, se battent sans conviction et sans espoir. Leurs lieutenants le savent, leurs soldats ne l'ignorent pas; et quand, vers 4 ou 5 heures, « heure militaire » on les entendra dire : « La journée est finie, n'est-ce pas ? » ou bien : « Ce que nous en faisons, c'est pour détendre les nerfs des Parisiens, » personne ne sera surpris.

Je n'ai pas tout dit. S'il ne nous a pas été possible de prendre le Bourget, nous avons du moins conservé nos autres positions? Nous les avons perdues. Et comment !

Le général Blaise, sous les ordres du général Vinoy, occupait la Ville-Évrard, immense construction, avec jardins, annexes et communs dont j'ai déjà parlé le 2 décembre. Nous nous établissons là, comme à l'ordinaire, je veux dire sans nous orienter et sans prendre même la précaution de fouiller les bâtiments. Nous commençons nos installations pour la nuit; on fait la soupe; on va, on vient; quand, tout à coup, l'ennemi, sorti des caves, joint à un détachement saxon venu par les jardins, se jette au milieu de ces gens dont la plupart sont désarmés, fusille à bout portant tout ce qui lui fait obstacle; puis disparaît, laissant derrière lui sur le carreau un certain nombre de nos soldats et le général Blaise, qui tentait, mais trop tard, de les rallier.

Au Bourget, du côté du Mont-Valérien nous avons fait des pertes sensibles. Le commandant Faure, du génie, a été très-grièvement blessé dans l'île du Chiard, en face de Chatou; à ses côtés, le capitaine Haas, des francs-tireurs parisiens, a été tué roide ; le général Favé, blessé à la cuisse par un éclat d'obus, le lieutenant de vaisseau Duquesne, tué, dit-on ; le capitaine de frégate de Lamothe Tenet, grièvement blessé; un frère des écoles chrétiennes J. M. Baffie, atteint mortellement, en relevant des blessés ; le chef d'escadron Anatole Duruy, contusionné au bras par un éclat d'obus, frère d'Albert Duruy, engagé volontaire aux turcos, et qui s'est conduit si vaillamment à Wissembourg, à Reichshoffen et à Sedan. Nous avons laissé aux mains de l'ennemi quelques centaines de prisonniers.

— Du côté des Allemands c'était le prince Auguste de Wurtemberg qui commandait. Il avait son état-major à Pont-Iblon. Le Bourget était défendu au début, c'est-à-dire de sept à huit heures du matin, par les grenadiers

DÉCEMBRE 1870. 217

Élisabeth et les tirailleurs de la garde; immédiatement après l'occupation de la tête du village et du cimetière par nos marins, le prince fit avancer ses renforts en les appuyant d'une artillerie nombreuse; et le résultat habituel s'ensuivit.

L'attaque de Stains, a été moins heureuse encore, malgré l'appui que lui prêtaient nos redoutes.

23 décembre. — La *Patrie* est suspendue pour trois jours, en conformité du décret du 29 novembre, qui interdit aux journaux tout compte rendu des opérations militaires en cours d'exécution.

— Décidément, nous nous renfermons dans nos cantonnements, sauf du côté d'Issy, d'où partait hier une reconnaissance sur Clamart. Les 4e et 5e bataillons des mobiles de la Seine ont fouillé les bois et tué du monde à l'ennemi. Partout ailleurs, on se préoccupe uniquement de protéger nos troupes contre le froid, qui se fait de plus en plus intense, et de perfectionner nos tranchées dans des terrains que la pioche peut à peine entamer. Il s'est ouvert, d'ailleurs, ces jours-ci une souscription pour offrir des vêtements chauds à nos soldats; ce qui m'a conduit à rechercher ce que nous avions déjà donné aux différentes œuvres créées depuis le commencement du siége. Ce travail n'est pas encore terminé; mais j'arrive déjà à des résultats énormes.

Le *Journal de Breslau,* du 16, reproduit une proclamation adressée le 6 par le roi de Prusse à ses soldats. Sa Majesté daigne qualifier d'*extraordinaires* les efforts à l'aide desquels nous lui avons opposé de nouvelles armées, en ajoutant : « Une grande partie des habitants de la France a abandonné ses paisibles travaux, que nous n'avions pas entravés, pour prendre les armes. » Sa Majesté reconnaît, en outre, que c'est au prix « de très-sanglants sacrifices » qu'Elle a repoussé nos tentatives à Champigny et au Bourget ; puis, Elle énumère ses victoires, en remerciant les généraux et les soldats, dont elle attend le même dévouement, « si l'ennemi persiste à vouloir continuer la guerre ! »

Oui, nous persistons, et nous sommes heureux d'apprendre que les habitants de la France quittent leurs paisibles travaux pour courir aux armes ; persuadés au surplus, que Sa Majesté qui remercie ses soldats d'avoir rempli leur devoir, ne nous saura pas mauvais gré de faire le nôtre. Sa Majesté ne sait pas toutes les obligations que nous lui avons, et notre seule crainte serait de ne pouvoir nous acquitter jamais. Grâce à Elle, nous sommes ruinés ; après les Bavarois sont venus les Saxons, après le Saxon le Wurtembergeois, après le Wurtembergeois le Badois, le Hessois ; et le Prussien pour nous achever. Après le pillage, le meurtre, après le meurtre, l'incendie ; si bien, que dans certains pays, les femmes sans maris, les mères sans enfants, ont pu croire que la France allait finir. Au milieu des champs en friche, dans les clairières piétinées par la lutte, où tant de morts restent sans sépulture, Sa Majesté n'a-t-elle rien entendu ? Non, les conquérants n'entendent pas. Une voix a parlé cependant, faible comme le souffle d'un soldat blessé, mais qui désormais nous suivra dans notre travail et dans notre repos, dans le silence et dans le bruit, sans que jamais aucune joie, ni aucun chagrin, puissent nous en distraire : « Par mon père mort à Reichshoffen, par mon fils mort à Sedan, par la flamme qui a brûlé Strasbourg, par le sang de mes amis qui me couvre, je jure de me souvenir. »

Tous, nous le jurons; et nos enfants rediront ce serment après nous.

— Le *Mercure de Souabe* du 16 nous fournit des renseignements précieux sur les combats de Meung, Langlochère, Orléans, Beaugency. A Meung, les Bavarois accourus au secours des Prussiens, ont subi des pertes énormes : «Deux bataillons de chasseurs, le 1er régiment et un régiment de la garde, ne forment plus aujourd'hui que la valeur d'un régiment. » Devant Orléans et Beaugency, la 33e brigade d'infanterie Mecklembourg perd 36 officiers, 713 sous-officiers ou soldats. « Les nouvelles armées de France sont animées d'un meilleur esprit, et combattent avec plus de vigueur que les armées impériales. » La *Gazette de Silésie* du 15, ajoute : « Le corps bavarois est très-décimé. La moitié à peine de l'infanterie est encore sous les armes. »

Tous ces détails sont lus avec avidité; ils font taire bien des doutes et raniment l'esprit public qui, depuis deux jours, avait grand besoin d'être soutenu.

24 décembre. — Mon thermomètre marque — 11°, 7 : il est descendu à — 13 et à — 14° hors des murs. Le froid devient notre pire ennemi, et pour nous en préserver on va pratiquer de larges coupes dans les bois de Boulogne et de Vincennes ; en même temps, ordre est donné d'abattre tous les arbres de nos routes. C'est un nouveau désastre.

— Nous devions être bombardés le jour anniversaire de la bataille de Leipsick ; puis on nous a prévenus de nous tenir prêts pour la fin de novembre ; puis on nous a remis à quinzaine ; enfin on nous avertit que les Krupp se démasqueront avant le 1er Janvier. Très-sincèrement, si nous avions du pain et du bois, nous les mettrions au défi de nous réduire, bien qu'à cette heure ils puissent avoir beau jeu. J'ai dit, en effet, que nos cours et nos escaliers avaient été encombrés de baquets et de tonneaux remplis d'eau, en prévision de l'incendie ; ces précautions se tournent elles-mêmes contre nous ; car les eaux amassées dans nos réservoirs ne forment plus à présent qu'une masse solide, qui devient un obstacle, au lieu de nous être un secours.

— Les journaux allemands continuent d'occuper nos tristes loisirs, et les écrivains de la *Gazette d'Elberfeld*, de la *Gazette de Silésie*, de la *Presse de Vienne*, ne se doutent certainement pas qu'ils nous apportent une distraction. Il y a précisément dans une de ces feuilles un article qualifié de « remarquable » à Vienne et qui traite la question du bombardement. Nous serions déjà bombardés, paraît-il, si les Allemands n'avaient dû songer d'abord à se nourrir. Les vivres ont pris le pas sur les canons. On pensait, aussi, que la famine nous viendrait plus tôt, et l'on avait compté sur l'émeute. Quelque temps après, on acquérait la fâcheuse certitude que l'emploi de l'artillerie n'atteindrait pas le but moral qu'on s'était proposé, les effets du canon se trouvant singulièrement combattus par l'esprit belliqueux qui se développait dans Paris. Une simple épouvante promettait donc un médiocre résultat, et l'on pouvait à peine compter sur les divisions politiques. En résumé, de *très-concluantes considérations psychologiques déterminèrent M. de Moltke* à ne recourir au bombardement qu'après la destruction des armées françaises en campagne. Au 7 décembre, on n'avait pris encore aucune décision à Versailles; *espérons qu'elle est venue depuis.*

Toute l'Allemagne respire dans ces mots : « Concluantes considérations psychologiques » et dans la parole qui termine l'article : « Espérons... » Je passe à ces gens-là leur impatience ; ils ont hâte d'en finir, cela se comprend ; mais ce que je ne puis leur pardonner, c'est l'emploi qu'ils font de leur raison, c'est leur esprit de méthode, où tout peut entrer, excepté quelque chose d'humain ; c'est la préméditation dans tous leurs actes, dans le mal comme dans le bien ; les mathématiques appliquées à la passion ; la philosophie et la psychologie devenues les servantes d'un despote ; le calcul et l'analyse, souverains maîtres de toutes nos croyances et de tous nos actes.

Si l'avenir appartient à cette race d'émigrants, de pédants et de reîtres, l'Europe, je l'en avertis, n'a qu'à bien se tenir : elle sera riche, soumise, savante et sans cœur. Il est possible que cette perspective ne lui déplaise pas.

25 décembre. — Nous avons eu jusqu'à 15° de froid aux tranchées la nuit dernière, et le rapport militaire constate que « de nombreux cas de congélation se sont produits. » La terre est gelée jusqu'à 50 centimètres de profondeur; tous les travaux sont suspendus. On a dû faire rentrer dans Paris un certain nombre de nos bataillons demeurés sans abri; mais le gouvernement fait connaître que « cette mesure *n'implique, en aucune manière, l'abandon des opérations commencées. Le gouvernement, le général, l'armée, le peuple, persévèrent plus que jamais dans la résolution de continuer la défense, au prix de tous les sacrifices, jusqu'à la victoire définitive.* »

Je continue d'analyser les volumineux comptes rendus de la *Gazette de Silésie*, en utilisant ainsi le repos auquel mon docteur m'a condamné, au lendemain de ma dernière garde sur le rempart. Malades et valides, nous en sommes tous d'ailleurs au même point: tâchant de nous consoler de notre immobilité, du spectacle que nous avons sous les yeux, et du silence qui nous enveloppe, avec ces récits que le hasard nous apporte, et où nous cherchons avidement quelque lumière.

— Après avoir vainement tenté de se frayer un chemin sur Versailles par la vallée de l'Eure, notre armée de la Loire se serait rejetée sur la droite en essayant de gagner la Marne, par Fontainebleau; ce second effort aurait été brisé dans les combats « sanglants » de Beaune-la-Rolande, de Boiscommun et de Mézières, nos troupes se retirant alors dans la forêt d'Orléans.

Le 30 novembre, le grand-duc de Mecklembourg et les Bavarois opéraient leur jonction avec les corps de Frédéric-Charles formant une seule ligne qui s'étendait de Juranville (canton de Beaune-la-Rolande, Loiret) jusqu'à Orgères (arrondissement de Châteaudun, Eure-et-Loir).

Le 1ᵉʳ décembre, les Français, partis de Chevilly et de Patay, pointant sur Chartres évidemment, attaquent les Bavarois à Nonneville et à Villepereux et s'emparent de ces deux villages en rejetant Von der Thann sur Orgères.

Le 2, le grand-duc de Mecklembourg reçoit l'ordre de se joindre aux Bavarois et d'attaquer. Les Français le préviennent en s'avançant, le matin vers 7 heures, entre Loigny et Luneau, dans l'intention de couper les Bavarois, qui se fortifient rapidement dans les châteaux et les parcs de Loigny et de Goury; Von der Thann envoie successivement ses quatre brigades pour arrêter les Français; mais ceux-ci « ne sont pas ébranlés, ils se précipitent furieux sur les Bavarois qui sont décimés et vont être bientôt anéantis, quand survient heureusement la 17ᵉ division, arrivant de Santilly par Baigneaux et Lumeau. » Il était une heure. A partir de ce moment, la fortune change; d'abord l'artillerie des Français est contrainte de reculer devant le tir rapide et précis qui lui est opposé; les Bavarois donnent la main à la 17ᵉ division, et d'un effort commun ils poussent les Français sur Loigny, où bientôt ils les ont cernés. Le général Charette, ses hommes et des canons sont pris après une lutte « désespérée. »

Vers la même heure, la 22ᵉ division livrait à Pourpry « un combat acharné, excessivement sanglant, dans lequel la division éprouva des pertes colossales; » mais des renforts étant survenus très à propos la chance se décide pour les troupes allemandes. Les Français se concentrent sur la route d'Artenay à Patay.

La bataille de Loigny détermina le commandant en chef à modifier son plan de bataille. L'armée allemande reçut l'ordre de se masser sur la grande route d'Artenay à Chartres, le 9ᵉ corps ayant mission d'attaquer les Français de front, par Château-Gaillard; le duc de Mecklembourg formant la droite, vers Terminiers, Bazoches et Lumeau, avec les Bavarois, deux divisions d'infanterie et une division de cavalerie; le 3ᵉ corps, parti de Beaune-la-Rolande, formant la gauche sur la route de Pithiviers à Orléans vers Chilleurs-aux-Bois. En outre, le 10ᵉ corps se chargeait d'appuyer au besoin le duc de Mecklembourg, et deux divisions de cavalerie devaient combler l'intervalle entre ce général et le centre.

Dans la journée du 3 (ici j'hésite sur la date, car le texte devient inintelligible), un mouvement des Français à Spuis est arrêté, ce qui permet au 9ᵉ corps de prendre position.

Le 4, longtemps avant le jour, l'armée allemande se met en mouvement. A dix heures, Artenay est attaqué par 60 pièces d'artillerie placées en demi-cercle; et à midi les Français sont contraints d'évacuer le village. Les grenadiers silésiens, les Holsteinois et la masse des bataillons se portent sur Chevilly et sur la Croix-Briquet, où les Français avaient le gros de leurs forces. Trente pièces sont mises en batterie au hameau du Château; à huit heures les positions de la Croix-Briquet sont évacuées; et vers cinq heures ordre est donné de prendre Chevilly d'assaut; mais cet ordre est bientôt après contremandé. Les troupes installent leurs bivouacs, et le prince Frédéric-Charles établit son quartier général à Artenay.

Pendant la nuit les Français abandonnent Chevilly, et la route d'Orléans est libre.

— Je ne parle pas des combats livrés à la droite et à la gauche, ici comme à Artenay et à la Croix-Briquet, Frédéric-Charles fait canonner les villages par des batteries de quarante et cinquante pièces. « Ce bombardement terrible, pour me servir des propres paroles du journaliste allemand, ébranle les Français, et les bataillons prussiens prennent possession des maisons en flammes. »

26 décembre. — Notre autorité militaire continue à nous payer de paroles, ne se lassant pas de trouver des excuses à son inaction dans le brouillard, dans le froid, et dans la nécessité de reformer des cadres, où ses amis trouvent leur place. Les plans qu'elle a conçus demeurent un mystère, même après qu'ils ont avorté; les comptes rendus qu'elle nous livre masquent des fautes que le dernier d'entre nous connaît; enfin, au lendemain de chacun de nos combats, toujours suspendus pour des causes secrètes, elle annonce invariablement qu'il ne s'agit que d'un « court repos »; et de longs jours s'écoulent, sans que nous ayons agi.

Il est vrai qu'aujourd'hui même nous avons « complétement abattu le mur de la Maison-Blanche » et que nous avons pris « six Saxons ». Trois rapports nous rendent compte de cette opération; bien faite assurément pour arrêter les progrès de l'ennemi. En outre des trois rapports, signés et contre-signés, nous avons une note

13.

développée par laquelle on nous promet la publication « prochaine » d'un exposé des événements militaires pendant les deux derniers mois. En attendant, on nous apprend ce que nous savons : la sortie de nos bataillons le 20 et le 21, l'occupation de la Ville-Évrart, « par un vent glacial », l'occupation du Bourget manquée « *par suite d'événements de guerre imprévus* » (?), les épreuves de nos soldats aux tranchées, nos travaux empêchés, etc...

Je maintiens, contre l'opinion de quelques-uns de mes amis, que les bulletins militaires ne peuvent, presque en aucun cas, dire toute la vérité. On enfle le succès, on atténue la défaite ; c'est la règle ; mais passer la mesure est un tort. On la passe.

— J'avais mieux à faire d'ailleurs que de m'arrêter au *Journal officiel*. (Je ne sais pas comment on traite le grand format ; mais la petite édition se crie couramment sous le nom de : *Le Menteur, à un sou !*) J'ai passé ma journée en compagnie d'un groupe très-nombreux de mobiles des départements. Ces jeunes gens, dont plusieurs ont vu le feu, me demandent : « Que sommes-nous venus faire ici ; notre place est *chez nous*. » — Je leur réponds : Chez vous, chez nous, c'est tout un ; c'est le pays. — « Faites excuse, » répliquent-ils, sans s'expliquer d'ailleurs davantage, et sans qu'ils aient besoin de rien ajouter pour que je les comprenne. Parmi ces jeunes gens, il s'en trouve qui savent lire ; il y en a qui croient en Dieu ; mais chez le plus grand nombre, chez presque tous, l'idée de *patrie* est absente. Le devoir, si devoir il y a, et bien plutôt l'intérêt est là où est le champ, avec le bœuf et l'âne ; il est sur le seuil de la triste maison où ils sont nés et qu'ils défendront contre l'ennemi et contre vous d'un égal cœur. La patrie, qu'est-ce que cela? on a oublié de le leur apprendre.

Je ne nie pas que la formation de ces bataillons albigeois, bourguignons, poitevins, flamands ou bretons, ne présente, à certains égards, de sérieux avantages. Dans ces groupes de même origine, le lien n'est pas à créer, il existe dès l'entrée. Du premier jusqu'au dernier, on se connaît et, qui plus est, on doit se retrouver. Les fautes de conduite et les actions d'éclat ne resteront pas ignorées, chacun ramenant avec soi des témoins nombreux; et si l'on a manqué à l'honneur la commune le saura, et si l'on a servi d'exemple, N... et T... que voilà pourront l'attester. Avantages sérieux, je le répète, à cette condition qu'ils ne profiteront pas seulement aux localités ou aux individus, mais à la nation.

Sur ce point, notre éducation est à faire, car « l'esprit de clocher », qui peut être une vertu en devenant un point de départ pour l'émulation, n'est fait trop souvent que d'égoïsme et d'étroites jalousies.

La liberté en tout lieu; chaque département rendu à lui-même, jouissant d'un droit d'initiative propre; puis toutes ces activités libres, soumises à des lois générales, conformes à un intérêt commun, tel serait l'idéal — perdu dans la fumée des canons prussiens et de nos divagations.

27 décembre. — Une date de plus dans l'histoire de Paris. Ce matin, un peu avant neuf heures, l'ennemi a démasqué ses batteries de siége. Quatre au Raincy, deux à la Maison-Blanche; les autres placées à Gagny, à Noisy-le-Grand et au pont de Gournay, formant ensemble seize foyers de tir distincts de pièces de douze et de vingt-quatre. Le feu est resté des plus violents jusqu'à cinq heures contre nos forts de Nogent, Rosny, Noisy et contre le plateau d'Avron. Nous avons, aux mobiles de la Seine, sept officiers tués ou blessés et un aumônier, M. Gros; huit officiers de marine blessés, un officier d'artillerie blessé. Le nombre des hommes atteints serait de cinquante environ.

Dans la soirée, j'ai rencontré MM. T. D... L... et S... qui revenaient d'Avron. Plusieurs de nos pièces ne pouvaient répondre que très-difficilement au feu des batteries prussiennes qui les enfilaient. La place était intenable à l'éperon; elle est presque partout intenable, car nous manquons d'abris. Nous occupons cependant Avron depuis un mois. C'était réellement une pluie de fer, et les projectiles étaient aussi remarquables par leur volume que par leur nombre. Ces Messieurs sont unanimement d'avis qu'il ne nous sera pas possible de conserver la position.

L'impression « psychologique » se réduit jusqu'ici à un mouvement de curiosité ; je ne serais même pas surpris d'y découvrir au fond une sorte de satisfaction d'amour-propre, qu'un gourmand, très-éprouvé à cette heure, mais toujours gai, trahissait par ce mot : « Paris vaut bien une bombe. »

Belleville se demande si ce n'est pas à lui personnellement que l'on en veut. A l'ouest, on est encore tranquille : mais on prévoit que Montrouge et Issy, surtout, ne tarderont pas à être attaqués. Les obus prussiens sont du reste au second plan de nos préoccupations et la « question du bois » n'a pas dit son dernier mot. Sur plusieurs points de Paris, des groupes armés de scies, de haches, ou de merlins, ont envahi les jardins pour faire main basse sur les arbres; un chantier a été dévalisé, on a déchiré des clôtures en planches, déraciné des bancs, démoli les garde-fous qui bordaient certaines rampes. Ces excès sont déplorables, sans contredit; mais que répondre à des gens qui vous disent : nous mourons de froid et de faim.

Du 28 au 29 décembre. — Le 28, le feu de l'ennemi avait paru fléchir au commencement du jour; mais plus tard il a repris avec une nouvelle intensité ; de nouvelles batteries sont entrées en ligne ; et sous ces volées effroyables, auxquelles nous ne pouvions plus répondre, le général Trochu a donné l'ordre d'évacuer le plateau d'Avron. Le général était là, se refusant, comme toujours, à prendre aucune précaution pour lui-même; aussitôt après la nuit venue, l'enlèvement de notre matériel a commencé sous ses yeux; et il n'a voulu quitter la place qu'après s'être assuré que tous nos canons étaient sur le chemin de Rosny. Dans le trajet, deux de nos pièces de 24 ont chaviré malgré tous nos efforts ; accident médiocre en somme, si l'on considère que nous devions agir et et nous diriger dans l'obscurité, sur des pentes couvertes de neige et de verglas. Ajoutons que les obus sont venus, plus d'une fois, jeter le trouble dans nos attelages.

Le 29, le bombardement ne se ralentit pas. La ville est agitée ; les groupes se multiplient ; l'animation est très-vive contre le général Trochu. On n'accepte pas l'évacuation d'Avron ; on se refuse à comprendre comment cette position, hier encore occupée par plus de 10,000 hommes, et qui avait contraint l'ennemi à reculer sa ligne d'investissement, n'a pas été mise en état de défense. On n'avait donc rien prévu, on ne savait donc rien des travaux de l'ennemi ! Puis, de ces réflexions générales, on passe à des accusations plus directes et plus pressantes. — « Que veut-il, a-t-il jamais su ce qu'il voulait ? Où est son plan ? Nous avons assez de l'éloquence et des rapports vides. Il a voulu se faire tuer, il est brave, que nous importe ; quel succès lui devons-nous ; avait-il l'intention de nous sauver ou de nous perdre ? Qui est-il, après tout, pour s'imposer à nous, ce général d'une brochure, inspiré fatidique, qui avait des pressentiments si sûrs le 15 juillet, et qui, depuis trois mois et demi, n'a rien su prévoir ni rien faire, dont les verbes courants sont : *Résister, combattre, souffrir et vaincre*, et qui gouverne seulement les retraites et les évacuations ? Il a dit, nous nous en souvenons, que sa seule ambition était de rentrer dans l'obscurité d'où il sortait, sa tâche accomplie ; sa tâche est faite : il nous a perdus ; qu'il parte ! »

Ces cris qui se répètent en tout lieu, ce n'est pas la première fois que je les entends, et si M. le général Trochu conserve encore quelques partisans parmi les généraux, ses anciens camarades d'école, s'il a pour lui toujours MM. Garnier-Pagès, Pelletan, Emmanuel Arago, on doute fort que, même parmi ses collègues, il ne rencontre pas plus d'un juge. Messieurs Ernest Picard et J. Favre ne conservent, je le croirais, aucune illusion sur notre général, et le bruit a couru, il y a un mois et plus, qu'ils s'étaient mis en chemin « pour trouver un homme ». Mais, dès les premiers mots qu'il entendit, M. Trochu aurait répondu : « Vous pouvez me destituer, mais je ne donnerai pas ma démission. »

Aujourd'hui, 29 décembre, s'il fallait voter par *oui* ou par *non* le maintien du général, je voterais oui. Il faut qu'il soit là quand nous tomberons; cela lui est dû.

30 décembre. — « Citoyens et soldats! De grands efforts se font pour rompre le faisceau des sentiments d'union et de confiance réciproque auxquels nous devons de voir Paris, après plus de cent jours de siége, debout et résistant... On exploite devant l'opinion publique les mécomptes dont un hiver extraordinaire, des fatigues et des souffrances infinies ont été la cause. Enfin, on dit que les membres du gouvernement sont divisés dans leurs vues sur les grands intérêts dont la direction leur est confiée... L'armée se prépare à l'action, avec le concours de la garde nationale de Paris, et tous ensemble nous ferons notre devoir. Enfin, je déclare ici, qu'*aucun dissentiment* ne s'est produit dans les conseils du gouvernement et que nous sommes tous étroitement unis, en face des angoisses et des périls du pays, dans la pensée et dans l'espoir de sa délivrance.

« *Le gouverneur de Paris,*
« Général Trochu. »

Un assez grand nombre de personnes très-bien renseignées, et des plus honorables, sont surprises qu'une semblable déclaration ne soit pas suivie de la signature de tous les collègues du général.

En regard du rapport relatif au 200e bataillon que j'enregistrais il y a quelques jours, je suis heureux de pouvoir invoquer les témoignages de l'amiral Pothuau et du général de Beaufort. Tous deux se louent, sans réserve, du concours énergique que leur ont prêté les dix bataillons de garde nationale mobilisée placés sous leurs ordres : « Ils ont occupé nos avant-postes avec autant de solidité que de sang-froid. Ils se sont montrés patients, disciplinés comme de vieilles troupes; et l'on est certain qu'on aurait pu compter, en toute circonstance, sur leur courage et leur dévouement. »

Le général Ribourt et le colonel Le Mains parlent dans les mêmes termes des gardes nationaux placés sous leur commandement.

Le feu de l'ennemi continue. Le thermomètre est à — 10°. Temps clair.

31 décembre. — Dans le conseil de guerre qui a été tenu hier, on serait allé, paraît-il, au fond des choses.

MM. de Chabaud-Latour, Guiod et Schmitz se seraient prononcés pour la continuation de la résistance, le général Trochu les suivait à quelque distance, avec des atténuations développées; MM. de La Roncière et Ducrot iront jusqu'au bout, en n'espérant plus rien; quant aux autres généraux, ils sont tout prêts, eux aussi, à faire leur devoir, sans croire aucunement à un succès possible.

On ne peut, ont-ils dit, se déployer en nombre. Tous les passages sont gardés, défendus par des canons, protégés en arrière et sur les flancs par des redoutes, et ces obstacles ne pourraient être franchis sans d'extrêmes sacrifices. En supposant qu'on parvînt à les forcer, quel serait d'ailleurs le résultat? Le pays est ravagé dans ses profondeurs, coupé dans toutes les directions par un ennemi nombreux. Une armée en rase campagne, c'est la défaite certaine, ou la reddition.

A cette question posée : Quelles sont les considérations qui nous ont déterminé à laisser à l'ennemi le loisir de s'emparer de ces positions, jugées aujourd'hui imprenables et de s'y fortifier? il a été répondu :

1° Au 18 septembre, nous n'étions pas prêts pour la défense. Des travaux immenses ont dû être entrepris et menés à fin, avant qu'il nous fût permis de songer à inquiéter l'ennemi. On appréhendait une attaque de vive force, et il importait de se mettre à l'abri d'un coup de main. La malheureuse affaire de Châtillon du 19 était, à tous égards, un sérieux avertissement.

2° Il était indispensable de réorganiser l'armée, qui était sans cadres et composée, pour la plus grande partie, de débris empruntés à des corps déjà démoralisés, d'hommes des dépôts et des éléments les plus disparates.

Le but principal ne pouvait être que de donner à la France le temps de se reconnaître et de se prononcer. Il serait injuste d'oublier aussi qu'une ville de deux millions d'âmes avec la liberté de la presse, les clubs, tout un peuple en armes et sans police, ne peut se comparer en rien à une place forte qui a sa tradition militaire et son esprit rompu aux pratiques d'une ville de garnison. L'élément civil y prédomine, l'opinion publique, qui peut être un secours dans certains cas est une gêne le plus souvent, et les faux bruits, les exagérations de toute sorte conduisent forcément l'autorité à des ménagements, à des transactions, qui usurpent une grande partie du temps qui devrait être consacré tout entier à la défense.

Comme conclusion : le parti le plus sage, le plus humain et le plus politique serait donc de traiter demain. Mais Paris et l'honneur nous commandent, puisqu'on a tant fait, de résister jusqu'à ce que LA FAIM nous contraigne. La garde nationale va être appelée à marcher avec la garde mobile et l'armée.

— A ces justifications, cent fois répétées dans des entretiens trop connus et dans des proclamations qui, depuis longtemps, ne nous abusent plus, j'opposerai des faits catégoriques.

1º Paris, la ville de deux millions d'âmes, faite de vingt villes, « la cité douloureuse » des extravagances et des révoltes, a su vivre sans police, sans pain et sans clarté ; non-seulement elle s'est offerte à tous les sacrifices, vos proclamations sont là pour l'attester, mais elle s'est refusée à l'émeute et elle l'a refoulée dans son foyer, en vous sauvant. En retour, vous nous avez sciemment et constamment trompés, par des déclarations inexactes sur l'étendue de nos moyens, sur les résultats des actions engagées à nos portes, et sur l'état réel du pays.

2º On a créé des régiments, refait des cadres, prodigué les grades et les récompenses; mais jamais, en aucun lieu, ni chez les soldats ni chez les généraux, on n'a fait la discipline, et cela est si vrai qu'après tant de décrets et de peines édictées, nous possédons à cette heure des centaines de bataillons numérotés, et pas d'armée. Il n'en existait pas au 18 septembre, dites-vous, il n'en existe plus au 31 décembre. Avec l'ivrognerie, l'insubordination, avec l'insubordination, la maraude, puis finalement, le cri de *Vive la paix!* qui accueille le général Ducrot au passage.

3° Il s'agissait, en effet, de n'avoir qu'une seule pensée : la défense nationale, on s'est attardé dans la politique, et laquelle? Entre Paris et Belleville, on a fait son choix, et durant des semaines on a cédé à des injonctions, à des menaces qu'on avait le devoir de mépriser, ou de réprimer. Au début, on nous a donné pour maires des hommes qui, dès le lendemain, tenaient l'hôtel de ville en échec et qui, au 31 octobre, à l'hôtel de ville, décrétaient le renvoi du gouvernement. On a interdit les manifestations armées, et chaque jour c'était une nouvelle manifestation. Belleville est le centre connu de la sédition, on lui donne des fusils quand on nous en refuse, des vivres quand nous n'en avons plus, *on lui porte* un drapeau, on va passer en revue ses bataillons, et Belleville répond par des injures et ne sait que fuir à Creteil.

4° On parle d'un plan et l'on agit à l'aventure, ou bien l'on cède à d'autres volontés. On se laisse surprendre au Bourget le 29 octobre, surprendre à Champigny le 2 décembre, surprendre à la Ville-Evrart le 21, surprendre à l'hôtel de ville le 31 octobre; enfin on nous convie à vaincre ou à mourir le 29 novembre, et le passage de la Marne est manqué.

5° Le 18 septembre, nous avons pour six semaines de vivres, un peu plus tard, nous en avons pour deux mois, plus tard encore, le 5 novembre, nous nous refusons à un armistice de vingt-cinq jours, sans ravitaillement ; nous avons vécu depuis lors et l'on nous annonce que nous pourrions tenir jusqu'en février. C'est-à-dire qu'on n'a jamais connu à quinze jours, à un mois près, l'état de nos ressources, et l'on s'est conduit au gré de cette erreur.

6° Ce n'est pas la résignation qui nous aura manqué, ni le cœur chez beaucoup, ni le désir passionné de sauver le pays, désir aveugle, irréfléchi, inintelligent si l'on veut, mais noble jusque dans ses égarements ; ce qui nous a fait défaut, c'est un général digne de notre adversaire, et je dirai digne de nous ; ce sont des hommes désintéressés et sincères, moins préoccupés de leur lendemain que du nôtre.

Et si nous confessons nos faiblesses, maintenant, et nos vices, il leur est interdit de nier leur fautes.

En résumé, s'il est certain que les Prussiens avaient pour eux l'unité de vues et de direction, le nombre des canons, une organisation dans toutes ses parties supérieure à la nôtre, si soi-même on l'a dit et démontré, il est au moins étrange que cette conviction intime de la supériorité de notre ennemi ait produit chez nous l'accablement et la divagation, au lieu de nous inspirer l'émulation et l'esprit d'entreprise. S'il est certain que les sorties en masse d'hommes inexpérimentés fussent une chimère, il n'est pas douteux que Paris, avec sa population de deux millions d'âmes, offrait un fonds assez riche pour y recruter une armée; s'il est certain que les temps ne sont plus, où le courage et la foi suffisaient à gagner des batailles, il n'est pas douteux qu'on ne les perde, quand d'avance on les juge perdues. J'ajouterai que, parmi les qualités qu'il convient d'exiger d'un général, une des premières certainement, c'est la connaissance des éléments qu'il doit mettre en œuvre, la connaissance du caractère et des tempéraments. Or il est de toute évidence que l'on ne connaissait de nous que nos défauts, sans qu'on ait paru se douter jamais qu'il pouvait se trouver là des âmes : erreur fatale, compliquée de toutes les préventions du soldat, offensante même chez un sceptique, tout à fait inexplicable chez un homme qui écrivait le 18 août : « Avec l'aide de Dieu, pour la patrie ! »

Quand on a l'audace de prendre en main les destinées de tout un peuple, et quand on croit en Dieu, il faut avoir toutes les audaces. On se tait pour agir; on fait de toutes les volontés et de tous les moyens un monceau; on ne pactise pas avec la routine et avec l'émeute; on met sous ses pieds toute résistance; on ne se borne pas à avoir du courage, on fait des courages. A ces conditions seulement, on peut vaincre, ou mourir avec honneur; sinon, on meurt de la mort des choses inertes : d'usure.

Savez-vous bien ce qu'il nous fallait? un grand cœur ou un boucher : Hoche ou Pélissier.

—L'ennemi a augmenté le nombre de ses batteries de

gros calibre, en rapprochant plusieurs d'entre elles des points d'attaque.

L'amiral Saisset félicite les vingt bataillons de garde nationale mobilisée placés sous ses ordres, de leur ferme esprit pendant les nuits si rudes qu'ils viennent de passer aux tranchées.

JANVIER 1871.

1ᵉʳ janvier. — « Nous ne savons rien de précis des mouvements des deux généraux qui marchent à notre secours, mais la précaution des feuilles prussiennes de nous les cacher, ne peut que nous encourager. Sans doute nous ne devons pas nous bercer de chimères, nous sommes en face des périls les plus graves qui puissent accabler une nation. Cependant, tous, nous sentons que notre France républicaine les surmontera. Paris ne veut pas succomber. D'accord avec les hommes qui ont l'insigne honneur de diriger sa défense il repousse hautement toute capitulation. Paris et le gouvernement veulent combattre, — là est le devoir, — et comme le pays tout entier s'y associe sans réserve, quelle que soit l'épreuve passagère qui lui soit infligée, il ne s'humiliera pas devant l'étranger. » (*Journal officiel.*)

— L'ennemi a tiré pendant une grande partie de la nuit dernière, et ce matin les coups se succèdent presque sans interruption.

2 janvier. — Je ne sais pas ce qui s'est fait pendant cette journée ; j'étais sourd, aveugle et transporté loin d'ici avec une violence que je n'avais jamais connue.

Ces accès que je subis, tous mes amis les connaissent bien; tous ceux de mes amis qui sont, avec moi, séparés de leur femme et de leurs enfants depuis tant de semaines.

Souvent, il nous arrive de nous taire tout à coup, et à cette question qui nous est faite : *A quoi songez-vous?* nous répondons brusquement par un mot invariable : *Vous le savez bien*, de même qu'en nous rencontrant nous n'avons qu'un seul salut : *Avez-vous des nouvelles?* Et ce n'est pas de la guerre qu'il s'agit.

Ce que nous éprouvons est une sorte de mal du pays d'un genre tout nouveau et qui tue. Le pays, il est là, notre raison nous le dit; mais nous ne le reconnaissons plus dans cette ville sans horizon, sans vie, et dont toute chaleur, toute joie, semble être bannies à jamais. Tant de choses ont changé en nous et autour de nous, que nous venons à douter des choses et de nous-mêmes, nous demandant à haute voix si c'est bien vrai et si le réveil ne doit pas venir!

Là-bas, *ils* s'inquiètent de la faim, de la mort possible; notre souffrance passe tous les besoins, elle est plus dure que la mort. La colère, la haine, voilà les hôtes qui depuis quatre mois ont remplacé nos familles, avec le désespoir souvent.

Après avoir erré dans les rues, pareils à des étrangers sans abri, nous rentrons dans nos maisons pour y trouver encore le silence et le froid. Nous allons du petit lit où notre enfant dormait, à la table qui nous a vus réunis. Les jouets, les livres d'images, les ouvrages délicats et inachevés qu'*ils* ont oublié dans la précipitation du départ, sont là sur des meubles où la poussière s'amasse ; et les heures s'écoulent, nous trouvant toujours debout, ou bien jetés dans le coin le plus obscur de cette sollitude, immobiles et glacés.

Enfin, un reste de sensibilité nous avertit ; et nous essayons de retrouver le sommeil qui ne vient plus.

Combien de nuits passées à lire ; ou, quand nous fermions enfin les yeux, à revoir passer les mêmes visages attristés ; nuits sinistres dont le canon marquait chaque moment. Où sont-ils ? nous demandions-nous ; ont-ils été forcés de fuir plus loin ? Sont-ils morts ; sont-ils vivants ? L'incertitude et l'angoisse passaient dans notre sang, et le jour venait, et notre fièvre durait encore ; et les jours se succédaient sans pouvoir la guérir.

— Le *Journal officiel* ne se lasse pas de nous prêter des espérances. Son premier Paris de ce matin contient encore le passage suivant :

« Au-dessus de nos murailles s'élève comme un souffle de délivrance qui pénètre tous les cœurs et y fait naître une vague mais ferme intuition du succès. C'est à ce sentiment généreux qu'il faut attribuer la facilité avec laquelle sont accueillies les rumeurs favorables *les plus contraires à toute vraisemblance...* Mais ce que nous pouvons affirmer, sans crainte d'être démentis, *c'est qu'il n'est pas téméraire d'espérer* et que, des faits généraux, se dégagent des symptômes graves qui doivent nous soutenir *et nous faire croire à la prochaine efficacité de notre résistance...* »

3 janvier. — Hier, les Prussiens ont fait sauter la *tour aux Anglais* sur le plateau de Châtillon; ils vont très-prochainement démasquer leurs feux de ce côté. Dans l'ouest, le bombardement des forts et des villages continue. Le bataillon Poulizac, des *éclaireurs de la Seine*, a fait une reconnaissance heureuse vers Groslay, où il s'est rencontré avec un détachement de la garde. Nous avons ramené des prisonniers.

4 et 5 janvier. — Si l'Allemagne, impatiente et toujours inquiète du résultat dernier, hâtait de tous ses vœux le moment où nous devions être bombardés, elle peut, à cette heure, se tenir pour satisfaite.

Le 4, le feu des batteries prussiennes continuait dans l'est; Montreuil et Bondy avaient été passablement maltraités; quant au fort de Nogent, il comptait à lui seul plus de douze cents obus. C'était dans l'ordre. Mais le 5 nous réservait une surprise. Vers sept heures et demie du matin, la brume qui nous dérobait encore Châtillon s'illumine tout à coup de lueurs rouges; Vanves et Issy reçoivent leurs premiers obus; puis, vers huit heures, d'autres batteries placées à Meudon, tonnent à leur tour et les projectiles de l'ennemi, dépassant la ligne des forts, dépassant les faubourgs, viennent s'abattre jusque dans l'intérieur de la ville, rue d'Ulm, rue Gay-Lussac, rue de Lourcine, boulevard Saint-Michel, rue de l'Arbalète, etc... Les obus arrivent de tous côtés, rayant l'air de leur cri prolongé; ils pénètrent dans les maisons par le toit; ils crèvent les murs; ils éclatent sur les trottoirs en projetant au loin leurs éclats mortels. A l'École normale, le parquet de la salle d'ambulance est effondré; à l'École supérieure de pharmacie, la fille du jardinier Drevaut, a la tête emportée, sa mère est elle-même renversée et ses vêtements prennent feu. Chaque rue relève une victime.

Dans le premier instant, j'ai pu croire que le résultat qu'*ils* cherchaient allait être obtenu ; tout contribuait à exagérer l'émotion : la soudaineté de l'attaque, l'horreur des plaies, le sentiment d'un danger terrible et inévitable ; par-dessus tout, les clameurs lamentables des mères dont les enfants étaient frappés. Mais bientôt les passants, réfugiés sous les portes, ont repris leur chemin en échangeant quelque parole de défi ; et les curieux, accourus de toutes parts, se font un jeu de se jeter à terre pour éviter d'être atteints. Ces chutes, accompagnées de rires, auraient dû tenter les gamins ; mais ils avaient mieux à faire : debout et la tête haute au milieu de la chaussée, on les voyait guettant les obus au passage pour se précipiter ensuite sur les débris de fer ou de plomb encore brûlants. A cinq heures, place de l'Observatoire, le prix de ces fragments variait de cinquante centimes à deux francs.

Ce bombardement farouche, sans avis préalable, je l'avais prévu, et si quelque chose me surprend, c'est l'ingénuité prodigieuse de ceux de mes amis qui en recherchent les motifs, qui voudraient y voir une « erreur de tir » regrettable, ou qui parlent de protester. Cette ingénuité me donnerait à penser que nous n'estimons pas notre ennemi à son prix, puisque nous lui prêtons encore quelque faiblesse, et que nous n'avons pas, d'autre part, une conscience suffisante de notre défaite quand nous supposons qu'il daignerait nous écouter. La Prusse use et abuse, c'est son droit; elle se soucie de la justice, de la civilisation et de l'humanité comme d'une chope vide : c'est son tempérament et toute sa politique. Venir lui parler des lois de la guerre, lui rappeler qu'il est d'usage, en telle occasion, d'avertir l'assiégé pour qu'il ait à garantir ses blessés, les femmes et les enfants; lui tenir ce langage, alors que, dressée sur ses pieds de derrière, cette louve enragée nous tient entre ses dents, c'est vouloir, vraiment, prêter à rire à M. de Bismark, qui du reste ne nous en saura pas mauvais gré.

Un fait, qui a été rendu public, mais que je connaissais personnellement, avant tous les récits des journaux, suffit à démentir cette absurde opinion qui transforme le bombardement d'aujourd'hui en une manœuvre improvisée pour masquer des projets de retraite. Le 2 décembre, c'est-à-dire il y a un mois, un officier saxon de la landwehr, blessé à Villiers, avait été transporté au n° 24 du boulevard Saint-Michel, dans l'ambulance de la maison Hachette. A diverses reprises, il avait adressé à sa garde-malade des questions, qui toutes trahissaient une même préoccupation : A quel distance le n° 24 était-il du Panthéon? On lui répondait par un chiffre, qu'il cherchait à vérifier le lendemain, et chacun attribuait à l'incohérence de la fièvre cette insistance inexplicable. Il y a trois jours, malgré les soins qui lui étaient nuit et jour prodigués, l'officier saxon meurt; on dresse religieusement l'inventaire des quelques objets qu'il laissait après lui, pour les transmettre à sa famille, et, parmi ces objets, on trouve une carte de Paris, où se montraient, finement indiquées par des courbes, les limites de tir de ces mêmes batteries qui tantôt nous atteignaient. L'inquiétude du mourant fut alors justifiée ; le quartier des Écoles formait le sommet d'un de ces horizons et, sous la tache noire qui marquait l'emplacement du Panthéon, on lisait, écrit au crayon, ce mot expressif : *Poudre*. Nous avions là, en effet, et nous avons peut-être encore un dépôt de poudre, dont l'explosion pouvait tout ruiner.

La préméditation est donc palpable, et les Prussiens, comme toujours, étaient bien renseignés; mais le peuple ne se déconcerte pas pour si peu, et s'il consent à admettre que le bombardement devait venir, encore s'obstine-t-il à répéter, après les journaux, je dois le dire, *qu'il y a là un indice certain de victoire*, l'ennemi n'ayant recours à cette extrémité que parce qu'il a hâte d'en finir et que Chanzy approche. Bien plus, la nouvelle est certaine : Chanzy a battu Frédéric-Charles, qui est grièvement blessé; notre armée de secours est à Étampes, d'autres disent à Mantes, ce n'est qu'une question de lieu.

Plus tard, je le prévois, des hommes sages, pleins de santé, s'étonneront à loisir de notre crédulité, en oubliant qu'elle est le recours naturel de tous les affligés, l'infirmité voulue des malades, affaiblis par l'isolement et par la faim. Plus tard, et c'est là ce que je voudrais empêcher, on se fera contre nous une arme de nos divagations, en essayant de dénaturer par des interprétations savantes, le sens des actes officiels qui, chaque jour, viennent justifier nos égarements. C'est pourquoi je continue de noter, l'une après l'autre, les proclamations du gouvernement.

« Le bombardement de Paris est commencé. L'ennemi ne se contente pas de tirer sur nos forts, il lance ses projectiles sur nos maisons, il menace nos foyers et nos familles.

« Sa violence redoublera la résolution de la cité, qui veut combattre *et vaincre...* Elle se montrera digne de *l'armée de la Loire qui a fait reculer l'ennemi;* de l'armée du Nord, *qui marche à notre secours.*

« *Signé :* Général Trochu, Jules Favre, etc. »

6 janvier. — Nos amis de la rive gauche ont eu beaucoup à souffrir la nuit dernière; le feu de l'ennemi a redoublé, en embrassant toute cette vaste région jalonnée par les coupoles de l'Observatoire, les tours de Saint-Sulpice, les dômes du Val-de-Grâce et du Panthéon. Les obus fouillent aussi le jardin du Luxembourg; ils éclatent çà et là; mais de préférence dans certaines directions, comme s'ils cherchaient un but. Deux ou trois passages deviennent plus particulièrement dangereux, sans que je puisse remarquer cependant un ralentissement sensible dans la circulation.

Nous n'en avons pas fini avec les citoyens de la commune. Ils ont placardé cette après-midi, profitant du dégel et du temps clair, une nouvelle affiche que j'ai manquée de dix secondes, rue de Châteaudun; comme j'en approchais, elle disparaissait sous les coups de canne. Dans cet appel au peuple, signé de noms que personne n'a retenus, il était dit que nous allions nous rendre ; le général-gouverneur a cru devoir répondre à cette injure :

« Au moment où l'ennemi redouble ses efforts d'intimidation, on cherche à égarer les citoyens par la calomnie.

« Rien ne fera tomber les armes de nos mains. Courage, confiance, patriotisme.

« Le gouverneur de Paris ne capitulera pas.

« *Signé* : Trochu. »

Cette affirmation si catégorique a produit par toute la ville une impression très-vive. On s'accorde à y voir l'indice certain d'une résolution désespérée, que les collègues du général ont peut-être combattue, mais dont il accepte, quant à lui, la responsabilité. On se montre prêt aux derniers sacrifices ; car si nous n'espérons plus, une volonté nous reste : nous voudrions finir en hommes.

7 janvier. — Il a plu une partie de la nuit. Noisy tient bon; Issy et Vanves sont très-éprouvés; les Hautes-Bruyères avec le Moulin-Saquet se comportent du mieux qu'ils peuvent.

8 janvier. — Même situation. Les obus continuent de pleuvoir, et si j'en juge par une pièce de culot qui m'a été montrée, on ne nous avait rien dit de trop des canons Krupp; les projectiles du plus gros calibre doivent peser tout près de 100 kilog.

En ville, aucun symptôme de faiblesse ; au contraire, quelque chose de plus roide dans la physionomie générale; mais un cri partout répété, grandissant : *Sortons*. Les chefs de notre gouvernement ne se lassent pas de nous parler de confiance; notre gouverneur a juré de ne pas capituler : *Sortons*. A cet égard, toute la presse n'a qu'une voix, et les journaux les plus favorables à l'hôtel de ville le conjurent et l'adjurent de prendre un parti. Hésiteront-ils donc jusqu'au dernier moment, et n'est-il pas trop aisé de prévoir qu'après avoir refusé la paix, sous prétexte de sauver l'honneur, il ne leur restera plus bientôt qu'un seul parti à prendre : livrer tout?

Des articles énergiques résument tout ce qui a été dit, depuis quatre mois, sur notre système de défense. On ne demande pas au général « de faire une trouée »; on le supplie de ne pas immobiliser les forces dont il dispose; on le supplie de se souvenir que nos jours sont comptés; on lui démontre que l'oisiveté dans la boue des tranchées, l'oisiveté dans le froid, dans une attente sans fin, nous tuent plus sûrement que le feu de l'ennemi. On parle en vain.

9 janvier. — De toutes nos nuits passées, celle-là est encore la plus terrible.

Entre dix heures et demie et onze heures du soir, comme je suivais le boulevard Saint-Michel, pour rentrer rue Saint-Georges, j'ai entendu passer au-dessus de ma tête un premier obus; puis, coup sur coup, deux, trois et quatre explosions se sont fait entendre sur ma gauche, et plus loin dans la direction du quai. C'était le commencement, et jusque vers le matin le feu s'est à peine ralenti. La maison du numéro 47 du boulevard a été frappée cinq fois; un des projectiles, après avoir enfoncé le toit, est venu tomber dans la chambre à coucher de Dehodencq, aux pieds du lit de sa petite fille ; le moment d'après, mon ami passait le seuil de sa porte; un autre projectile éclate alors sur le trottoir, emporte le bras d'un passant, déchire le ventre de ce malheureux qui se renverse, en couvrant de son sang le groupe de femmes et d'enfants qui se trouvaient là. Ce n'est qu'un épisode.

Le nombre des victimes n'est pas encore connu ; je sais seulement que des commencements d'incendie se sont manifestés sur plusieurs points, mais sans de trop graves dommages, grâce à la promptitude des secours. En revanche, nos grands établissements scientifiques et hospitaliers ont beaucoup souffert : l'immense serre du *Muséum*, voisine des galeries, et les serres de multiplication qui s'étendaient en contre-bas, ont été complétement ravagées; la *Sorbonne*, *Louis-le-Grand*, *Saint-Louis*, *Sainte-Barbe*, ont été frappés à diverses reprises ; un seul obus a tué ou blessé neuf enfants, rue de Vaugirard ; la *Pitié* a reçu plus de trente projectiles ; l'*Hospice des enfants malades*, la *Salpêtrière*, qui renferme 4,500 femmes infirmes ou aliénées et 300 blessés, n'ont pas été épargnés, non plus que le *Luxembourg*, avec son musée et ses ambulances, et le *Val-de-Grâce*, avec ses salles toutes pleines de blessés prussiens et français. Je vois toujours monter la colère, sans voir encore venir la peur.

— Trois dépêches à la fois. Gambetta nous écrit le 23 décembre; il y a dix-sept jours.

« Les Prussiens, sans avoir éprouvé rien qui ressemble à une défaite, paraissent cependant démoralisés. Sur divers points, ils rencontrent une vigoureuse résistance et on leur tue beaucoup de monde. Belfort est approvisionné pour huit mois. La ligne de Montbéliard à Dôle est gardée. Bressoles et Garibaldi s'étendent de Dôle à Autun. De même, du Nivernais jusqu'à Bourges.

« Bourbaki est dans une excellente situation ; il effectue, en ce moment, une manœuvre dont on attend les meilleurs résultats.

« Chanzy, grâce à son admirable ténacité, a fait lâcher prise aux Prussiens. Depuis le 16, il s'occupe à refaire ses troupes ; aussitôt remises, il reprend l'offensive.

« Le Havre est dégagé. Les Prussiens ont abandonné Rouen. Le pays est, comme nous, résolu à la lutte à outrance. »

— La seconde dépêche de Gambetta est datée de Lyon, 31 décembre ; il y a neuf jours.

« Bourbaki a sous ses ordres 150,000 hommes. Ses opérations ont jusqu'ici assez bien marché.

« Après une très-brillante affaire à Nuits, où le général Cremer, appuyé par Menotti-Garibaldi, a tué 7,000 hommes aux Prussiens ; Werder a été forcé d'évacuer Dijon et Gray le 27 décembre. Nous poursuivons sur Vesoul, ce qui pourrait bien débloquer Belfort.

« A l'ouest, Chanzy est à la veille de reprendre l'offensive.

« Les Prussiens ont évacué la vallée du Loiret; ils ont perdu un demi-million d'hommes depuis leur entrée en campagne. Tous les jours, nos ressources s'accroissent; tous les jours, les leurs diminuent. Le pays tout entier comprend et veut la guerre sans merci. Nous en finirons en moins de temps qu'on ne le suppose, si nous le voulons, et si nous avons la force morale nécessaire pour subir les revers. »

La reprise de Dijon se trouve confirmée dans un numéro de la *Gazette de la Croix* qui nous est parvenu; quant au reste, le gouvernement prétend, à huis clos, qu'il n'hésiterait pas à y croire si les dépêches étaient signées : Chaudordy.

Cependant, voici des nouvelles plus récentes, datées d'Avesne-Bapaume, 3 janvier, et signées celles-là : Faidherbe. « Aujourd'hui, bataille sous Bapaume, de 8 heures du matin à 6 heures du soir. Les Prussiens ont été chassés de toutes leurs positions. Eux, pertes énormes; nous, pertes sérieuses. »

Je ne cesserai pas de le redire : pense-t-on qu'il se rencontre un très-grand nombre d'esprits assez solides pour demeurer en équilibre, entre ce silence absolu où nous entassions depuis vingt jours toutes nos craintes, et ce bruit d'armées en marche et victorieuses qui nous arrive par-dessus nos remparts. Non, il n'est pas de raison si ferme qui ne se laisse surprendre, et les plus défiants et les plus crédules boivent aujourd'hui au même verre.

Du 10 au 12 janvier. — Les quartiers du Jardin des

plantes, de Plaisance et de Montparnasse, paraissent être les plus éprouvés, et un grand nombre de familles se réfugient sur la rive droite, emportant, comme elles peuvent, ce qu'elles ont de plus précieux, laissant le reste à l'abandon. Pour beaucoup, du reste, le choix est bientôt fait; ils entassent leurs matelas, leur linge et quelque outil sur une charrette à bras, ils s'attellent aux brancards, un ami pousse à la roue et la femme suit avec l'enfant. Tantôt, à Vaugirard, c'était comme un convoi d'émigrants.

A travers tout, et malgré les dépêches reçues, les récriminations ne cessent pas. Bien plus, après les accusations générales dirigées contre les chefs militaires qui se jalousent, qui ajoutent aux périls de la situation la fatigue de leurs exigences, de leurs disputes et de leurs intolérables emportements, voici venir les dénonciations catégoriques de trahison. On chuchote des noms, on cite des faits, en mêlant à toutes ces hontes des détails d'alcôve qui les complètent. Bientôt, ce ne sont plus des on dit, le scandale s'imprime, il est répété et les choses vont si loin que le général Trochu juge nécessaire « de signaler ces manœuvres à l'indignation des honnêtes gens et d'en flétrir les auteurs. Il intervient personnellement, moins parce qu'il a le devoir de protéger l'honneur de ceux qui, sous ses yeux, se consacrent avec le plus loyal dévouement au service du pays, que parce qu'il aime la vérité et qu'il hait l'injustice. »

J'avais écrit hier à M. Edm. About la lettre suivante; je la trouve insérée dans le *Soir* d'aujourd'hui :

Mon cher ami,

Voici quelques notes très-sèches sur les résultats du bombardement.

Je ne réclame pas une mention spéciale pour nos établissements d'instruction publique, et je n'ai pas mission de protester; je constate des faits, en me bornant à demander ce qu'est devenu ce grand respect de notre ennemi pour les choses de l'esprit.

A l'entendre, nous étions des Vandales; tandis que lui partout il rouvrait les écoles, sauvait nos monuments et protégeait nos chefs-d'œuvre; partout, nous laissant la honte de la dévastation et du pillage. Les mœurs de S. M. le roi de Prusse ont donc bien changé; à moins que ses artilleurs de Châtillon ne soient devenus assez aveugles, tout à coup, pour confondre, trois jours durant, la Sorbonne et le Muséum, avec les Hautes-Bruyères et le Moulin-Saquet.

Ils ne s'en tiendront pas là, soyez-en convaincu; les bombes viendront et les fusées, avec leurs autres moyens psychologiques. Gardons-nous de nous en plaindre d'ailleurs; car ces violences que nous subissons, ces enfants morts, ces édifices défigurés, sont des preuves, et elles étaient nécessaires, en regard de leurs mensonges.

Je ne suis pas de ceux, en effet, qui comptaient sur les sympathies de l'Europe, et si l'Angleterre nous abandonne, je ne vois là rien que de très-légitime; et si la Russie profite de l'occasion, j'ajouterai qu'elle fait bien; et si nous nous en plaignons, j'affirmerai que nous avons trop de candeur. Mais, en attendant que la force soit l'unique loi, il importe que cette Europe, imprévoyante ou complice, ne puisse pas dire plus tard : *Je ne les connaissais pas;* il importe qu'elle regarde en face ceux qu'elle accepte pour arbitres de notre fortune et de la sienne, maîtres, régulateurs et patrons de sa civilisation. Il est indispensable aussi, dans l'intérêt même de notre avenir, que l'épreuve terrible que nous traversons soit complète.

Après que tout sera fini, je ne formerai qu'un souhait, c'est que chacune de ces maisons, trouées par les obus prussiens, conserve la marque toujours visible de l'offense; je veux qu'en tout lieu une inscription ineffaçable nous interdise l'oubli; je veux, si nos morts doivent disparaître, que les pierres mutilées demeurent là comme témoins.

J'accepte le Dieu sauvage de leur empereur d'Occident; avec lui, je déchire l'Évangile : *Haïssons-nous les uns les autres à jamais!*

13 janvier. — J'ai négligé de noter, en son temps, un événement significatif, qui permet de concevoir ce que serait l'Europe, le jour où la France se tairait.

Par une circulaire, en date du 31 octobre, le prince Gortschakoff informait les représentants de la Russie à l'étranger, que son auguste maître ne se considérait plus comme engagé par les stipulations du traité de 1856, qui a réglé les conditions de neutralisation de la mer Noire, en déterminant le nombre et les proportions des navires russes dans ces mêmes eaux. Le prince protestait, au surplus, de son intention de ne pas faire revivre la question d'Orient et se montrait disposé à s'entendre avec les signataires du traité. En d'autres termes, on déchirait les conventions, pour commencer, puis on proposait un arrangement.

Si j'en crois l'article du *Times* qui suivit, l'Angleterre eût, volontiers, fait obstacle à l'entreprise ; mais la France ne pouvait alors disposer d'un soldat ; l'Autriche-Hongrie n'en a pas fini avec la Bohême ; force était donc de subir ce qu'on ne pouvait empêcher. Après l'échange accoutumé de notes et de propositions courtoises, on convint d'un commun accord qu'une conférence se réunirait à Londres, et il fut expressément entendu, dès l'origine, que la France y serait représentée ; point essentiel, on le comprend, et pour nous d'un intérêt capital.

Dans une circulaire, insérée au *Journal Officiel* d'aujourd'hui, M. Jules Favre fait connaître à nos agents diplomatiques les considérations morales et matérielles qui ne lui permettent pas, du moins quant à présent, de se rendre à Londres. On trouvera là, parmi d'autres détails, un nouveau témoignage de la dextérité de M. de Bismark ; on peut dire de lui, sans le flatter passionnément, que Mascarille, empereur, l'eût nommé d'acclamation son associé. Ainsi, Lord Granville informe M. Favre, à la date du 29 décembre, que le jour de la première réunion est fixé au 3 janvier ; cet avis ne nous parvient, par l'intermédiaire de M. Washburne, que le 10 à 9 h. du soir ; M. de Bismark a donc détenu la dépêche pendant plus d'une semaine, et il nous la fait parvenir, quand l'heure est passée. Ce n'est pas tout : il faut à M. Favre un sauf-conduit pour quitter Paris ; M. de Bismark est tout prêt à l'accorder ; mais seulement après que nous lui aurons donné certaines satisfactions qu'il réclame, et que nous avons déjà légitimement refusées.

Encore une fois, M. de Bismark est un homme complet, qui a bien mérité de la patrie allemande, qui tiendra sa place dans l'histoire ; l'histoire, comme on sait, n'ayant que faire de la morale, ni de la justice.

14 janvier. — Le brouillard intense et glacé qui nous enveloppe ne nous protége pas contre les obus, qui persistent dans les mêmes directions, sans qu'il soit tenu compte de la déclaration du général Trochu au général de Moltke[1], ni des protestations des médecins des hospices, ni de celles de l'Institut.

L'émigration, dont je parlais avant-hier, a produit une nouvelle panique chez les boulangers du centre qui, pris au dépourvu par ce déplacement soudain de population, se sont trouvés dans l'impossibilité de satisfaire à toutes les demandes. Le pain a manqué dans plusieurs rues, et l'on a dû prendre des mesures pour rétablir l'équilibre.

S'ajustant aux dépêches de Gambetta, les nouvelles les plus équivoques reprennent leur cours ; c'est encore la blessure de Frédéric-Charles, puis la bourse de Berlin qui a baissé de 3 pour 100 ; Faidherbe menace Laon et Soissons ; Chanzy serait à dix lieues de nous ; etc....

---

1. A la date du 11, le général Trochu attestait « qu'aucun des hôpitaux de Paris n'a été distrait de sa destination. »

Entre-temps, on discute la question du voyage de M. J. Favre à Londres. L'opinion la plus répandue est que M. Favre commettrait une erreur très-grave en ne partant pas. A Paris, il nous est d'un médiocre secours; à Londres, il peut nous rendre un signalé service. Quels motifs justifieraient son abstention? il ne s'agit pas de savoir s'il lui en coûte de nous quitter, il s'agit de choisir entre un devoir certain et je ne sais quel sentiment obscur, que l'on voudrait ennoblir ; mais fait, à tout prendre, de l'indécision accoutumée, de défiances et de crainte. M. Gambetta et la délégation de Bordeaux se sont prononcés pour le départ ; est-ce M. Favre qui ne veut pas se séparer de ses collègues de Paris, ou les collègues de M. Favre qui jugent utile de le garder?

Entre une heure et trois heures de l'après-midi, la trépidation des vitres de mon cabinet devenait vraiment désagréable; et le bruit du canon était si violent, si continu, que notre travail s'en est ressenti. Les explosions des obus tombés étaient en outre si fréquentes et si prochaines que, plusieurs fois, nous nous sommes dit : C'est notre tour. Mais les projectiles n'ont pas dépassé les rues de Monsieur, Oudinot, Vanneau, de Babylone et, comme extrême limite, la rue de Varennes.

15 janvier. — Matinée très-froide, détente dans l'après-midi, le vent tourne ; le canon fait rage.

Nous recevons communication de la note rédigée par les membres du corps diplomatique présents à Paris, et transmise hier au quartier général prussien. Je relève dans ce document les passages suivants ;

— « Depuis plusieurs jours, des obus en grand nombre ont pénétré jusque dans l'intérieur de Paris. Des femmes, des enfants, des malades ont été frappés. Parmi les victimes, plusieurs appartiennent aux États neutres. Ces faits sont survenus *sans que les soussignés aient été, par une dénonciation quelconque, mis en demeure de prémunir leurs nationaux contre les dangers dont ils étaient menacés.* En présence d'événements d'un caractère aussi grave, les membres du corps diplomatique et du corps consulaire demandent que, *conformément au droit des gens,* des mesures soient prises pour permettre à leurs nationaux de se mettre à l'abri, eux et leurs propriétés. »

Ont signé les ministres de Suisse, de Suède et Norwége, de Belgique, des Pays-Bas, des États-Unis et de Bolivie ; les chargés d'affaires de Saint-Marin et Monaco, du Brésil, de la République dominicaine, de Turquie, de Honduras et Salvador et du Pérou ; les consuls généraux d'Autriche, de Russie, d'Espagne, d'Italie et du Portugal ; le vice-consul de Grèce.

Je donne les signatures, dans l'ordre observé par les représentants étrangers eux-mêmes. M. le ministre de Suisse tient-il la tête, en sa qualité de doyen, je l'ignore ; ce dont je suis certain, c'est qu'il est à son vrai rang, en étant au premier. C'est M. Kern, en effet, qui a provoqué la démarche et qui, très-virilement, malgré certaines résistances, en a maintenu les principaux traits. On a dit de la Suisse : « Petit pays, grands cœurs. » Et je tiens et nous tenons tous le mot pour bien dit, en souhaitant à toutes les puissances d'avoir pour interprêtes des hommes comme M. Kern, des esprits aussi fermes, pénétrés au même degré du sentiment de leurs devoirs et de leurs droits.

Parmi les souvenirs de haine que le siége de Paris doit laisser après lui, et pour leur faire contraste, je veux inscrire encore un nom, celui de M. Richard Wallace. Ce qu'il aura fait pour nous est immense; et je dis « pour nous » avec intention; car s'il a recueilli nos blessés, s'il les a guéris; si les pauvres, qu'il a secourus, par centaines, lui doivent de n'avoir pas manqué de vêtements, ni de pain, ni d'abri, nous lui devons, nous, l'exemple sans prix d'une générosité qu'aucun sacrifice ne lasse, d'un dévouement sans phrases, d'une charité qui ne s'enquiert pas si vous êtes de Samarie ou de Juda. M. Wallace est Anglais.

16 janvier. — Je n'ai rien dit, avec intention, des engagements insignifiants qui ont eu lieu ces jours-ci, en avant de nos lignes. Toutes ces fusillades, sans résultat sérieux, ont toutes une même conclusion : « La retraite s'est exécutée dans l'ordre le plus parfait, et nos troupes, par leur attitude énergique, tinrent constamment l'ennemi en échec, » ou bien : « Les troupes ont fait preuve d'une grande solidité; je cite entre autres le bataillon du N°... de ligne et la N°... compagnie des mobiles de la Seine... » Ces bulletins, imperturbablement reproduits, sont signés tour à tour par les généraux Ducrot, Schmitz, Vinoy, etc.

Quant au bombardement, on nous apprend qu'il est

plus vif, ou moins vif, sur tel ou tel point. On nous dira peut-être demain qu'il a plu aujourd'hui.

Le *Français*, qui n'est pas suspect, pose cette question : « La discipline, qu'a-t-on fait pour la maintenir ? les coupables, nous les voyons ; les châtiés, où sont-ils ? — La routine, au contraire, qu'a-t-on fait pour la détruire ? Il semble qu'on ait eu peur de contrarier les vieux généraux et de faire obéir les jeunes soldats. » La *Gazette de la Croix,* du 5, complète à cet égard la pensée du *Français :* « Nous ne sommes plus en 1792, dit-elle ; ce qui gagne aujourd'hui les batailles, c'est la discipline. »

Avec la *Gazette*, nous avons reçu quelques autres journaux allemands, qui contiennent des nouvelles dont l'authenticité est contestée par notre *Journal officiel*; mais qui ne nous en inquiètent pas moins. Chanzy aurait été battu ; Faidherbe se verrait masqué par des forces considérables ; le corps d'armée qui a évacué Dijon, le 27 décembre, se dirigeait à marches forcées sur Vesoul, qu'il atteignait le 29 au soir ; Bourbaki courait risque d'être tourné.

Le *Journal officiel* a beau faire, la vérité est là ; et nous nous demandons pourquoi l'on s'obstine à nous la cacher, après avoir tout fait pour nous la rendre plus accablante et plus ignominieuse.

17 janvier. — La pluie a cessé ; temps clair ; mais quels chemins, surtout aux abords du rempart ! il ne fallait rien moins que mes guêtres de chasse pour m'en tirer. Mon pas s'est alourdi, du reste, et je constate que mes forces ont encore diminué ; car, en rentrant, j'avais des absences singulières, dont mon jeune beau-frère s'est diverti.

Le fils de l'amiral Saisset a été tué la nuit dernière, au fort de Montrouge. Avec lui, quelques autres sont morts, qui pouvaient, eux aussi, prétendre à de longs jours. A quoi bon ?

Je suis absolument sans idées et incapable de maîtriser l'impression nerveuse qui me domine. Le mieux est de dormir, si le sommeil vient.

— J'ai rallumé ma bougie et me voici écrivant, mon flambeau placé sur un livre, et mon papier sur mes genoux.

Une préoccupation me poursuit : ai-je complétement rendu justice aux Prussiens? aurais-je oublié, dans la nomenclature de leurs mérites, quelqu'une des supériorités qui leur auront donné la victoire? J'ai déjà dit, n'est-ce pas, ce que je pensais de leur organisation scientifique et militaire, concourant toutes les deux au même but. J'ai dit leur esprit de méthode et de suite, de pénétration et de prévoyance, si différents de notre promptitude et de nos procédés de glissement. J'ai apprécié, comme ils le méritent, ces officiers corrects, polis comme à la parade, durs à l'occasion, qui parlent notre langue, qui sauront le russe demain, s'ils ne le savent déjà; qui savent calculer la pente d'une route, lire dans une carte, arriver à point nommé, abriter leurs troupes, les vêtir et leur inspirer le respect. J'ai parlé des soldats, campés sur leurs pieds solides ; lourds d'aspect, mais sachant nous gagner de vitesse ; sans

15.

élan exagéré, mais tenaces, disciplinés par une idée commune, par la fréquence et la rigueur des exercices, et par cette conviction que ceux auxquels ils obéissent sont leurs supérieurs par l'instruction, comme par le sang.

J'ai dit tout cela. Mais sans insister suffisamment, pour m'en souvenir, et pour que d'autres s'en souviennent avec moi, sur le merveilleux parti que les Allemands savent tirer de leurs voyages de plaisir, des relations que la paix peut créer entre deux peuples, de leur séjour dans nos maisons, de la simplicité de l'ami, de la confiance de l'hôte. Si diligents et si habiles que soient des attachés d'ambassade, ils ne sauraient suffire à tout, et pour rassembler ces informations admirables que la Prusse possédait au début de la guerre, il faut l'application, la complicité de tout un peuple. Dans nos villes, dans nos villages, le touriste allemand, l'ouvrier allemand, l'associé allemand, avaient tout vu; sans oublier les gués, les forêts, les routes neuves et les anciennes, le chiffre de notre fortune, le nombre de nos lits, de nos pendules et de nos bouteilles. Et ce travail était fait avec tant de scrupule que, le jour venu, M. le commissaire et M. le général, n'ont plus eu qu'à nous appeler par nos noms, pour frapper chacun de nous d'une contribution équitable. Rien de moins, rien de plus, l'inventaire était sans erreur; et si nous avions voulu y contredire, on pouvait invoquer contre nous notre propre témoignage.

C'est à l'aide de ces renseignements, sagement recueillis, dès longtemps amassés, qu'ils ont pris les chevaux, pris les bœufs, logé leurs soldats, pillé avec discernement, ou détruit, avec une précision d'experts, l'outillage de nos fermes, de nos usines et de nos laboratoires. M. de Chaudordy a cité des faits dignes d'attention, sans doute ; mais il s'agit, avant tout, d'aller au fond et de se rendre compte du système ; le vol était prévu, la destruction préméditée, et nous avons été livrés plus d'une fois par le Badois ou le Saxon qui, la veille, s'asseyait à notre table et nous serrait la main.

Nous leur devons ce témoignage que chacun a fait son devoir : le roi, le ministre, le général, le journaliste et le professeur ; chacun ayant son rôle distinct, avec le même but, et un même sentiment immuable qui éclate dans toutes leurs paroles. « Ils sont la grande race maîtresse et prédestinée à qui l'avenir appartient ; nous sommes, Nous, une race finie. Le monde les appelle et il est las de nous, las de nos inconséquences et de nos fourberies. Ils ont, pour eux, le travail, la patience et des mœurs ; nous ne savons plus penser et nous sommes sans loi. Notre règne est clos, le leur commence ; car ils sont le droit et le châtiment. »

Leur infatuation est si forte qu'ils s'étonnent de notre résistance et qu'ils nous en font un crime ; ils punissent de mort tout homme qui défend sa maison et ils appellent cela faire des exemples ; à leurs yeux déjà, nous ne sommes plus un peuple, nous sommes des insurgés insoumis. Leur roi, lui-même, ne s'explique pas notre folie, et il s'étonne que nous quittions « nos paisibles travaux » pour lui faire obstacle. L'horreur de l'étranger n'est plus qu'une insolence, le courage du citoyen une audace punissable, l'amour de la patrie cesse d'être une vertu. Ils oublient 1813.

Si perdue que soit notre cause aujourd'hui, si bas que nous puissions tomber, ils regretteront plus tard l'excès de leur orgueil et de leurs mépris. Quand on met l'injure sur la violence, l'incendie sur le meurtre, l'humiliation sur la ruine, il n'y a plus à hésiter, il faut laisser derrière soi le désert complet.

Dans une des dernières séances de la Chambre de Bavière, un député émet cette opinion que c'était peut-être assez de sang versé. « — *Non!* s'écrie M. Wœlk, *les Français peuvent saigner encore un peu.* »

— Toute réflexion faite, et puisque j'ai parlé de 1813, je veux mettre en regard les appels que le roi de Prusse adressait à son peuple, il y a cinquante-sept ans, et ses ordonnances de 1870, contre nos volontaires et nos francs-tireurs :

PROCLAMATIONS ET ORDONNANCES DU ROI DE PRUSSE FÉVRIER, AVRIL 1813	PROCLAMATIONS ET RÈGLEMENTS DU ROI DE PRUSSE OU DE SES LIEUTENANTS 17 AOUT, 18 SEPTEMBRE 1870.
« — A l'approche de l'ennemi, les habitants des villages doivent quitter leurs maisons; après avoir détruit ce qu'ils ne pourront emporter. Le vin des tonneaux sera répandu, les moulins et les bateaux seront brûlés, les ponts coupés, les moissons incendiées. Dans les villes occupées par	« — Sera punie de mort toute personne qui, sans appartenir à l'armée française, détruira les ponts, les canaux, rendra les chemins impraticables...... ou prendra les armes contre les armées allemandes. « —Les communes où le crime aura été commis payeront une

l'ennemi les fêtes et les mariages sont interdits.

« — Le combat auquel tu es appelé (c'est au peuple que l'on s'adresse), sanctifie tous les moyens. Les plus terribles sont les meilleurs. Non-seulement tu harcelleras l'ennemi sans trêve, mais tu anéantiras les soldats isolés et les maraudeurs. »

—

« — Tout citoyen est tenu de combattre l'ennemi avec les armes dont il peut disposer, et de faire obstacle à l'exécution de ses ordres par tous les moyens.

« — Le landsturm a le devoir, en cas d'invasion, de livrer bataille à l'ennemi, s'il y a lieu, ou de couper ses communications.

« — Le landsturm se lève partout où pénètre l'ennemi.

« — Tout citoyen qui n'appartient pas à la landwehr fait partie du landsturm.

« — La défense du pays légitime tous les moyens ; ceux qui servent le plus efficacement la cause sacrée sont les meilleurs.

« — Le landsturm a pour mission, en résumé, de couper les routes de l'ennemi, d'arrêter ses courriers, ses convois, ses renforts, de le fatiguer le jour et la nuit. L'Espagne et la Russie nous ont donné l'exemple. »

amende équivalente à leurs impôts annuels.

« — Les habitants devront pourvoir à l'entretien des troupes.

« — Sera punie de mort toute personne qui aura occasionné un incendie, une inondation ou tenté de vive force, avec des armes, ou des instruments dangereux, une attaque contre le gouvernement général ou les délégués des autorités civiles ou militaires, ou leur aura opposé de la résistance.

« — Sont passibles de la peine de mort : les personnes, ne faisant pas partie de l'armée française, qui lui servent de guides, ou qui égarent les troupes allemandes ; les personnes qui tuent, blessent ou volent des individus appartenant à l'armée allemande ou à sa suite.

« — Sont abrogées toutes les dispositions des lois du pays contraires à ce règlement.

« Etc., etc. »

— Dans l'Eure, le colonel de Rosemberg écrit (23 novembre) : Tout individu habillé en civil qui sera surpris armé, ne sera pas traité en soldat, mais en assassin, et puni de mort.

18 janvier. — On m'a réveillé pour me remettre une convocation significative : « Rendez-vous, cité Trévise.

Les hommes non armés trouveront un fusil faubourg Poissonnière. Avoir soin de manger et de prendre des cartouches. » Vingt minutes après, j'étais chez Édouard, approvisionné et armé. Qu'y a-t-il? Les Prussiens ont-ils attaqué? Est-ce nous qui allons sortir? Se bat-on déjà, et où? Le seul fait certain, c'est que nous sommes tous en mouvement, compagnies de marche et bataillons sédentaires, les clairons sonnent, les tambours appellent dans toutes les directions, les femmes sont sur le pas des portes, on court, on se dit adieu. Cité Trévise, nous avons devancé l'heure, et je constate que les absents sont peu nombreux; nous irions à Saint-Ouen, dit-on; et c'est aujourd'hui la bataille si longtemps attendue. D'autres, font remarquer qu'il est bien tard pour entamer une affaire sérieuse et qu'on n'entend rien. C'est en effet toujours le même bruit de canon; mais espacé. A dix heures un quart, contre-ordre; nous rentrons, sans un mot qui nous dise pourquoi cette alerte, et pourquoi ce renvoi.

Un avis de M. Magnin, ministre de l'agriculture, porte que toute personne qui découvrira du blé, de l'orge et du seigle soustraits aux réquisitions, et qui en fera connaître l'existence, recevra vingt-cinq francs de récompense, pour chaque quintal métrique, soit en grain, soit en farines[1]. M. Cernuschi avait déjà, il y a trois ou quatre jours, offert une prime aux dénonciateurs, et cette libéralité, sous condition, avait été très-mal accueillie.

Deux arrêtés de M. Ferry produisent également une

---

1. Annulé le 20.

émotion que l'on comprendra : « 1° A partir de demain, les boulangers ne distribueront du pain qu'aux porteurs d'une carte d'alimentation. — *La ration de pain est fixée à 300 grammes pour les adultes et à 150 grammes pour les enfants au-dessous de cinq ans;* 2° des perquisitions seront faites au domicile de toutes les personnes absentes, à l'effet de rechercher les combustibles, comestibles, denrées et liquides qui peuvent s'y trouver. » — Réquisition est faite des logements des absents. Le premier de ces arrêtés supprime donc 200 grammes de pain aux adultes, 100 grammes aux enfants, cet écart est énorme et, pour un très-grand nombre d'entre-nous, c'est la famine.

Mais tous ces arrêtés du ministre et du maire de Paris passent comme des feuilles mortes dans une rafale; une affiche du gouvernement saisit et retient toute notre attention; l'ordre que j'ai reçu ce matin se trouve expliqué; la bataille est pour demain :

« Citoyens, l'ennemi tue nos femmes et nos enfants. Un cri : Aux armes, est sorti de toutes les poitrines. Ceux d'entre nous qui peuvent donner leur vie, marcheront à l'ennemi; ceux qui restent accepteront, au besoin, les plus durs sacrifices, comme un autre moyen de se dévouer pour la Patrie.

« *Souffrir et mourir, s'il le faut; mais vaincre.*

« Vive la république! »

Tous ont signé : les membres de la défense, les ministres, les secrétaires, sauf M. le général Trochu, qui est au feu.

Sur les boulevards, aux abords des mairies, gardées

par nos bataillons, les groupes se nouent et se déplacent, sans bruit. L'obscurité ne permet pas de distinguer les visages, et c'est à peine si l'on entend la voix des orateurs placés au centre de l'essaim. Il y a loin de ces chuchotements discrets aux discussions violentes de ces jours derniers; évidemment, on est à court de nouvelles, et l'inquiétude prend le dessus.

19 janvier. — Un homme robuste tombe malade et il fait appeler son médecin; ou, pour être plus exact, un inconnu s'impose à lui comme médecin, en s'engageant à lui rendre la santé. Le malade se livre, il fait diète, tout exercice lui est interdit, ses forces s'en vont, il le sent et il s'en plaint. Celui qui s'est chargé de le guérir n'a qu'une réponse, toujours la même : « Vous aviez en vous, sans nul doute, des ressources admirables, mais aussi beaucoup de mauvais sang et il importait de ne rien donner au hasard. Votre mal n'est pas un mal ordinaire, non plus, et il m'a fallu du temps pour préparer mes remèdes; puis, nous avons eu contre nous la saison; et quelqu'un que j'attendais s'est fait attendre. Si vous m'accusiez, vous seriez un ingrat; car vous pouviez mourir subitement, et, grâce à moi, vous respirez encore. Dormez en paix, et n'oubliez pas ma formule : « Confiance, courage! » Et les jours ont passé, et de confiance en courage, de lenteurs en précautions, la mort est venue.

— Dès le matin, une note du général Le Flô nous informait qu'il était investi, en l'absence du général Trochu, du commandement des troupes chargées de la défense de Paris, des forts et des ouvrages avancés. Un avis des municipalités nous avertit, en même temps que tous les citoyens valides sont appelés à faire partie de la garde civique. De son côté, le *Journal officiel* nous promet, pour demain, des nouvelles de Chanzy et de Bourbaki.

Ceux de nos bataillons qui ne sont pas sortis cette nuit, ou qui ne gardent pas le rempart, sont consignés. Ce qui reste d'hommes, de femmes et d'enfants se porte au Nord; c'est là qu'est la bataille, en avant du mont Valérien.

Après l'immobilité presque absolue, à laquelle nous sommes condamnés depuis un mois, après tout ce que les généraux ont répété de l'inutilité de nos efforts, on ne joue pas évidemment la partie d'aujourd'hui sans un sérieux espoir. Après s'être refusé à nous essayer dans des sorties fréquentes, faites pour inquiéter l'ennemi et pour le retenir, on ne hasarde pas, du même coup, par caprice, pour en finir, ce qui nous reste de soldats, — et nos compagnies de marche. Bourbaki et Chanzy sont victorieux; ils viennent à nous et nous faisons effort sur Versailles, dont les chemins sont libres. Voilà ce qui se dit; et pourquoi non? *hier encore,* on nous a promis de vaincre; et Delescluze et Pyat sont seuls à prétendre qu'on va nous livrer.

A midi, le bruit se répand que nous occupons Montretout. Plus tard, la ferme de Fouilleuse est dépassée. Garches est à nous; enfin nous avons gagné la Celle Saint-Cloud, Buzenval et la Bergerie. Ce soir, tout est perdu; les positions que nous avions prises ont été abandonnées;

le mont Valérien couvre notre retraite ; les généraux l'avaient bien dit !

Il faut citer les dépêches du gouverneur. Les deux premières sont datées du Mont-Valérien :

« *10 heures 1/2 du matin.* — Concentration laborieuse pendant une nuit obscure. Retard de deux heures de la colonne de droite. (Général Ducrot.) Maisons Armengaud, de Béarn et Pozzo-di-Borgo immédiatement occupées. (Entre Saint-Cloud et Montretout.) Nous sommes maîtres de Montretout. La colonne de Bellemare a occupé la maison du curé, (en avant de la redoute sur la droite) et pénétré, par la brèche, dans le chateau de Buzenval. Le Général Ducrot soutient un vif combat vers les hauteurs de la Jonchère. Tout va bien, jusqu'à présent. »

« *10 heures 50 minutes.* — Un épais brouillard me dérobe absolument les phases de la bataille. Les officiers porteurs d'ordres ont de la peine à trouver les troupes, et il me devient difficile de centraliser l'action, comme je l'avais fait jusqu'ici. Nous COMBATTONS DANS LA NUIT. »

« *9 h. 50 m. du soir.* — Notre journée, heureusement commencée, n'a pas eu l'issue que nous pouvions espérer.

« L'ennemi, que nous avions surpris le matin, a, vers la fin du jour, fait converger sur nous des masses d'artillerie énorme, avec ses réserves d'infanterie [1].

« Vers trois heures, la gauche (général Vinoy), très-vivement attaquée, a fléchi. J'ai dû m'y porter et, à l'entrée de

---

[1]. On retrouvera cette même phrase dans tous nos bulletins; ce qui s'explique. Neuf fois sur dix, notre artillerie s'est placée et a tiré comme elle a pu; quant à nos réserves, elles formaient la toile de fond; jamais on n'a su s'en servir.

la nuit, un retour offensif des nôtres a pu se prononcer. Mais, la nuit venue, et le feu de l'ennemi continuant avec une violence extrême, nos colonnes ont dû se retirer des hauteurs qu'elles avaient gagnées le matin.

« Le meilleur esprit n'a cessé d'animer la garde nationale et la troupe, qui ont fait preuve de courage et d'énergie dans cette lutte longue et acharnée. »

—Vers cinq heures, comme je passais au coin de la rue Richelieu et du Théâtre-Français, un cri déchirant m'a arrêté sur place. Je me suis approché : c'était le jeune Seveste que l'on ramenait de Montretout. Il a la cuisse emportée et perd tout son sang, qui filtre à travers le plancher de l'omnibus. Le pauvre garçon parlait encore : « Eh bien M. Thierry, a-t-il dit à son directeur, vous me trouverez bien une place de régisseur, maintenant. » Il est l'unique soutien de sa mère et de sa sœur.

20 janvier. — Le rapport militaire complète les dépêches du gouverneur. « La colonne de droite avait à faire une marche de nuit de douze kilomètres pour entrer en ligne. La voie ferrée qu'elle devait suivre *était obstruée* (?); une seconde route était encombrée, *par une colonne d'artillerie égarée;* le général Ducrot ne put donc attaquer à l'heure dite ; et, en attendant cet appui, qui n'arrivait pas, le général de Bellemare, au lieu de pousser plus avant, se vit obligé d'employer une partie de sa réserve, pour se maintenir. »

A Champigny, c'était la crue de la Marne; au Bourget, c'était le froid; cette fois, c'est la nuit, le brouillard, l'encombrement des routes et nos canons qui s'égarent ;

nous sommes faits à ces accidents, et quand le général Trochu nous apprend qu'il ramène ses troupes dans leurs cantonnements, il n'y a là rien qui doive nous surprendre. Mais il passe la mesure dans sa dépêche au général Schmitz et je suis porté à croire que ce bulletin incroyable n'était pas destiné à être rendu public, à moins qu'on n'ait eu l'intention formelle de « mûrir l'événement. » Je cite, comme toujours, les paroles textuelles : — « Il faut parlementer d'urgence à Sèvres, pour un armistice de deux jours, qui permettra l'enlèvement des blessés et l'enterrement des morts. Il faudra pour cela, beaucoup de temps, des efforts, des voitures très-solidement attelées et beaucoup de brancardiers. Ne perdez pas de temps pour agir dans ce sens. »

Chacun des mots de cet appel désolé est un tableau ; ce sont nos funérailles ; et tous, nous nous hâtons de porte en porte, pour savoir si de Watteville, de Bouillé, Garsonnet, Beauchamp, Milne Edwards, ne sont pas revenus.

Gustave Lambert est mort ; j'assistais, l'an dernier, au vote du crédit de 100,000 fr. pour son expédition au pôle Nord ; le marquis de Coriolis est mort ; il avait près de soixante-dix ans et s'était engagé dans nos compagnies ; le colonel de Rochebrune est mort, comme un homme qui, en fait de courage, n'avait plus rien à apprendre. Henri Regnault a disparu ; est-il blessé, a-t-il été pris ? je demande que celui-là nous reste ; est-ce trop ?

On nous disait, tout à l'heure, qu'un aide de camp passant au galop devant nos bataillons, à Montretout, leur avait crié : « Eh bien, messieurs les gardes, vous faites votre trouée !!!... » Cette ironie était superflue. Si on a voulu nous démontrer notre impuissance, en punissant notre vanité, nous tenons la leçon pour reçue; mais qui donc osera dire maintenant : « Je prends à ma charge tout ce sang versé. » La bataille de Buzenval est un dernier sacrifice offert au Moloch allemand; le plus raisonné de tous et le seul réussi; car, désormais, Paris se taira.

Chanzy, Bourbaki, Faidherbe. — Cette fois, c'est M. de Chaudordy qui nous écrit : « Chanzy, après deux batailles près du Mans, a dû se replier derrière la Mayenne. Il a perdu une douzaine de canons, et 10,000 prisonniers environ. Il aurait eu à faire à 180,000 hommes, commandés par Frédéric-Charles et Mecklembourg. Il n'est pas découragé, ni la France non plus.

« Bourbaki est près de Belfort ; il a gagné une première bataille à Villersexel et une seconde avant-hier. (La dépêche est du 14 janvier.)

« Faidherbe a eu encore quelques succès. »

Villersexel, l'attitude de Faidherbe, la persistance de Chanzy ne parviennent pas à contre-balancer l'effet produit par la dépêche du général Trochu. La ville a pris décidément un mauvais aspect ; et, ne conservant plus d'illusions, se jugeant condamnée elle n'est plus, à dater de ce moment, qu'un grand corps sans âme, à la merci de je ne sais qui, et de je ne sais quoi.

Rue de Rivoli, sous les arcades de l'Oratoire, trois soldats de la ligne s'en allaient bras dessus bras dessous, en criant : *Vive la paix!* Ce cri on l'avait entendu à Avron déjà et aux tranchées devant Montrouge. Il pénètre aujourd'hui jusque dans nos murs ; cependant, les ivrognes de tantôt ont dû se taire.

Ce soir, il pleut; la nuit est d'un noir de charbon; et en revenant de chez Dehodencq, que j'ai trouvé beaucoup moins faible, je suis tombé très-maladroitement. J'avais oublié d'emporter ma lanterne.

21 janvier. — On veut que le peuple ait des mœurs, et on n'en a pas; on veut qu'il ait une foi, et on se dispense de croire; on lui reprochera d'être sans conscience, et l'on oublie les exemples que soi-même on lui donne et qui achèvent de le pervertir. Il est vrai que, dans cette région supérieure que l'on habite, les actions se nomment des actes, distinction considérable et qui sépare les résolutions inspirées par l'intérêt public et la raison d'État, des expédients inventés par le premier venu pour masquer ses défaillances, ou ses crimes. Ainsi, un simple citoyen ne pourra, sans un grave dommage pour son honneur, promettre et ne pas tenir, tandis qu'un homme en place peut oublier impunément ses promesses de la veille, puis se couvrir d'un seul mot : il le fallait. Le malheur est que le peuple ne raisonne pas, qu'il est mal habile à saisir les nuances et que, de jour en jour, toute sa morale tend à se résumer dans ce proverbe : « Il n'est pas de sot métier, hors celui de dupe. » Témoin ces deux ouvriers, qui interprétaient, à leur manière, la note vraiment extraordinaire que nous voyons affichée ce matin :

« Alors, disait l'un, il n'est plus gouverneur? — Tu le vois bien. — Mais il avait promis de ne pas capituler? — Suis mon raisonnement : je m'appelle Hubert, n'est-ce pas? — Oui. — Je te signe un billet de mon nom et tu viens pour toucher le samedi; alors je te réponds : Ça n'est pas ma faute, ils m'ont débaptisé ; je m'appelle Bertrand à c't'heure, et je ne te dois rien. Qu'est-ce que tu as à dire? — J'ai à dire... que c'est tous les mêmes. »

Voici la note : « Le gouvernement de la défense nationale a décidé que le commandement en chef serait désormais séparé de la présidence du gouvernement. M. le général Vinoy est nommé commandant en chef. Le titre et les fonctions de gouverneur de Paris sont supprimés. M. le général Trochu conserve la présidence du gouvernement. »

Plus d'une fois déjà, M. Trochu avait refusé de céder le commandement, sans doute parce qu'il espérait encore nous sauver; il a renoncé à tout espoir, à ce qu'il paraît. M. Trochu faisait afficher, le 6, cet engagement mémorable : *Le gouverneur de Paris ne capitulera pas*; le 21, il n'est plus gouverneur et le titre est supprimé, ce ne sera donc pas lui qui capitulera, ni son successeur, puisque personne ne lui succède ; on ne peut sauver plus hardiment la lettre d'un contrat. Il paraît certain, d'ailleurs, que M. Trochu n'abandonne pas le commandement de son plein gré ; sa retraite est un renvoi; mais alors pourquoi, n'étant plus gouverneur, peut-il consentir à rester président? c'est ce qui ne se comprend pas ; et l'on tombe d'accord qu'il se devait à lui-même, et qu'il nous devait à nous, de disparaître.

D'un autre côté, ses amis prétendent que les résultats de la journée d'avant-hier, il les avait prévus et qu'il a eu la main forcée. Par qui? était-il responsable, oui ou non ; était-il, oui ou non, en possession d'un pouvoir absolu ; a-t-il suivi son système ou le nôtre ; et n'était-ce pas le cas, ou jamais, de faire preuve d'abnégation et de virilité, le jour où ses collègues, avec les clubs, exigeaient de lui une bataille, que réprouvaient ensemble son expérience et sa conscience. L'excuse que l'on nous apporte achève de l'accabler ; car aucun tribunal ne saurait absoudre l'homme qui, pour se défendre, ne trouve pas d'autre justification que sa faiblesse.

Saint-Denis est bombardé depuis ce matin. Le bruit court que Gambetta a été arrêté ; d'autres affirment qu'il s'est tué. Ces deux versions sont également inexactes ; Gambetta est à Laval. Ce qui me paraît prouvé, c'est que nous nous préparons à traiter ; le général Vinoy n'est pas là pour continuer la résistance, il sera là pour maintenir l'ordre. Déjà, en prévision d'un mouvement des clubs, il rallie ses gendarmes, en appelant à lui ceux des mobiles dont il se croit sûr. Des feux de bivac flambent le long de la terrasse des Tuileries, qui borde la place de la Concorde, et je me heurte, dans les Champs-Elysées, à des masses noires rangées en ligne, qui attendent des ordres. D'autres bataillons ont formé les faisceaux et se préparent à camper, aux abords du palais de l'industrie et du Cirque ; ce sont nos régiments de marche. L'esprit qui anime cette foule armée n'est pas douteux : ils ont été mal commandés, la direction a manqué, ils demandent qu'on les ramène à Montretout.

22 janvier. — Nous pensions que toutes les mesures de précaution avaient été prises ; car la veille, dans les clubs, on s'était donné rendez-vous. Cette nuit, cependant, les portes de Mazas ont été complaisamment ouvertes à une poignée d'émeutiers, que M. Flourens, délivré, conduisait aussitôt après à la mairie du 20ᵉ arrondissement. Ce premier désordre s'est borné du reste au pillage de quelques centaines de rations de pain ; puis la bande s'est retirée, mais en annonçant qu'elle reviendrait.

La matinée se passe tranquillement, et je ne vois rien à noter jusqu'au milieu du jour, sauf l'incident bizarre d'un jeune homme de vingt-cinq ans, grand, blond, en capote bleue, sac au dos, le fusil sur l'épaule, qui m'arrête vers une heure et demie, au coin de la rue Saint-Roch, pour me demander d'une voix très douce : « Citoyen, la Commune, s'il vous plaît ? » Se moquait-il de moi, ou ne connaissait-il pas le chemin de l'hôtel de ville ; c'était ce qu'on voudra. A deux heures, la note change, le rappel bat de tous côtés ; nous nous rassemblons, ce qui prend du temps ; et nous nous disposons enfin à marcher, quand on vient nous apprendre que tout est fini. L'affaire a, du reste, été sans gravité, comme on va le voir.

Entre deux et trois heures, une députation se présentait à l'hôtel de ville. Elle était reçue par M. Gustave Chaudey, adjoint au maire. Que demandait-elle ? je n'en sais rien ; la Commune comme toujours et peut-être le renvoi du général Trochu : on n'entend que cela. Après une discussion, nécessairement sans issue, les délégués se retirent. Peu d'instants après, un détachement du 101ᵉ de marche qui venait de déboucher par la rue de Rivoli ouvre le feu sur l'hôtel de ville, en même temps qu'une fusillade assez nourrie partait des maisons qui

16

font face à l'édifice. Les mobiles bretons ripostent par les croisées; quelques hommes déterminés tiennent encore après cette première décharge; le reste fuit. On aurait fait des prisonniers; le nombre des tués et des blessés serait de vingt à vingt-cinq; le commandant Sapia, serait au nombre des morts.

Proclamation. — « Citoyens, un crime odieux vient d'être commis contre la patrie et la république. Il est l'œuvre d'un petit nombre d'hommes, qui servent la cause de l'étranger... C'est la cité tout entière qui réclame la répression sévère de cet attentat... Le gouvernement ne faillira pas à son devoir. *Signé :* général Trochu, J. Favre, Emm. Arago, etc. »

Il y aurait eu un commencement de barricades, mais les gendarmes et la garde républicaine sont venus et, à leur tête, le général Vinoy et Clément Thomas.

Quant à nous, on nous a congédiés vers neuf heures, et je suis rentré chez moi, en emportant la conviction parfaite qu'il n'y avait plus rien à attendre de nous. Je sais une expression triviale qui a fait, à elle seule, plus de révolutions que tous les cris de vive la république ! ou de vive le roi ! c'est le : « ça m'est bien égal » d'une majorité, gagnée par la fatigue et l'insurmontable dégoût.

Une réunion importante a eu lieu chez le ministre de l'instruction publique qui est, en même temps, *président de la commission des subsistances.* M. Dorian, un certain nombre de maires, un général et plusieurs officiers ont pris part à la discussion. Peut-on attendre de l'armée de Paris un effort utile ? non. Nous reste-t-il quelque chance extérieure, à courte échéance? non. Où en sommes-nous pour le pain? On en cherche et l'on n'en trouve plus.

La conclusion est irrésistible. Il faut que Paris se persuade qu'il ne peut plus être question de tenir, à moins qu'il ne persiste à vouloir mourir de faim. « C'est le plan de M. de Moltke, ajoutait celui qui me donnait ces détails, et Gambetta y met du sien. »

A ce propos, je me dois à moi-même cette confession sincère que, dans notre entretien de ce soir chez R.., j'ai été d'une violence excessive à l'égard de M. Gambetta. Parce que nous n'avons pas les mêmes principes, parce que je devine en lui un prétendant, ce n'est pas un motif suffisant pour être injuste. Je ne connais pas l'œuvre de M. Gambetta en son entier; mais il n'est pas douteux pour moi qu'il n'ait à sa charge plus d'une faute, plus que des fautes. Je prévois qu'il se sera trompé de bien des manières, par inexpérience, par manque de tenue, de tact, et par cette fatuité inséparable de tout pouvoir sans contrôle; par-dessus tout, il aura commis cette erreur énorme et mortelle de sacrifier à ses amis jacobins sa circulaire du 5 septembre[1], en exigeant des hommes qui s'offraient à lui un *credo* politique, alors que toute forme et toute foi devaient se confondre dans une seule pensée : PATRIE. Mais, ces accusations une fois portées et maintenues, je ne puis méconnaître que sa

1. « Notre nouvelle république n'est pas un gouvernement qui comporte les dissensions politiques... C'est une république de combat à outrance... Entourez-vous donc de citoyens, animés comme vous-mêmes du désir immense de sauver la patrie. »

tâche était surhumaine et qu'une partie notable de la responsabilité qu'il a encourue doit remonter à ceux qui, le connaissant, n'ont pas craint de la lui confier.

23 janvier. — Trois décrets : Les clubs sont supprimés jusqu'à la fin du siége. — Les journaux *le Réveil* (Delescluze) et *le Combat* (Félix Pyat) sont supprimés. — Le nombre des conseils de guerre est porté de deux à quatre.

On va faire ses preuves de vigueur, maintenant.

M. le général Schmitz est remplacé comme chef d'état-major général par M. de Valdan, qui signe le rapport militaire : Le bombardement continue. Le feu de nos marins du 7e secteur a fait sauter une poudrière à Châtillon. Devant Charenton, à Blancmesnil, à Épinay, les Prussiens établissent de nouvelles batteries ; ils couvrent Saint-Denis de leurs obus.

— La mort de Henri Regnault est certaine. Le 19, un de ses camarades l'a vu tomber la face contre terre, à dix pas de ce mur crénelé de Buzenval qui devait arrêter trop longtemps notre colonne de droite. Le lendemain soir, un membre de la société des secours aux blessés l'a reconnu et, ne pouvant enlever le corps, a pris soin, du moins, de détacher du cou de Regnault une médaille qu'il a rapportée. Le corps était froid ; le visage couvert de feuilles.

24 janvier. — L'ennemi multiplie d'heure en heure ses moyens d'attaque, et ses défenses en même temps, comme s'il appréhendait un retour offensif. Il se fortifie à Montretout, Buzenval et Boispréau; il poursuit et complète ses travaux à Meudon, à Bagneux, et devant Nogent. On le voit se mouvoir en grandes masses en arrière de Villiers, à Gonesse, au Bourget et sur la route de Poissy. De notre côté, nous réparons nos brèches à Montrouge et, partout, l'énergie semble s'accroître avec les difficultés et le danger. Il s'en trouve encore parmi nous qui ne veulent pas voir, qui ne veulent rien entendre, et qui attendent du général Vinoy un nouvel effort.

J'ai eu occasion de rencontrer quelquefois le général, dans des circonstances assez particulières; je me crois donc autorisé à lui écrire pour le supplier « de nous éviter la honte d'une capitulation de Metz; s'il ne nous est plus permis de nous défendre, détruisons du moins, s'il en est temps encore, tout ce qui peut être détruit[1]. »

Mais il est trop tard. J'apprends, ce soir, que M. J.

---

1. Pour justifier ma démarche, au point de vue militaire, je pourrais citer des exemples nombreux, empruntés à nos ennemis eux-mêmes et à notre histoire, que nous avons oubliée. Il me suffira de produire un seul témoin :

« A monsieur le rédacteur en chef de la *Liberté* de l'Hérault :

« Monsieur le rédacteur,

« Les journaux français ont répété, d'après les journaux étrangers, que Phalsbourg avait capitulé. Phalsbourg n'a pas capitulé.

« Après avoir subi deux attaques de vive force, subi quatre bombardements, et lorsque nous avons vu que les vivres allaient manquer absolument, nous avons noyé nos poudres, brisé les 11,000 fusils qui se trouvaient entre les mains de nos soldats et à l'arsenal, encloué nos 65 canons et scié les affûts.

« Le jour où le pain a manqué, nous avons ouvert nos portes, en

Favre s'est rendu dès hier 23 à Versailles et qu'il a déjà réglé, d'accord avec M. de Bismark, les préliminaires de l'ARMISTICE. Car, jusqu'au dernier moment, on songe encore à voiler les mots, comme si l'on avait en même temps le pouvoir de réduire la honte. Précaution misérable, si l'on espère masquer ainsi la vérité, précaution injurieuse et, qui pis est, stérile, si l'on prétend abuser notre désespoir avec ce nouveau mensonge.

Les conditions de la Prusse seraient celles-ci : — nos forts livrés avec tout leur matériel; — l'armée et la garde mobile prisonnières sur parole dans Paris, après avoir rendu leurs armes; — ravitaillement complet, pendant un armistice de trois semaines, qui permettrait à l'Assemblée nationale de se réunir. Je mets à votre disposition, aurait dit M. de Bismark, deux chemins de fer en parfait état : l'Orléans et l'Ouest; — Paris serait frappé d'une contribution de guerre, dont le chiffre ne m'a pas été indiqué.

M. Favre a insisté sur deux points : — la garde nationale, régiments de marche et bataillons sédentaires, conserverait ses fusils pour être chargée du maintien de l'ordre. M. de Bismark n'y voit pas d'inconvénient! — L'armée prussienne n'entrerait pas dans Paris. M. de Bismark comprend cette réserve. Les Parisiens sont gens nerveux que M. Favre désire ménager; mais le

---

avertissant les Prussiens que nous avions détruit tout notre matériel de guerre et que nous ne demandions rien.

Ce n'est certes pas là une capitulation.

Le colonel commandant la place de Phalsbourg,
TAILLANT.

peuple allemand a, lui aussi, des susceptibilités qu'il convient de respecter; on trouvera quelque expédient.

Aussitôt après son retour, M. Favre a réuni les Maires; et les rédacteurs en chef des divers journaux ont été invités à nous préparer à un événement, dont la nécessité peut être amplement démontrée par notre situation personnelle et par les nouvelles rapportées du quartier général prussien : Chanzy est en pleine retraite; Faidherbe a été forcé dans Saint-Quentin et Bourbaki défait devant Belfort. Partout, des milliers de prisonniers et notre artillerie perdue.

25 janvier. — Paris ne sait pas tout encore; mais il est averti, et par degrés, ses renseignements se complètent. Les groupes se multiplient; les uns affirment, les autres protestent; un homme est arrêté pour avoir dit qu'on allait se rendre. Il se dégage et fuit, rue de Richelieu, poursuivi par les cris : « A l'eau le communeux! » Plus loin, je vois une femme qui pleure; une autre crie : « Mon mari est mort à Buzenval; c'était bien la peine! » Puis des paroles d'exécration contre certains noms. Les différences de tempérament et d'habitudes, qui nous distinguent les uns des autres, deviennent à cette heure plus manifestes; dans les quartiers du centre, c'est l'abattement qui domine; à Vaugirard et à Montmartre, c'est une colère qui n'attend que l'occasion pour éclater. Chez nous, l'indignation est morne et se perd dans les mots; chez eux, elle prend un tout autre accent, c'est une fureur taciturne, aux yeux farouches, qui se ramasse, cherchant l'endroit où faire effort et qui romprait tout, si elle trouvait sa direction.

— Le corps de Regnault a été retrouvé au Père Lachaise, où il avait été transporté, parmi soixante autres corps inconnus.

Il y a des hommes que l'on a rencontrés cent fois et regardés, sans qu'il nous soit possible de dire ensuite comment il étaient faits; figures indifférentes et sans trait, sorties de la masse banale et qui s'y perdent. Il en est d'autres, qui n'ont fait que passer, et qui demeurent distincts, dans la nuit trop prompte qui les a saisis.

Henri Regnault, que j'ai à peine connu, était de taille moyenne; mais son buste, porté en avant, sa tête droite et très-ferme, prêtaient à sa personne ce quelque chose de viril qui commande l'attention. Il avait le teint mat; son front, peu développé, coiffé de cheveux noirs assemblés en boucles, se présentait à vous de telle sorte que vous deviez d'abord y lire la volonté. Ses yeux ne démentaient pas cette première impression; ils étaient sérieux et profonds, ces yeux d'où partait, comme un trait, une lumière rapide, qui savait, plus sûrement que tous les appareils, prendre l'empreinte des couleurs, et saisir dans les choses leur caractère caché. Sa barbe, qu'il portait pleine et dont il prenait grand soin, laissait voir ses lèvres d'un dessin correct, avec une ombre de sensualité. Ses mouvements étaient ceux des félins; silencieux et lents à l'ordinaire, inattendus parfois et d'une inconcevable souplesse quand le milieu où il se trouvait autorisait ces détentes rapides.

De son talent, je n'en veux point parler à ceux qui se

souviennent du portrait du général Prim et de la Salomé; je ne dirai rien, non plus, de sa voix qui était un autre don; ce que je regrette, avec ce noble jeune homme, venu de si loin pour partager notre misérable fortune, c'est le sentiment nouveau qu'il portait en lui, c'est sa joie secrète, c'est le bonheur commençant dont j'ai été témoin. Que sont devenus tous ces biens? le talent, l'espoir, la douceur prochaine d'un attachement partagé, les voilà : c'est cette forme roidie contre terre dans une allée de bois; c'est ce visage étrange, plaqué de feuilles humides et de sang.

26 janvier. — J. Favre est retourné à Versailles, et le conseil avait rendez-vous pris pour ce soir, neuf heures. Les conditions de l'armistice seraient telles que je les ai dites; cependant, nous serions autorisés à conserver une division en armes. Il avait été question d'abord de cantonner nos troupes à Saint-Maur et dans la plaine de Gennevilliers; mais nos soldats auraient été, dans ce cas, placés sous la surveillance de détachements de l'armée allemande et M. J. Favre a préféré les faire rentrer dans Paris. L'assemblée se réunirait à Bordeaux. La contribution de Paris sera de 200 millions; il nous sera permis de sortir de Paris, en obtenant des passe-ports prussiens; un de nos généraux devra joindre sa signature à celle de M. Favre, pour garantir l'exécution des conventions militaires.

27 janvier. — « Tant que le gouvernement a pu compter sur l'arrivée d'une armée de secours, il était de son devoir de ne rien négliger pour prolonger la défense de Paris.

« En ce moment, quoique nos armées soient encore debout, les chances de la guerre les ont refoulées, l'une sous les murs de Lille, l'autre au delà de Laval; la troisième opère sur les frontières de l'Est. Nous avons, dès lors, perdu tout espoir qu'elles puissent se rapprocher de nous, et l'état de nos subsistances ne nous permet plus d'attendre.

« Dans cette situation, le gouvernement avait le devoir absolu de négocier. Les négociations ont lieu en ce moment. Tout le monde comprendra que nous ne pouvons en indiquer les détails sans de graves inconvénients. Nous espérons pouvoir les publier demain. Nous pouvons cependant dire, dès aujourd'hui, que le principe de la souveraineté nationale sera sauvegardé, par la réunion immédiate d'une assemblée; que l'armistice a pour but la convocation de cette assemblée; que pendant cet armistice, l'armée allemande occupera les forts, mais n'entrera pas dans l'enceinte de Paris; que nous conserverons notre garde nationale intacte et une division de l'armée, et qu'aucun de nos soldats ne sera emmené hors du territoire. » (*Journal officiel.*)

La publication de cette note est suivie de manifestations, que les généraux et amiraux commandant les secteurs s'attachent à conjurer. Des bataillons de la garde nationale se portent à l'Élysée et à l'hôtel de ville; de nombreuses députations d'officiers se présentent aux affaires étrangères; ces manifestations se heurtent à des troupes qui gardent tous les abords, ou sont éconduites par un seul mot qui répond à tout : Nous n'avons plus de pain.

Un officier de marine s'est brûlé la cervelle[1], un lieutenant de mobiles se tue également, rue Blanche. MM. Salicis, Garnier, Eveillard, Delaporte, de la Landelle, Bellet, Cabanes, Ch. Vimont, capitaine de frégate, lieutenants et enseignes de vaisseau, demandent, dans des lettres rendues publiques, que des mesures soient prises pour détruire tout le matériel de guerre et faire sauter les forts. Un grand nombre d'adresses, conçues dans le même sens, sont signées dans les différents secteurs.

— Le bombardement a cessé à minuit sonnant.

28 janvier. — Dans une dernière proclamation, signée de M. le général Trochu et de ses collègues, le gouvernement nous informe que « la convention qui met fin à la résistance de Paris sera signée dans quelques heures et que les articles seront publiés aussitôt après l'échange des signatures... Paris veut être sûr que la résistance a duré jusqu'aux dernières limites du possible ; les chiffres que nous donnerons en seront la preuve irréfragable... Le siége de Paris a duré quatre mois et douze jours ; le bombardement, un mois entier ; depuis le 15 janvier, la ration de pain est réduite à 300 grammes ; la ration de viande de cheval n'est que de 30 grammes depuis le 15 décembre. La mortalité a plus que triplé... »

Que nous importe ! Un jour viendra, sans doute, où nous nous persuaderons que nous avons fait tout au

---

[1]. M. Larret de Lamalgini, capitaine de frégate ; au fort de Montrouge.

moins nos preuves *de résignation;* mais, en ce moment, nous tenons pour une injure les éloges qu'on prétend nous décerner, et les consolations, pour une dernière preuve de mépris.

Ce que nous éprouvons ne peut s'exprimer. Ce n'est pas de la stupeur, c'est de l'horreur. Il est donc vrai, tout est fini, et voilà ce que l'on a fait de nous; nous ne tombons plus, nous sommes tombés, et si bas que l'ennemi peut maintenant nous passer au rouleau comme une herbe vile.

Où est-il, à cette heure, « le peuple de braves » ? où est elle « la grande nation » ? Ce n'est plus qu'un troupeau dispersé sur les routes d'Allemagne, ou qui attend les derniers affronts, dans ce grand Paris, réduit par la faim. L'ennemi a pris nos villes ouvertes, comme on fait d'un fruit sauvage dans une allée de bois, en passant, et sans descendre de cheval; des bourgeois trop dociles lui ont offert de la bière et du vin; le paysan a mis en réserve, à son intention, le pain qu'il refusait à nos soldats; et, pour conduire tout ce peuple, vers des frontières dont nous ne savons même plus les limites, il suffit d'un cavalier poméranien, sa pipe aux dents.

Où est le courage, où est l'espoir ? nous cherchons les restes de la patrie sous les pieds boueux des Allemands.

Notre ruine s'étend au loin, si loin que nos yeux ne peuvent l'embrasser toute; les seuls d'entre nous qui méritaient de vivre se sont jetés dans la mort pour entrer plus sûrement dans l'oubli.

« NOUS AVONS COMBATTU DANS LA NUIT! »

Cette parole effarée de l'homme, qui fut le gouverneur

de Paris, la veille de notre chute, sera-t-elle pour nous un avertissement? Si oui, je pardonnerai peut-être à ce soldat sibyllin tout le mal qu'il nous a fait; si non, qu'il reste seul avec notre malheur qui lui appartient, celui qui jusqu'à la dernière heure nous a si violemment abusés, celui qui nous conseillait de souffrir, il y a dix jours, en nous donnant encore l'espoir de vaincre; — et qui devait, le lendemain, laisser à un de ses lieutenants la responsabilité de notre capitulation [1].

1. La lettre suivante a été insérée dans la *Liberté,* du lundi soir 20 février 1871.

« Paris, le 19 février 1871.

« Monsieur,

« Vous me demandez mon sentiment au sujet du bruit qui se répand de plus en plus de l'entrée prochaine de l'armée allemande dans Paris. Je vous le dirai tout entier.

« Après quatre mois et demi de siége, après huit combats et quatre batailles, dont l'initiative a toujours appartenu à l'assiégé; après le bombardement, qui a fait tant d'innocentes victimes; après la convention que la famine seule a pu dicter, l'ennemi devait à Paris les honneurs de la guerre, à moins qu'il n'eût aucun souci des traditions et des règles qui sont devant l'opinion les titres de noblesse des vainqueurs et des vaincus.

« Pour Paris, les honneurs de la guerre, c'étaient le respect de son enceinte et le respect de son deuil.

« L'ennemi veut pénétrer dans Paris, alors qu'il n'a forcé aucun des points de l'enceinte, pris d'assaut aucun des fort détachés, enlevé aucune des lignes extérieures de défense!

« S'il en est ainsi, que le gouvernement de la cité lui soit remis, pour qu'il ait seul l'odieux et les responsabilités de cette violence. Que, par une muette et solennelle protestation, *les portes soient fermées, et qu'il les ouvre par le canon, auquel Paris désarmé ne répondra pas.*

« Et laissons à la vérité, à la justice, à l'histoire, le soin de juger.

29 janvier. — Notre journée la mieux remplie.

« CONVENTION (signée à Versailles, le 20 janvier 1871.) entre M. le comte de Bismark, chancelier de la confédération germanique, stipulant au nom de Sa Majesté l'empereur d'Allemagne, roi de Prusse, et M. Jules Favre, ministre des affaires étrangères du gouvernement de la défense nationale, muni de pouvoirs réguliers, »

L'article Ier détermine que la durée de l'armistice sera de vingt jours et qu'il pourra être renouvelé. Ce même article indique la ligne de démarcation qui devra séparer les armées belligérantes, en stipulant une réserve expresse pour la Côte-d'Or, le Doubs et le Jura. « Les opérations militaires dans ces trois départements, ainsi que le siége de Belfort continueront, indépendamment de l'armistice, jusqu'au moment où on se sera mis d'accord sur le tracé de la ligne de démarcation qui devra partager ces territoires. »

ART. 2. L'armistice a pour but la convocation d'une assemblée qui se prononcera sur la question de savoir :
« Si la guerre doit être continuée, ou à quelles conditions

« Recevez, monsieur, l'assurance de mes sentiments très-distingués.

Général TROCHU. »

Dans une occasion qu'on n'aura pas oubliée, M. le général Trochu renvoyait à M. de Moltke ses propres paroles ; nous userons ici de même procédé, « en laissant à la vérité, à la justice et à l'histoire » le soin de juger la lettre par laquelle l'ancien gouverneur de Paris nous invite à laisser ouvrir nos portes par le canon ! — Que dire d'un semblable conseil qu'on nous adresse, et que doit en penser M. le général Vinoy?

la paix doit être faite. » L'assemblée se réunira à Bordeaux.

Art. 3. Il sera fait immédiatement remise à l'armée allemande de tous les forts, et de leur matériel de guerre[1].

Art. 4. « Pendant la durée de l'armistice, l'armée allemande n'entrera pas dans Paris. » — Et après ?

Art. 5. L'enceinte sera désarmée de ses canons, dont les affûts seront transportés dans les forts, à désigner par un commissaire de l'armée allemande[2].

Art. 6. L'armée, régiments de lignes, gardes mobiles et marins sera prisonnière de guerre, sauf une division de 12,000 hommes.

Les troupes prisonnières de guerre déposeront leurs armes, qui seront livrées par les soins de commissaires désignés. Les officiers prisonniers conserveront leurs armes. A l'expiration de l'armistice, tous les militaires appartenant à cette armée, qui sera consignée dans Paris, « auront à se constituer prisonniers de l'armée allemande, si la paix n'est pas conclue. »

Art. 7. « La garde nationale conservera ses armes ; elle sera chargée du maintien de l'ordre ; » il en sera de même de la gendarmerie, de la garde républicaine, des douaniers et des pompiers, sans que le total de ces derniers contingents puisse excéder 3,500 hommes.

Les corps de francs-tireurs seront dissous.

---

[1]. Six cent deux pièces de campagne de l'armée de Paris ont été remises à l'armée allemande.

Mille trois cent cinquante-sept canons en parfait état ont été trouvés dans les forts. (*Moniteur officiel de Versailles*, du 25 février.)

[2]. Cette condition a été abandonnée.

Art. 8 et 9. Aussitôt après la signature des présentes, toutes facilités seront données au gouvernement français pour le ravitaillement.

Art. 10. Les permis de sortie seront soumis au visa des avant-postes allemands.

Art. 11. La ville de Paris payera, avant le quinzième jour de l'armistice, une contribution de 200 millions.

Art. 13. Il est interdit d'introduire dans Paris, pendant la durée de l'armistice, des armes, des munitions, ou des matières pouvant servir à en fabriquer.

L'article 14 traite de l'échange des prisonniers ; l'article 15 du service des postes.

C'est M. le général de Valdan, chef d'état-major du général Vinoy, qui a discuté les termes des conventions militaires.

— *Décret* convoquant les colléges électoraux pour le 5 février, dans le département de la Seine ; pour le mercredi 8, dans les autres départements, à l'effet d'élire une Assemblée nationale. L'élection aura lieu au scrutin de liste par département. Le nombre des députés à élire est de 753.

— Une note officielle nous informe que le gouvernement négociait, depuis lundi soir.

— Nous assistons depuis deux jours au spectacle lamentable de la rentrée dans Paris des troupes, qui défendaient nos forts et nos tranchées. Désarmés, sordides et mornes, nos fantassins s'entassent pêle-mêle à l'entrée des ponts-levis, pour se répandre dans nos rues, portant notre défaite écrite sur leurs visages, défigurés par la bise et les nuits sans sommeil. De quel pays perdu, de quels halliers reviennent ces gens, dont je cherche vainement à rencontrer les yeux? Leurs vêtements rapiécés, tachés de mille souillures, leurs casaques de peau de mouton, leurs cravates à ramages, faites de tentures arrachées aux maisons désertes, leur donnent l'aspect de naufragés ou de fugitifs. Ils s'en vont, courbés sous le poids de la fatigue et du dégoût, errant sans but pendant le jour, errant jusqu'à la nuit, inquiétants par leur nombre, et par leur sourde colère. Les chefs, qui n'ont pas su leur imposer une discipline, du temps qu'ils étaient encore des soldats, sauront-ils aujourd'hui dominer ces désœuvrés hagards, qu'aucune obligation régulière ne maîtrise plus et que le sentiment d'un devoir commun ne peut plus contenir. Le hasard en décidera, car l'intelligence qui sait prévoir, la volonté qui résout sont, avec nos canons, passées à l'ennemi.

— La nuit dernière, un certain nombre de bataillons de la garde nationale avaient tenté de se réunir; le rappel a été battu et le tocsin sonné dans plusieurs églises; ces démonstrations n'ont pas eu de suite; on aurait arrêté quelques officiers,

30 janvier. — Nos soldats continuent de rentrer. On les loge chez l'habitant, dans les baraques, dans les lycées, on en rencontre partout, et jusqu'ici, on ne signale aucun désordre. Il s'en faut, cependant, que je sois sans inquiétude; car il y a, dans l'armée, trop de colères amassées, trop d'habitudes mauvaises, chez nous, trop de rancunes et trop de fusils, pour que je ne redoute pas quelque explosion.

En attendant qu'elle se produise, les ambitieux de la veille quittent leurs abris pour saisir l'occasion qui va passer, les hommes nouveaux font sonner les services qu'ils nous ont rendus, ceux-ci vantent leur expérience, ceux-là leur courage et leur désintéressement, tous n'ayant ensemble qu'un but : défendre nos intérêts et sauver la république. C'est l'ignominie des professions de foi qui commence ; et, parmi tant de dévouements qui se hâtent pour solliciter nos suffrages, je me demande s'il se rencontre un homme, un seul, qui ne soit, déjà, préoccupé d'autre chose que de lui-même.

Je n'ai pas l'honneur de connaître M. Vitet ; mais il a publié dans la *Revue des Deux Mondes* des lettres qui m'ont frappé par la sincérité du ton et par l'élévation des idées. Je suis plus que jamais convaincu de la nécessité de nous concerter, de mettre de côté toutes les nuances d'opinion, pour ne servir ensemble qu'un seul maître. J'ai écrit en ce sens à M. Vitet ; voici ma lettre :

« Monsieur,

« Il n'était permis à aucun de nous de se refuser au moment du péril ; il n'est permis à aucun de nous de s'abstenir dans la nouvelle et trop sérieuse épreuve que nous allons traverser. Paris va avoir à nommer *quarante-trois* représentants ; tâche malaisée pour une population passionnée, placée sous le coup d'un désastre sans nom, battue par tant de sentiments contraires. Cependant, le temps nous est compté ; il faut nous résoudre. Pour tous les hommes d'honneur et de probité, quelles que soient leurs convictions d'origine, j'affirme que l'unique devoir est là où est le salut du pays : dans le désintéressement.

« Mettons donc sous nos pieds tout esprit de rancune, tout égoïsme, tout esprit étroit de parti. Ce qu'il nous faut ce sont des hommes, assez clairvoyants et de cœur assez haut pour vouloir d'une république, fondée sur l'accord des volontés, faite de travail et de justice ; des hommes d'affaires, mais non pas de leurs affaires ni des nôtres, mais des affaires du pays ; des hommes d'ordre, mais d'ordre moral avant tout, moins soucieux d'une popularité acquise par des mensonges, que de leur dignité et de la nôtre ; moins préoccupés d'exagérer les convoitises ou de perpétuer la division des intérêts, que d'en assurer l'accord en formant des intelligences et des consciences.

« Si nous demeurons unis, comme nous l'étions au rempart, la France peut renaître plus forte qu'elle ne l'était hier, et plus respectée ; si nos votes nous sont encore dictés par la colère et la peur, ma conviction est faite : nous donnons raison à l'ennemi ; c'est la fin de la patrie.

« Voilà, Monsieur, ma profession de foi *d'électeur* et je sais à qui je l'adresse ; c'est vous dire que si vous croyez devoir user de moi, vous pouvez le faire en toute assurance.

« J'ajoute que mon crédit personnel est limité ; et que je vaux plus, par le sentiment très-vif de notre malheur et de nos fautes, que par les forces efficaces dont je puis disposer.

« C'est donc un soldat, et rien de plus, qui s'offre à vous.

« Agréez, etc. »

Le jour même M. Vitet me répondait par un mot très-obligeant et m'annonçait sa visite pour le surlendemain[1].

31 janvier. — Le quartier général prussien est transféré au mont Valérien.

Du haut de ces glacis, que ses soldats n'ont pas osé franchir, M. de Moltke peut compter les attelages qui lui portent nos mitrailleuses et nos canons. L'immense ville est à ses pieds, avec son fleuve inutile, son bois désert, ses remparts muets, ses dômes faits seulement pour marquer la place où il devait frapper. Il nous voit, nous entend, et si quelqu'un de nos mouvements pouvait échapper à sa vue, il a Montrouge là-bas, les Hautes-Bruyères, Vanves, Nogent, Saint-Maur, Rosny, pour l'avertir.

Je m'étais imaginé que sous ce regard, partout présent nous n'aurions tous qu'une même pensée; je m'étais trompé. Les affiches des candidats à l'Assemblée couvrent les murs, elles s'étendent sur les clôtures en planches qui sont restées debout, elles gagnent, comme une végétation malsaine les colonnes des monuments, les devantures des magasins abandonnés; c'est un pêle-mêle discordant de couleurs voyantes et de déclarations tellement insensées, qu'en les lisant une sorte de rire vous prend, mêlé d'un frisson qui va jusqu'au cœur. Nos malheurs ne nous ont rien appris; et de ce gouffre où se sont abîmés notre fortune et notre honneur, je vois sortir seulement l'égoïsme, l'intrigue, la colère et la con-

---

1. Il eut, en effet, l'obligeance de me venir voir; mais notre entretien fut interrompu.

fusion. Il ne s'agit pas de savoir ce qui nous restera de la patrie, ni comment elle sera sauvée. Il s'agit de s'emparer de gré ou de force, de ce que les Allemands n'auront pas voulu.

Plusieurs de mes amis ne parlent de rien moins que de passer en Suisse, en Angleterre ou même en Amérique ; le spectacle auquel nous assistons leur a porté le dernier coup. « Il n'y a plus rien à attendre, disent-ils, d'un peuple possédé par les partis, qu'aucune leçon ne peut convaincre, tour à tour prêt à tout subir et à tout oser; si profondément ignorant, si diversement corrompu, si peu maître de lui et à tout instant maître de nous. »

Je ne conteste rien ; mais, quoi qu'en puissent dire mes amis et quel que soit l'avenir, je resterai. Ce pays, sur lequel la nuit semble descendre, me tient par trop de côtés pour que je puisse m'en détacher ; bien plus, c'est d'hier seulement que je sais combien je l'aime.

FÉVRIER 1871.

Du 1ᵉʳ au 3 février. — Les réunions électorales se multiplient. Au *cercle agricole,* rue de Grenelle-Saint-Germain, M. Vitet a la présidence. Après avoir exposé en quelques mots le programme du *comité libéral républicain,* fondé par M. Dufaure, il cède la parole à M. Cochin, pour donner lecture de la liste des candidats patronés par le comité. Des murmures accueillent au passage les noms de MM. Louis Blanc et Adolphe Guéroult. M. Cochin ne s'en émeut pas : il rappelle les mérites incontestables de M. Louis Blanc comme écrivain, ses études sur l'Angleterre, des lettres publiées pendant un exil de vingt années et qui suffisent à prouver que le temps et l'expérience ont amorti bien des ardeurs. Quelles que soient les convictions de l'assemblée, elle admettra la convenance et la nécessité de faire sortir certaines théories des conciliabules nocturnes, où elle ne rencontre pas de contradicteurs. — M. Cochin n'éprouve aucun embarras non plus à défendre M. Guéroult, dont il était le concurrent aux élections de 1869. Le journal de M. Guéroult s'est, en effet, signalé entre tous, pendant le siége, par la mesure parfaite de ses appréciations, par son attitude toujours patriotique...

— Et libérale, ajoute l'un des assistants, M. de Saint-Aignan.

Et libérale, répète M. Cochin; et l'assemblée ne fait plus d'objections.

Au *Pré-aux-Clercs,* le même soir, un citoyen proposait le nom de Martin Bernard. Un mouvement d'hésitation se manifeste chez quelques-uns : « Faut-il donc vous rappeler, reprend l'orateur avec véhémence, que Bernard a été impliqué dans le complot d'Orsini! » Sur ce mot, les applaudissements éclatent; et Martin Bernard est acclamé.

Ce qui me frappe, par-dessus tout, dans les discours que j'entends, c'est encore moins l'intolérance insupportable des soi-disant convictions politiques que l'ineptie sans pareille des imaginations et leur vulgarité, pour ne rien dire de plus. A tout prendre, et en suivant le fil de l'abaissement, j'aurais admis qu'un peuple corrompu n'eût plus qu'un souci : boire, manger et ne rien faire, ce qui s'appelle aujourd'hui vivre libre; mais il paraît que cet idéal ne suffit plus et, après m'avoir pris mon bien que j'avais gagné, on me contraindrait à me défaire de ma part d'intelligence, « attendu que si toute fortune distincte de la fortune publique est un détournement, toute supériorité peut être un moyen d'usurpation. » Sentence logique, je ne le conteste pas; mais que je me refuse à accepter.

Je ne serais pas de mon temps si je n'étais « libéral »; je le suis, et même quelque chose de plus, républicain, partisan de l'égalité autant que pas un, en me refusant à admettre, cependant, « qu'un tourneur de bâtons de chaises puisse être l'égal de Molière, quand bien même il aurait mis à son travail toute son âme. » Egalité devant la loi, d'accord ; respect constant des droits de chacun, quels que soient la condition et l'habit de chacun ; garanties toujours plus larges offertes au travail ; la lumière pour tous, avec toutes les voies ouvertes à l'intelligence et à la probité ; — Voilà, suivant moi, la république, la justice et la dignité.

Mais si, à la suite des gens subtils qui demandent à mettre en commun la fortune d'autrui, après avoir répudié, durant toute leur vie, le travail et l'épargne, je vois venir ces autres destructeurs qui prétendent placer sur le même rang dans mon estime Pascal ou Newton et le premier cantonnier venu, sous prétexte que le génie ne doit en aucun cas constituer un privilége, sans prendre garde que dans cette voie descendante d'absolu nivellement on supprime l'admiration, l'émulation et le respect, pour ne s'arrêter que dans l'imbécillité commune, ma conscience se révolte et je demande à revivre dans le passé, aux côtés de Corneille, de Vauban, de Molière, de Turgot, ou de Hoche, les pères de notre esprit, nos maîtres en courage, plutôt que sous la hutte égalitaire de MM. Millière et Gaillard, orateurs d'échope, moralistes d'arrière-cours, qui substituent couramment à la devise de 89, cet appel au devoir et à la raison, la doctrine de la promiscuité et des droits du ventre.

— Nos élections, qui devaient avoir lieu le 5, sont reportées au 8.

FÉVRIER 1871.

Le 2, le *Combat* de M. Pyat a reparu sous un nouveau titre : *le Vengeur*; la *Marseillaise* devient *le Mot d'ordre* et le premier article de M. Rochefort se termine par ces mots : « Nous avons appelé notre journal *le Mot d'ordre*; mais, on en pensera ce qu'on voudra, je ne me serais fait aucun scrupule de l'appeler : LE RÉGICIDE. »

Un pigeon, le dernier sans doute, nous a apporté ce soir 3, la nouvelle de la défaite de Faidherbe à Saint-Quentin (le 19). L'armée de l'Est, prise entre Werder et Manteuffel, a dû, pour leur échapper, passer la frontière suisse, le 1er février, au nombre de 80,000 hommes. A la même date, le bombardement de Belfort continuait.

Le bruit court que Bourbaki se serait suicidé; le général Clinchant aurait pris le commandement.

4 février. — Une complication imprévue et des plus graves vient de se produire.

L'armistice est daté du 28 janvier, le décret relatif aux élections du 29 et, dès le lendemain, M. J. Simon quittait Paris avec de pleins pouvoirs; car on n'était pas sans quelque inquiétude sur l'attitude que pourrait prendre Gambetta au dernier moment. Le 31, M. Simon débarquait à Bordeaux; il y trouve, affiché sur tous les murs, un contre-décret signé : Gambetta, Fourrichon, Crémieux, Glais-Bizoin, aux termes duquel les anciens candidats officiels, les ministres, sénateurs, conseillers d'État et préfets de l'empire sont frappés d'inéligibilité. M. Simon proteste; il est question de le faire arrêter; mais il a dans la ville des relations puissantes; la *Gironde* avec les autres journaux se prononcent pour lui, et l'on peut croire qu'à cette heure il est maître de la situation. Du reste, le gouvernement ne nous dit rien de ce conflit ni de ses suites; il se borne à publier aujourd'hui un nouveau décret, qui annule le décret restrictif de Bordeaux, en le faisant précéder d'une proclamation, qui est une justification de l'armistice et un acte d'accusation contre Gambetta.

Cette rupture était d'ailleurs prévue; Montaigne l'a dit : « Ce n'est point le dernier pas qui fait la lassitude; il la déclare; » et je ne m'en préoccuperais pas autrement, si nous n'avions offert une fois de plus à M. de Bismark une occasion dont il a su profiter. Il a écrit hier à M. Favre une lettre qui serait, me dit-on, un chef-d'œuvre : son intention ne saurait être de se mêler de nos affaires; mais les réserves imaginées par M. Gambetta sont contraires aux termes de la convention; elles peuvent fausser l'expression du vote et, par conséquent, diminuer l'autorité d'une Assemblée, qui doit traiter au nom du pays; M. de Bismark fait appel à la loyauté de M. Favre...

Aucune humiliation ne nous aura été épargnée.

La nouvelle du suicide de Bourbaki se confirme, et je conçois son désespoir; il en avait assez vu. Quant à nous, c'est la curiosité qui nous retient ici; il faut le croire.

5 Février. — Les affiches ont tout envahi; affiches individuelles, affiches des sociétés, des comités et des conclaves.

M. Kramer « heureusement favorisé des Muses bien

que, dans un sens contraire, déshérité de la fortune. »
M. Bourgonnier, lieutenant démissionnaire au 2 décembre, aujourd'hui lieutenant-colonel commandant du 50ᵉ régiment de Paris : « Je me propose à vos suffrages comme tribun du peuple. » *M. Alph. Beau de Rochas*, exilé de décembre. S'il est élu, son premier acte sera de proposer le rétablissement de la monarchie constitutionnelle. *M. Marinoni*, mécanicien, affiche avec portrait lithographié du candidat. *M. le capitaine Brette*, 14, rue de l'Hôtel-Colbert, s'engage à proposer à l'Assemblée, s'il doit en faire partie, le décret suivant : « Art. 1ᵉʳ. Le gouvernement s'entendra avec les propriétaires et les créanciers des gardes nationaux nécessiteux, afin que ces derniers ne puissent être inquiétés pour dettes contractées pendant le siége. — Art. 2. Tout garde national nécessiteux, conservera son allocation de 1 fr. 50 ; et sa femme, s'il est marié, les 75 cent., jusqu'à ce qu'il soit parvenu à retrouver le travail qui lui assurait avant la guerre le pain quotidien. » M. Brette ajoute : « *S'il en était autrement je serais étonné de voir que les pauvres ne se précipitassent pas sur les riches.* » Celui-là est le plus près de la vérité.

Puis viennent les listes du *comité libéral républicain*, du *comité central républicain*, du *comité du salut de la république*, du *conclave démocratique et social*, du *comité radical républicain*, les *candidats socialistes révolutionnaires*; les *candidats de la garde nationale*, le *comité catholique*, la *chambre fédérale des associations ouvrières*, l'*association internationale des travailleurs*, la *délégation des vingt arrondissements*, l'*alliance républicaine*, l'*union républicaine centrale,* etc., etc. Chacune de ces sociétés a ses candidats de prédilection; quelques-unes d'entre elles s'entendent pour proposer ensemble les quarante-trois noms; puis, la fusion faite, on voit s'élever des protestations. Je m'y perds.

Le Mot d'ordre de M. Rochefort s'emporte ce matin contre l'affiche qui a pour titre : *Candidature du duc d'Aumale.* Les signataires sont : MM. Wattebled, ex-rédacteur en chef de la *Presse du Loiret* et de l'*Ackhbar*; Morel, publiciste; Hébert, sergent major au 3e bataillon; Pilot, architecte; Muller, négociant.

Mais, de toutes ces affiches, la plus applaudie, sans comparaison, c'est une bande de papier jaune ou bleu, qui porte ces seuls mots : *Plus d'avocats!!* « Ah oui, plus d'avocats! disent les passants et pas un ne manque de répéter ce souhait inutile.

— Les clubs vont leur train ; sous les hangars, dans les salles de concert abandonnées, dans les édifices publics requis par les maires, au Casino, salle Triat, passage Jouffroy, salle Favié, aux Folies-Bergère, rue du Vieux-Colombier, rue d'Arras, salle Richefeu, à l'École de médecine, à l'École de droit, au Collége de France, à la Reine-Blanche, rue de Lévis, à la Redoute, au Pré-aux-clercs, à Ba-ta-clan, etc., etc.... Le *Journal des Débats* a pris à tâche depuis cinq mois de nous rendre compte, presque jour par jour, des séances de ces assemblées, et les articles de M. X... m'ont donné l'envie de voir et d'entendre par moi-même. Je suis sorti de là fatigué et, je dois le dire, avec quelque autre chose que de la fatigue ; car si les indignations sincères et l'éloquence, même dans leurs mouvements les plus farouches, même dans leurs trivialités les plus basses, peuvent encore me donner à réfléchir, je ne sais rien de plus répugnant que les violences sans orthographe, barbouillées d'emphase et de bestialité. Danton, meneur de loups, conserve à travers le voile de septembre sa figure redoutée; mais que dire du cuisinier Corrard, qui prend le Pirée pour un homme, en demandant nos têtes, l'émancipation de la femme et le droit au travail. Ce Corrard, quoi qu'il fasse, ne peut m'inspirer que du dégoût.

Reste à savoir ensuite si, contre de semblables excès, la force peut être un spécifique; je le nie; et quel que puisse être son but, quel que puisse être son nom, celui-là est un guérisseur brutal, mal avisé, qui, connaissant le tempérament de son malade et ses vices d'hérédité, se borne à combattre l'accès par des stupéfiants, au lieu d'en prévenir le retour par une hygiène appropriée. Les théories de l'Internationale et les versets du Blanquisme sont autre chose qu'un appel à la répression ; ce qu'ils contiennent d'insensé ne doit pas nous faire oublier ce qu'ils renferment de nécessaire ; ces possédés, sortis on ne sait d'où, qui, à Paris, à Lyon, à Marseille, à Limoges, à Saint-Étienne, à Toulouse, déclament décrètent et divaguent, qu'est-ce que cela? les fourriers de l'émeute? c'est pis que cela, plus que cela, c'est le peuple émancipé qui s'essaye à la parole, qui rédige *ses cahiers*, à son tour; c'est « le peuple souverain », déjà maître du gouvernement par le suffrage universel, qui débute par l'absurde et le monstrueux, en attendant qu'il ait fait masse de ses exigences et trouvé les termes de l'inexorable loi qui devra nous régir. Cette loi de demain, sera-ce lui qui la fera ; lui seul, dans la plénitude de sa brutalité, ou bien n'interviendrons-nous pas au contrat pour dire, en toute sincérité : Cette demande est légitime, cette autre est contraire à la justice ; pour affirmer qu'en regard de toute possession et de tout droit, il y a des devoirs ?

Malheureusement, ceux qui auraient mission de parler, qui devraient être nos guides, ceux qui se nomment entre eux *les honnêtes gens,* s'isolent trop volontiers de notre vie ; 1830, 1848 1851, les ont dépossédés, les uns après les autres, des fonctions publiques et, sous prétexte de fidélité à un principe, ils acceptent de vivre dans l'oisiveté, alors qu'il leur était facile de servir le pays, sinon le prince, et de se rendre indispensables, tout en conservant leur pleine liberté. J'en suis bien fâché pour les honnêtes gens, mais il est écrit qu'ils vivront désormais de menaces sans trêve, un jour enjambant l'émeute pour retomber le jour d'après dans la révolution s'ils se refusent à reconnaître que, depuis soixante-dix ans, la plupart d'entre eux ont, par dédain irréfléchi, paresse, ou manque de mémoire, déserté leurs traditions les plus respectables, les seules traditions qui pouvaient perpétuer leur autorité. Il faut qu'ils se persuadent enfin, qu'il ne leur suffit pas d'avoir de grands biens, d'être nés avec un certain nom, pour gouverner notre pays ; mais qu'il leur importe de justifier d'abord leurs prétentions par leurs mérites, ce qui suppose le libre choix d'un état, l'assiduité dans le travail et une somme de connaissances qualifiées. Ils oublient qu'au siècle dernier leurs pères ne se contentèrent pas d'avoir de l'esprit, de la grâce et du courage, d'être, par droit de naissance, ambassadeurs, ministres, présidents de parlement, ou généraux, mais qu'ils se firent gloire d'être des mathématiciens de premier ordre, des jurisconsultes et des érudits, des naturalistes, des philosophes et des historiens.

Il est trop évident qu'un vide prodigieux s'est fait au sommet de la nation ; notre activité a gagné en surface ; nous nous sommes très-certainement enrichis ; et de jour en jour nous descendons. Réclamer pour le peuple l'instruction obligatoire est sans doute d'une sage politique ; mais il me paraîtrait non moins urgent d'imposer cette obligation à nos fils ; faute de quoi le *Mané thecel...* de M. Blanqui s'accomplira.

En Angleterre et en Prusse, que voyons-nous ? des lois vieilles de plusieurs siècles et d'autant mieux obéies, des classes fortement ordonnées, un esprit public qui couvre toutes les inégalités et maîtrise au besoin toutes les impatiences ; cela est vrai ; mais je vois autre chose encore : — des hommes qui ont su conserver leur rang ; qui continuent de diriger les affaires de leur pays, de commander ses armées, de conclure les traités qui peuvent intéresser son honneur ou sa fortune, non pas seulement parce qu'ils sont riches, membres de la Chambre des lords, comtes ou barons, mais parce qu'ils sont, en fait, et toujours, les premiers par leur application et leur expérience supérieures ; parce qu'ils honorent la science, qu'ils cultivent les lettres et qu'ils savent résister ou céder à propos.

Je conclus, en me répétant : M. de Bismark et M. de Moltke et le prince Frédéric-Charles, à leur suite, auraient eu moins aisément raison de la France, s'il s'était trouvé chez nous, dans ce monde où ils se rencontraient autrefois, des hommes prêts pour le commandement; si, derrière l'immense désordre matériel dont nous avons été témoins dès le début, il n'y avait pas eu un désordre moral au moins équivalent; si, à côté de l'ignorance du peuple, de son égoïsme et de l'indiscipline des soldats, il n'y avait pas eu notre égoïsme, notre insubordination et notre incapacité.

Renonçons donc à ce projet d'imposer silence aux clubs à coups de fusil; pour ramener au travail leurs auditoires, commençons nous-mêmes par travailler; pour qu'ils obéissent, faisons d'abord nos preuves d'intelligence et de désintéressement; pour qu'ils deviennent modérés dans leurs désirs, réglons premièrement nos appétits; tenons pour certain que le peuple aura moins de vices, le jour où il ne nous empruntera plus les nôtres.

6 Février. — Nous avons revu R..., de L... S..., et W... qui nous arrivent du Nord, de l'Ouest et de Versailles. Nos appréciations sur M. le général Trochu les frappent d'étonnement; les nouvelles qu'ils nous apportent nous surprennent encore davantage; notre curiosité est égale, et, contrairement à l'usage constant, chacun de nous est plus pressé d'apprendre ce qu'il ignore que de montrer ce qu'il sait.

Comment la France s'est-elle conduite? Où sont les

Prussiens? Que dit-on à l'étranger? Qu'a donc fait Gambetta?

La France s'est conduite comme elle a pu, dans l'effarement d'une double surprise et d'une double épouvante : l'invasion et la révolution. Pour la sauver, il lui fallait un homme qui sût ordonner et qui sût se faire obéir; il fallait l'accord des volontés, l'unité d'action et l'esprit de sacrifice; il fallait un miracle. Les généraux de la veille n'y ont pas cru, en s'autorisant de leur expérience et de leurs préjugés; les autres ont tâché de l'accomplir, en improvisant tout ce qui nous manquait, des officiers, un plan, des armes. Ce n'est pas le désir de vaincre qui a manqué à MM. Chanzy, Bourbaki, Jauréguiberry, Faidherbe et à quelques autres, ni l'intelligence, non plus que le courage chez beaucoup; en vingt occasions nos jeunes soldats se sont battus comme des vétérans, et même il s'est trouvé des héros; mais, chez le plus grand nombre, le sentiment du devoir n'existait pas, et il y avait, au fond, trop de jalousies, de regrets intéressés, de défiances, d'incohérences et trop d'égoïsme, pour attendre de notre effort, autre chose que la défaite. Des milliers d'hommes, ont fait pendant des mois, l'exercice avec des bâtons; des milliers ont erré sur les routes, sous la pluie, par la neige, sans avoir jamais su où était l'ennemi; enfin, nous avons eu trop souvent, pour généraux de nos mobiles, et pour préfets de nos départements, les *fruits secs* des écoles militaires, des habitués de café, ou les évadés du barreau.

Gambetta, dans les premiers jours, a eu toute sa raison; il s'est prodigué; on le trouvait, en même temps, à l'Est et au Midi ; c'était un diable, et on l'acceptait. Puis, la fatigue est venue, puis l'irritation produite par des intrigues et par des résistances, qui rendaient peut-être nécessaires les coups de force ; mais sans qu'il lui fût permis de faire de la force un système permanent, de rajeunir la loi des suspects, de désorganiser sous prétexte de prendre des garanties ; sans qu'il lui fût permis surtout, en face de l'ennemi, de donner à la république le pas sur la France, qu'il importait de sauver, premièrement. Tandis qu'à Paris vous mouriez de langueur et de précautions, nous périssions, nous, par l'excès d'une volonté divagante.

En Angleterre, malgré notre république proclamée, malgré le *Times*, et malgré la reine, un sentiment raisonné de sympathie s'est fait jour ; et si le gouvernement s'est abstenu, les encouragements individuels ne nous ont pas manqué. Depuis Sedan jusqu'à Coulmiers, sur la Loire et jusqu'au Mans, nous avons eu pour compagnons des Anglais qui ont tenu à honneur d'imiter votre Wallace. A Bruxelles, les ambulances étaient pleines de nos blessés ; on est allé les chercher jusqu'à Bazeilles, et rien ne leur a manqué ; ni les soins, ni l'argent, quand ils étaient guéris. Le malheur est qu'un certain nombre de nos officiers se montraient en public avec des filles et que l'on s'est vu forcé de renfermer, dans les forts de Liége et d'Anvers, les prisonniers, internés au début à Beverloo, parce que nos soldats s'enivraient et se faisaient maraudeurs [1].

---

1. Ce n'est que plus tard que j'ai reçu des nouvelles de la Suisse. En Suisse, on s'est montré admirable ; on n'a pas été hospitalier

Les Allemands sont partout. Ce qu'ils ne possédaient pas, l'armistice le leur a livré ; notre pays est en coupe réglée; ils exploitent nos lignes de chemins de fer ; ils sont percepteurs, convoyeurs, maires, préfets et commissaires de police. Ils réquisitionnent les hommes et le bétail, le bois, les vêtements, la laine et les outils, la farine et le vin ; nous, inquiets, errants et soumis ; eux, alertes, pleins de santé, avec l'assurance et l'insolence des vainqueurs. Une discipline, une méthode admirables ; discipline dans les détails et dans l'ensemble, dans la marche et la halte, par le froid et le chaud ; ils connaissent à un centime près votre fortune et la mienne et vous imposent d'autant; si vous résistez, ils tuent et ils brûlent; si vous êtes absent, ils pillent, c'est un droit; si vous êtes là, ils couchent dans votre lit en se bornant « à vous emprunter » ce dont ils ont besoin, pour leurs soldats et pour eux-mêmes. Point de maraude, ce qui supposerait une initiative et un désordre ; pas d'arbitraire ni de caprice, cela nous est laissé : la destruction raisonnée, le pillage organisé, avec cette différence, toutefois, que le soldat est chargé de détruire et que l'offi-

---

seulement, on a été fraternel, sans que le zèle de chacun se soit jamais lassé. Toute maison a été pour nous un asile, depuis la plus riche jusqu'à la plus pauvre; nos soldats étaient sans vêtements, sans souliers, ils avaient froid, ils avaient faim ; on les a nourris, vêtus, on leur a tout donné, le linge réservé et l'argent de l'épargne. Pour nous, les femmes se sont faites infirmières, sans qu'aucune fatigue, aucune répugnance aient pu les arrêter; *on a vu des assistés des communes renoncer au subside qui les faisait vivre, pour l'abandonner à nos malades* ; ç'a été une immense pitié, la vraie charité du Christ ; et la France tout entière a contracté là une dette, qu'elle saura payer.

cier prend sa part du vol. Témoin le lieutenant Wagner.

Pour apprécier leurs procédés, il n'est pas besoin, du reste, de voir l'Orléanais, la Champagne ou la Normandie, il suffit de visiter Garches et Saint-Cloud, tous les deux incendiés, au lendemain de l'armistice ; Bellevue, où ils ont mis à sac les maison de MM. Mourier, Charles-Edmond, et Timbal, le 19 septembre, le soir même du premier combat de Châtillon. Ce même jour, ils pillaient, à Sèvres, les maisons de MM. Renan, Joseph Bertrand, membres de l'Institut; Berthelot, Hetzel, etc., et l'un d'eux écrivait à la craie sur une porte de salon, où nous les avons lus, ces mots : *Hier ist nichts zu haben;* en langage de soldat : « Ici il n'y a plus rien à frire. En effet, ce qu'ils n'avaient pas pris, ils l'avaient détruit. Plus tard, à Ville-d'Avray, chez M. Boutaric, de l'École des chartes; à Montmorency, chez M. Desnoyers, membre de l'Institut, ils ont semé dans les jardins les collections, brisé les marbres, découpé au couteau les tentures; pour ces dévastations, *il y avait eu un ordre donné.*

Mais ce qui dénonce le passage de l'Allemand, ce n'est pas le vol, ce n'est pas l'incendie, ce n'est pas le meurtre, c'est l'EXCRÉMENT. Le soldat et l'officier ont, à l'envi, souillé nos maisons, sali les meubles, les lits, les livres qu'ils replaçaient à dessein sur les rayons des bibliothèques. Les objets d'art qu'ils n'ont pas dérobés, ils en ont fait litière; ils ont fait des tapis de pied des tableaux, des portraits de famille, et sur ces images, meurtries par leurs talons, entaillées par leurs sabres, on retrouve la trace de leurs *fumées,* la trace immonde de la haine allemande.

Pour compléter cette analyse des impressions qui nous ont été apportées, je citerai certains propos tenus par des officiers prussiens.

— « Votre esprit français est taillé en pointe, il traverse le but sans s'arrêter. Le nôtre est un bloc sur le glacier; vous dites: Il n'agit pas; si fait, il pèse, et pénètre toujours plus avant. »

— « Vous nous accusez de barbarie en oubliant votre proverbe : « Qui veut la fin veut les moyens. » Pour vous ce n'est qu'un mot; pour nous, c'est une règle. Nous voulons l'Alsace et nous voulons la garder. »

— « Nous ne vous avons frappés si durement que pour vous épargner un nouveau désastre. Mais il vous reste deux choses que nous ne pouvons atteindre: votre sol et votre soleil. Vous réparez trop vite, et il nous faudra recommencer. » Ce dernier mot est du duc de Mecklembourg, qui nous livre ici l'opinion de M. de Moltke.

7 février. — M. J. Simon l'a emporté; Gambetta a donné sa démission; avec lui MM. Ranc et Laurier se retirent.

8 février. — Nous votons. Rien de particulier aux abords des sections; partout le calme le plus complet. Les opinions sont très-partagées sur les résultats du scrutin; cependant, on s'accorde à penser qu'aucun des membres du gouvernement ne sera nommé et que la liste radicale passera presque tout entière.

Le général Chanzy a été mandé à Paris. On nous annonce que Bourbaki a survécu à sa blessure; il aurait été transporté à Lyon.

Le *Journal officiel* ne contient pas moins de huit colonnes de croix; j'en ai compté sept hier.

9 février. — En attendant le résultat des élections, je veux, ce soir, me distraire du présent, en me reportant à des jours où, malgré tant d'épreuves et d'avertissements, respirait encore notre espoir imbécile. Je parlerai de moi d'abord, de mon intérieur, des conditions matérielles de ma vie, pendant ces cinq mois, qui viennent de s'écouler.

Ma réserve de provisions était faite dans les premiers jours de septembre; mais elle était, à vrai dire, si pauvrement conçue, que j'aurais eu grand peine à m'en tirer six semaines plus tard, sans l'assistance de mon beau-père. Encore me permettra-t-il de lui dire qu'en temps ordinaire j'aurais trouvé ses menus trop peu variés. C'était, aux grands jours, quelque conserve de bœuf, une assiette de jambon, des pommes de terre trop tôt épuisées, quelque légume sec que l'on mesurait, et, pour le courant : du riz, les 30 grammes de cheval, du hareng pris à la boucherie, et de la morue, que l'on devait suspendre durant tout un jour dans un baquet, pour pouvoir la manger. Vers le 8 novembre, nous n'avions plus de beurre; à la fin de ce même mois, l'huile d'olive nous manquait. Je découvris alors, rue Villedo, de l'huile de grains, dont il fallut se contenter, après avoir essayé d'un beurre de coco, d'un blanc de neige, mais qui, d'un commun accord, fut déclaré immangeable. Les asperges conservées n'étaient pas un aliment; en revanche, le chocolat, les petits pois en boîtes et le thon nous furent d'un grand secours; enfin, nous avons essayé de l'osséine.

Avec le rationnement du pain, il fallait des mesures d'ordre; tous les matins, on pesait à chacun ses 300 grammes, et chacun en disposait ensuite comme il l'entendait, pour ses deux repas; il s'agissait de régler son appétit. Ce pain était, d'ailleurs, si mal cuit, fabriqué d'éléments si mal assemblés, que l'estomac le plus robuste hésitait à le digérer, sans parler des brins de paille et de la balle d'avoine, qui nous causaient des maux de gorge impatientants.

Tout cela n'est rien, et si je parle de ces misères ridicules, c'est uniquement pour mémoire; le plus grand risque que nous pouvions courir étant de maigrir encore un peu.

La seule privation digne d'être notée, mais aiguë celle-là, universelle, et par instants intolérable, c'était l'éloignement de nos femmes et de nos enfants. Si j'avais été plus jeune, j'aurais montré plus de vaillance; mais, à mon âge, avec une santé médiocre, chaque jour qui passe est une grâce qui nous est faite, et je me demandais trop souvent si je les reverrais jamais. Aurais-je la consolation de dire à l'amie, que j'avais si violemment éloignée de moi : j'ai souffert de notre séparation plus que toi-même et je regrette de toute mon âme le chagrin que je t'ai causé; aurais-je cette amertume de ne pouvoir soulever de terre le petit être insouciant que je chéris, pour l'approcher de mes lèvres et lui souffler la colère, la haine dont mon cœur est plein. Oui, par ce côté, je puis dire que j'ai souffert, et beaucoup, en ajoutant que je ne céderais à personne, à aucun prix, cette part, qui est si bien à moi, dans la douleur commune.

J'ai dit, une fois ou deux, ce qu'étaient nos gardes au rempart; ce n'était rien. Un jour et une nuit sont bientôt passés, même sous la pluie et par le froid, et si l'on s'est plaint, dans ces dernières semaines, c'est seulement de l'abandon trop absolu, de l'inaction, de l'usage méprisable que l'on faisait de notre bonne volonté.

Mais si nos fatigues à nous, soldats des parties de bouchon, ne valent pas la peine d'être comptées, sait-on bien quel était, par ce rude hiver qui finit, le lot de nos camarades des compagnies de marche à Rueil, à Neuilly, à Creteil, en avant de Bicêtre et de Montrouge, tenus immobiles dans la boue glacée des cheminements et n'ayant pour abri, aux heures très-rares de leur repos, que des maisons sans portes ni fenêtres et sans plancher. Plus d'un, que je connais, soucieux de bien-être, amolli par la fortune, ou tout au moins accoutumé aux précautions réglées d'une vie facile, se trouva tout à coup mis en présence de ces deux inconnus : l'insomnie forcée et le froid. Il était interdit de faire du feu dans les tranchées, et, par le vent et par la pluie, on ne pouvait être coiffé que de son képi, sans capuchon ni passe-montagne, car il importait de ne pas se laisser surprendre. Le riz formait l'ordinaire, avec une portion de cheval; le vin était buvable, hors les cas où il gelait dans les bidons. Ce rude service, très-inégalement réparti du reste entre les bataillons, et qui, pour quelques-uns, a duré pendant plusieurs semaines, pouvait être rendu tolérable par la conscience de son utilité; cette conscience manquait; les jours s'écoulaient dans une attente toujours vaine, aucun ordre ne venait et nos effectifs diminuaient incessamment, décimés par les fluxions de poitrine et les bronchites.

Et la patience de certains ménages pauvres, la résignation inouïe des gens de petit métier, n'en dirai-je rien; avons-nous une idée de ce que certaines créatures ont dû souffrir? Il y avait les bons de toute nature, les cantines, les trente sous et les soixante-quinze centimes pour les femmes, la charité privée, qui a fait des miracles; mais, dans cette immense population, à côté des assistés, à côté de ceux qui pouvaient encore vivre, malgré la suppression soudaine de tout salaire et de tout crédit, combien d'effroyables misères! Je conjure mes amis de ne pas les oublier.

De Vaugirard à Ménilmontant, de la Croix-Rouge à l'avenue Saint-Ouen, rue de Rivoli, place de la Trinité, à la porte du charcutier, du boulanger, du boucher, j'ai vu, pendant de longs jours, des femmes de tout âge se presser, à la façon de bêtes avides, pour recevoir, chacune à son tour, un poisson salé, quelques cuillerées d'huile, ou un morceau de cheval, large de trois doigts. Plus d'une, qui s'était levée pourtant de grand matin, devait revenir dans l'après-midi, pour attendre

18.

encore jusqu'à la nuit faite, sous la pluie, sous la neige, ou par un froid de dix degrés. J'en ai vu qui tombaient, épuisées de fatigue et de faim.

J'ai pénétré dans ces intérieurs sordides, où s'entassaient, avec les enfants, le père, la mère et les parents réfugiés. C'était à n'y pas croire. M. Denonvilliers m'a dit qu'à la *Charité* ils avaient recueilli un assez grand nombre de vieillards des deux sexes, qui étaient venus là pour y mourir, à bout de forces, d'angoisses et de besoin. C'était à la dernière extrémité que ces pauvres misérables se faisaient transporter à l'hopital; car j'en ai rencontré, dans leurs tristes maisons, qui, déjà, n'avaient plus de souffle.

Dans ces familles, ruinées jusqu'au tréfonds par le chômage forcé, le dernier né, marqué pour une mort certaine, conservait encore le petit lit de bois blanc; les autres étaient à terre, sur des paillasses sans draps, maigres, jaunes, les yeux grands ouverts, et frissonnants. Un de ces enfants arrête un jour mon attention; il dormait en plein midi, son visage ne ressemblait en rien à toutes ces figures bleuies que je venais de voir; ses joues étaient rouges et bouffies, il respirait avec force. Je me penchai sur lui et je dis à sa mère : Je crains que ce petit n'ait la fièvre.

— Non, monsieur, me répondit-elle; c'est qu'il a bu.
— Bu ?
— Oui, monsieur ; ça les fait dormir.

Il y avait, sur le poêle sans feu, une tasse, où restaient encore quelques cuillerées d'eau-de-vie ; potion de misère, potion de sommeil, détestable poison !

Eh bien, en aucun lieu, à aucun moment, je ne les ai entendus parler de se rendre; et malgré les excitations des clubs, malgré les sollicitations de la Commune, la masse du peuple faisait obstacle à tout désordre, comme le prouvent les tentatives avortées du 31 octobre et du 22 janvier.

J'emprunte à un de mes amis, médecin, un tableau comparatif de la mortalité qui a son éloquence :

	1869		**1870**
NOVEMBRE.	Du 21 au 27 — 933	....	Du 20 au 26 — 1,927
DÉCEMBRE.	Du 5 au 11 — 882	....	Du 4 au 10 — 2,446
—	Du 12 au 18 — 955	....	Du 11 au 17 — 2,728
—	Du 19 au 25 — 980	....	Du 18 au 24 — 2,728

	1870		**1871**
JANVIER.	Du 2 au 8 — 1,106	....	Du 1er au 6 — 3,680
—	Du 9 au 15 — 998	....	Du 7 au 13 — 3,9x2
—	Du 16 au 22 — 980	....	Du 14 au 20 — 4,465
—	Du 23 au 25 — 1,044	....	Du 21 au 28 — 4,376
FÉVRIER.	Du 30 au 5 — 1,105	....	Du 28 au 3 — 4,071

Du 10 au 17 février. — Toute une semaine, pendant laquelle les ministres disparaissent, les généraux voyagent, les membres du gouvernement visitent leurs électeurs ; Paris, livré à lui-même, ne sachant plus comment ni par qui il est gouverné. A vrai dire, et chose à peine avouable, ce sont les Prussiens qui le protègent contre lui-même. « La populace » dont parlait M. de Bismark à Ferrières se saoule avec eux dans les cabarets de Charenton et de Saint-Denis; le rebut des créatures du boulevard va mendier leur pain ; et si l'Internationale et la Commune méditent quelque éclat, encore n'osent-elles pas se déclarer tant qu'ils sont là.

Le 12, au jour dit, l'Assemblée s'est réunie pour la forme ; le lendemain elle tenait sa première séance, et M. J. Favre a déposé « entre les mains des représentants du pays, les pouvoirs des membres du gouvernement de la défense nationale. » Aussitôt après, lecture a été donnée d'une lettre par laquelle le général Garibaldi se démet de son mandat de député.

A cette même date, les résultats du scrutin dans les départements nous sont en grande partie connus : *M. Thiers* est déjà nommé dans plus de vingt départements ; *M. Jules Favre* est élu dans l'Aisne, le Rhône, l'Ain, et Seine-et-Oise ; *M. le général Trochu* passe dans la Loire, le Morbihan, la Vendée, les Côtes-du-Nord, le Tarn, les Bouches-du-Rhône ; *M. J. Simon,* dans la Marne ; *M. Pelletan,* dans les Bouches-du-Rhône ; *M. Picard,* dans la Meuse ; *M. E. Arago,* dans les Pyrénées-Orientales ; *M. Ferry,* dans l'Yonne ; *M. Gambetta,* dans le Bas-Rhin, la Meurthe, la Moselle, Seine-et-Oise, le Var, la Côte-d'Or, les Bouches-du-Rhône, à Oran, à Alger ; *Garibaldi,* à Nice, à Alger, dans la Côte-d'Or et la Loire.

Le duc d'Aumale est élu dans la Loire ; *le prince de Joinville,* dans la Haute-Marne et dans la Manche ; seule, la Corse semble se souvenir de l'empire, en nommant M. *Conti.*

L'ensemble des suffrages ne nous permet pas d'en douter : la France veut la paix ; veut-elle aussi la monarchie ? On peut le croire, car la majorité de l'Assemblée est royaliste.

FÉVRIER 1871.

A Paris, le recensement des votes, annoncé pour le 10, remis au lendemain, puis ajourné à une date que l'on ne précise plus, doit nous donner pour députés : Gambetta, Garibaldi, Pyat, Rochefort, Delescluze et, à leur suite, la plupart des assaillants du 31 octobre. Ce résultat violent ne changerait rien du reste au cours des choses; et je doute que l'on s'en préoccupe beaucoup à Bordeaux.

Mais si, là-bas, on croit toucher au port, il s'en faut qu'ici nous ayons la même assurance. Les journaux les plus sages s'accordent à signaler les périls de notre situation. « En attendant, comme l'a dit M. Favre à l'Assemblée, qu'un nouveau pouvoir soit constitué, *qui sera le véritable pouvoir légitime* », nous nous demandons, où est le commandement? Je n'oublie pas que la convention du 28 janvier a donné mission à la garde nationale de maintenir l'ordre[1]; mais il suffit de nous compter pour concevoir bien des alarmes. Les bataillons de Belleville, de Popincourt et de La Villette sont au complet; les nôtres sont désorganisés, par le départ d'un trop grand nombre de nos amis, plus pressés de retrouver leurs familles, que d'aller se faire tuer « sous les ordres

---

1. En stipulant que la garde nationale conserverait ses armes, alors que l'armée devait livrer les siennes, M. Favre n'aurait eu qu'un but, dit-on, *ménager ses électeurs, et se réserver une armée*. Je ne partage pas ce soupçon. S'il était possible, en effet, d'imposer à une troupe disciplinée un sacrifice nécessaire, il n'était permis à personne d'attendre la même soumission de nos régiments. M. Favre voulait éviter des complications qui pouvaient être désastreuses; il y avait du dédain, avec un espoir caché, dans l'acquiescement de M. de Bismark.

de je ne sais qui, et pour je ne sais quoi. » Il ne faut pas se le dissimuler, la lassitude est immense et elle se complique de rancunes, qui n'ont point dit leur dernier mot.

Cependant, le 25 pluviôse an 79, 13 février, *le Vengeur*, toujours encadré de noir, a publié un article qui a pour titre : RÉPUBLIQUE ET FRANCE, et qu'il faut lire, car il renferme les impressions de M. Pyat et son programme. — « La conjuration monarchique l'emporte ; la nomination du duc d'Aumale à Beauvais rouvre la porte aux prétendants. Il convient d'exiger que les électeurs de Paris donnent à leurs représentants le mandat impératif d'exclure les princes d'Orléans, et, en même temps, de se refuser à tout traité qui entraînerait la cession d'un pouce de notre sol, d'une pierre de nos forts. Les représentants de Paris devront donner leur démission ou, mieux encore, déclarer rebelles et traîtres à la république leurs collègues des départements qui voteraient la paix à d'autres conditions. Après quoi, ils se retireraient à Lyon, pour y organiser le gouvernement révolutionnaire, en décrétant la levée en masse. *Que Paris, de son côté, se tienne prêt à organiser le vrai gouvernement de la défense :* LA COMMUNE. »

Nous sommes avertis.

Une note insérée au *Journal officiel* nous annonce, sans indiquer la date de l'événement, que la garnison de Belfort a quitté la place, avec les honneurs de la guerre. Par une dépêche du 7, le commandant avait informé le gouvernement qu'il était résolu à se défendre jusqu'au bout, en laissant d'ailleurs à l'autorité centrale le soin de décider si de nouveaux sacrifices pouvaient être utiles au pays. — Tout sacrifice est inutile.

18 février. — Hier soir, à quatre heures, la commission du recensement des votes a fait connaître les résultats du scrutin ; le *Journal officiel* vient de nous les communiquer.

Nombre des électeurs inscrits	547,858
Dont le huitième est de	68,482
Nombre de votants	328,970
Absences ou *abstentions*	218,888

CANDIDATS ÉLUS :

Louis Blanc	216,530	Marc Dufraisse	101,688
Victor Hugo	213,686	Greppo	101,018
Gambetta	202,399	Langlois	95,851
Garibaldi	200,239	Frébault	95,322
Quinet	199,472	Clémenceau	95,144
Rochefort	165,670	Vacherot	94,621
Saisset	154,379	Floquet	93,579
Delescluze	154,142	Jean Brunet	91,914
Joigneaux	153,265	Cournet	91,656
Schœlcher	149,994	Tolain	89,152
Félix Pyat	145,872	Littré	87,868
Henri Martin	139,420	Jules Favre	81,722
Pothuau	139,280	Arnaud (de l'Ariège)	79,955
Gambon	136,249	Léon Say	76,675
Lockroy	134,583	Ledru-Rollin	75,784
Dorian	128,480	Tirard	75,207
Ranc	126,533	Razoua	74,415
Malon	117,483	Ed. Adam	73,245
Brisson	115,594	Millière	73,121
Thiers	103,226	Peyrat	72,180
Sauvage	102,672	Farcy	69,968
Martin Bernard	102,366		

Viennent ensuite, en négligeant les centaines, MM. Asseline, Tridon et Corbon avec 65,000 voix ; Arthur Arnould avec 64,000 ; Roger du Nord et André Murat, 63,000 ; Lefrançais et Vitet, 62,000 ; Oudet, Krantz, 61,000 ; Desmarets, Chanzy, Regnard, Jules Miot, 60,000 ; Solacroup, Jaclard, 59,000 ; Assi, Denormandie, Varlin, 58,000 ; Salicis, 57,000 ; Johannard, 56,000 ; Claparède, 55,000 ; Vinoy, 54,000 ; Sebert et Uhrich, 53,000 ; Blanqui, Guéroult, 52,000 ; Grévy, 51,000 ; Alfred André, Courbet, Bouruet-Aubertot, 50,000 ; Vaillant, Theisz, 49,000 ; Dereure, Hébrard, 47,000 ; Cochin, Coquerel, 46,000 ; Chalain, 45,000 ; Faidherbe, Breslay, Pernolet, 44,000 ; Lamothe Tenet, Vautrain, Léo Meillet, 43,000 ; G. Flourens, 42,000 ; Ranvier, 40,000 ; d'Haussonville, Ernest Picard, 39,000 ; de Pressensé, Lanfrey, 38,000 ; Michelet, H. Sainte-Claire Deville, Fleuriot de Langle, Dietz Monnin, 37,000 ; Hauréau, 36,000 ; Albert, La Roncière le Noury, 35.000 ; Dupont de Bussac, 34,000 ; Eudes, Poulizac, 33,000 ; de Beaurepaire, Madier de Montjau, Pothier, 32,000 ; Jules Simon, 31,000 ; Berthelot, Bonvalet, Pindy, 30,000 ; Carnot, Despois, 29,000 ; Amouroux, Havard, Tony Réveillon, Tenaille-Saligny, 28,000 ; Cail, Barthélemy Saint-Hilaire, docteur Robinet, 26,000 ; J. de Lasteyrie, John Lemoine, 25,000 ; de Crisenoy, 24,000 ; Briosne, Dufaure, Mégy, 23,000 ; Jacques Durand, Émile Duval, 22,000 ; Cluseret, 21,000.

La commission de recensement s'est arrêtée là, en jugeant superflu de descendre plus bas.

Dans le monde que j'habite, on se montre très-ému de ce résultat, auquel on a cependant contribué, et qui passe, à vrai dire, mes prévisions. J'aurai beau faire et répéter que Paris n'a eu qu'un but, protester contre la capitulation ; en vain, je montrerai le chiffre des absents, et les 100,000 voix données à M. Thiers, les noms de MM. Rochefort, Delescluze, Pyat, Ledru-Rollin, Razoua, Millière, couvriront tout ; la province ne pouvant voir que démence et provocation, de parti pris, dans cet amalgame exorbitant, où se trouvent si prodigieusement confondus : MM. Chanzy, Uhrich, Cochin, Vitet, Barthélemy

Saint-Hilaire, d'Haussonville, de Lasteyrie, Dufaure, et les Briosne, les Assi, Lefrançais, Blanqui, Eudes, G. Flourens, Mégy, et Cluseret, pour conclure. En Angleterre, en Belgique, en Suisse, on nous accusera d'excès certainement et d'inconséquence, en rapprochant cette prétendue profession de foi d'aujourd'hui, de la manifestation du 3 novembre, qui donnait à M. le général Trochu et à ses collègues, 557,996 oui.

L'excès est évident ; quant à l'inconséquence, elle ne m'est pas prouvée ; et, dussé-je être accusé de complicité, je maintiendrai l'opinion que j'exprimais tantôt, et qui a soulevé un si violent orage.

Il n'est pas douteux que les Blanquistes, qui sont une secte, l'Internationale qui est une conjuration, la Commune qui est un masque pour tout oser, ne soient, pour une part, dans le vote du 8 février ; mais tout ce monde, plus ou moins menaçant, existait il y a trois mois, et, en admettant qu'il ait trouvé, dans les clubs, dans l'organisation des nouveaux bataillons, des moyens de propagande incomparables, encore me refuserai-je à admettre que les 62,638 *non* du 3 novembre, y compris les 9,053 votes militaires, aient pu produire les 165,000 voix de M. Rochefort, les 150,000 voix de MM. Delescluze et Pyat ; encore moins les 200,000 voix de M. Gambetta.

Non, il n'est pas vrai que, dans cette population de deux millions d'âmes, la Commune et l'Internationale soient, tout à coup, devenues maîtresses. Paris est notre Far-West, on y trouvera, comme à Londres et à New-York, des bandits de toute origine, on y trouvera des hommes sans intelligence, des esprits ouverts à toutes les négations, des ambitieux, des orgueilleux et des fous ; mais, quel que soit leur nombre, ceux-là seuls, qui n'ont pas vécu de notre vie depuis cinq mois, oseront dire que le vote du 8 février n'est pas, *avant tout,* un désaveu des fautes commises, un arrêt de colère, l'acte d'un peuple désespéré, qui n'écoute plus rien que sa fureur.

Il me paraîtrait étrange, au surplus, d'adresser à Paris seul le reproche d'inconséquence ; et je demanderais volontiers à la province ce qu'elle a fait de ses représentants de 1869, et du plébiscite. Au lieu de persister, de part et d'autre, dans les récriminations, pourquoi ne pas reconnaître, qu'en attendant l'heure où il nous sera permis de savoir et de dire ce que nous voulons, Paris, et les départements, viennent, ensemble, de dire ce qu'ils ne veulent pas.

L'esprit d'un pays comme le nôtre, si affolé qu'on se le représente, si mobile qu'il soit en réalité, ne varie pas, d'une année à l'autre, dans les proportions que nous voyons, sans quelque motif, emprunté, soit à des faits qui ont blessé la conscience du plus grand nombre, soit à des événements qui sont venus compromettre les intérêts matériels de la majorité. On répète que le peuple se donne au hasard ; cela n'est pas vrai. Il a toujours, en se donnant, une arrière-pensée, faite d'illusion ou d'ambition bonne ou mauvaise, et c'est pour que vous serviez cette ambition qu'il s'est livré, c'est parce que vous ne l'avez pas satisfaite qu'il vous abandonne. En vain essayerez-vous de lui démontrer, après que vous aurez tout compromis, l'excellence de vos intentions ; en vain, vous l'avertirez qu'il peut achever de se perdre en vous frappant; il frappe d'abord, car vous avez affaire à un créancier sans entrailles et si maladroit que, pour venger son espoir déçu, il embrasse aveuglement une nouvelle erreur. Ce n'est pas de la mobilité cela, c'est de l'ignorance et de la passion.

J'insiste sur cette distinction, qui est pour moi capitale. Le reproche de légèreté a cet inconvénient, en effet, de contenir une certaine part de mépris, et, par sa banalité même, de nous épargner tout effort de réflexion ; il a l'inconvénient plus grave encore, pour les gouvernements, de les abuser sur notre véritable tempérament. C'est en se persuadant que nous ne savons pas ce que nous voulons, qu'eux-mêmes ils ne savent pas ce qu'ils doivent vouloir, tandis qu'ils auraient pu se convaincre que nous poursuivons, par trop de moyens changeants, une même chose qui nous fuit, je veux dire : *un gouvernement qui ne soit pas un parti,* assez éclairé pour affirmer que la condition essentielle de notre commune existence c'est la liberté dans l'ordre, assez fort pour nous imposer le respect de la justice, de l'intelligence et du travail.

Le jour, où nos lois politiques seront inspirées par le sentiment du bien public, au lieu d'être dictées par l'esprit de prévention ; le jour, où les pouvoirs dirigeants auront pour règle de conduite le désintéressement et la sincérité; le jour où les oppositions auront cessé de promettre pour ne pas tenir ; ce jour-là, peut-être, le peuple saura vouloir avec modération et distinguer ceux qui veulent le servir, de ceux qui veulent seulement user de sa crédulité, pour faire leur fortune.

Quoi qu'il en soit de ces généralités, les voilà faites ces élections « libres », qui ont eu pour agents : la peur, la misère, l'injure, avec le cortége des ambitions inavouées et des rancunes sans frein. A tous les dissentiments qui séparaient déjà Paris de la province, sont venus s'ajouter les ténèbres de ces longs mois, pendant lesquels nous n'avons rien su de ses intentions, tandis que, de son côté, elle s'abusait sur l'étendue de nos ressources militaires, et sur le caractère de notre résistance. C'est de cette ignorance réciproque que sont sorties nos défaites; tâchons donc, maintenant que les mensonges ont cessé, de nous voir tels que nous sommes, et s'il se peut, de nous entendre.

L'unique souhait que je veuille former, en ce moment, c'est que nos amis de Rouen, de Lille, de Poitiers, de Rennes et de Tours, n'oublient pas que ce Paris, monstrueusement agrandi, nous contient tous, qu'il est l'œuvre *commune* de nos passions les plus nobles et de nos faiblesses les plus basses, l'œuvre de notre génie et de nos égarements; je les conjure de se souvenir que tous ils y sont venus, Angevins, Bourguignons, Normands et Bretons; chacun d'eux, y laissant après lui, sa part d'exemples.

Au lieu de rêver, comme elle le fait, je ne sais quelle séparation monstrueuse et fratricide, pourquoi la province n'use-t-elle pas plutôt du bénéfice de ces élections qui vont lui assurer la majorité? La centralisation à outrance vient de dire son dernier mot; les fruits qu'elle peut produire, nous les voyons; c'est toute l'initiative d'une grande nation rassemblée dans les mains de quelques hommes soumis à la volonté d'un seul; c'est l'universelle dépendance, toute notre fortune massée en un seul enjeu. Il n'y a plus à hésiter, et la province sera dans son devoir et dans son droit, en exigeant sa part d'action et de responsabilité.

Elle prendra garde toutefois que, s'il est indispensable qu'elle puisse parler, se résoudre, et n'être plus contrainte, il importe, plus que jamais, d'affirmer, en même temps, le principe d'un devoir commun, d'affirmer par des lois, unanimement consenties, l'unité de la nation; faute de quoi, nous ne serions plus une patrie.

MARS 1871.

3 mars 1871.

I

Si e me décide[1] à publier ces souvenirs de siége, ce n'est pas avec la prétention de donner à des notes, souvent trop personnelles, le caractère d'un travail historique de quelque prix; ce n'est pas non plus que je songe uniquement à satisfaire la curiosité de nos amis, absents de Paris depuis six mois, nos compagnons pendant des années, devenus aujourd'hui nos juges. L'utilité qu'il pouvait y avoir à nous renseigner mutuellement sur le sens de tant de choses vues à distance, et sur le caractère de certains hommes, n'existe plus. Encore une fois nous avons dû nous résoudre sans nous consulter; l'échange d'impressions et d'idées qui se complète d'heure en heure vient trop tard, et maintenant il importe peu de savoir que nous avons été trompés.

1. Ce postscriptum a été inséré dans le journal *Le Temps* du 10 mars 1871.

Quelles que puissent être, du reste, les conséquences de nos malentendus, je ne m'en préoccuperais pas outre mesure, si je ne voyais, dans notre train de vie qui recommence, la trace d'un incroyable retour à nos habitudes les plus détestables, l'indice d'une erreur, pire que tous les désastres.

L'erreur invétérée, tenace, à laquelle un pays succombe immanquablement, quand il a le malheur de s'y complaire, n'est pas de celles qui disparaissent devant un simple exposé des faits ; il faut, pour en venir à bout, quelque chose de plus concluant qu'un récit de politique et de guerre, ce récit fût-il absolument sincère, autre chose qu'une histoire des événements ; il faut une histoire des causes ; en d'autres termes, il faut un aveu. Ce n'est point assez de compter nos morts, de prendre le deuil de nos provinces qui ne sont plus à nous ; en agissant ainsi, nous n'aurions rien fait que ne puisse faire, au lendemain d'une bataille perdue, un peuple profondément atteint, mais de mœurs sérieuses, de vitalité forte, et dont le rétablissement n'est qu'une question de temps. Si le sentiment de notre défaite ne nous conduit pas jusqu'au sentiment de nos fautes, et jusqu'au repentir qui doit les suivre ; si nous nous contentons de maudire notre ennemi, sans nous accuser nous-mêmes, c'est que décidément nous avons perdu, avec Metz et Strasbourg, la seule vertu qui puisse nous aider à les reprendre : la conscience.

La guerre actuelle, que nous l'ayons provoquée ou acceptée, consentie ou subie, pouvait nous ruiner pour dix ans, et plus, si l'on veut ; elle ne pouvait créer, en six mois, la situation où nous voilà manifestement réduits, et c'est faire trop d'honneur à la Prusse que de lui attribuer le désarroi total d'un grand pays comme le nôtre. Quoi qu'on puisse dire des procédés de contrainte et d'extermination qu'elle a mis en œuvre, jamais on n'expliquera, par des coups d'épée, le désordre moral auquel nous assistons.

Ce désordre existait avant Wissembourg, avant Sedan, et si je me détermine à joindre mon témoignage, tel quel, aux preuves plus sérieuses qui ne manqueront pas de se produire, c'est qu'à mon avis nous avons tous, aujourd'hui, une même obligation : celle de faire un monceau de nos dissentiments, de nos contradictions et de nos rancunes pour en avoir enfin raison, si tant est que le sort nous ait laissé, en échange de tout ce qu'il nous enlève, quelque force d'âme et quelque sincérité.

S'il fallait en croire un ennemi, qui nous épiait depuis un demi-siècle, et qui vient d'être payé de cette longue étude, par des résultats si prodigieux, nos qualités mêmes, en admettant qu'il nous en reste, nous deviendraient funestes, soit parce que nous les appliquons trop souvent à des usages médiocres, ou à des satisfactions de vanité, soit en vertu de l'égarement inconcevable qui nous fait, presque dans le même temps, souhaiter d'être libres et regretter de ne plus obéir, détester le maître que nous nous étions donné, pour rêver le lendemain quelque autre soumission plus basse, à cette seule condition qu'il nous sera permis de conserver ou d'accroître notre fortune. En regard de ces qualités, trop peu sûres d'elles-mêmes et sitôt lasses, nous aurions certainement la plupart des défauts de l'enfance, avec tous les vices des gens vieillis et corrompus : la puérilité des illusions et la jactance; l'ignorance de ce que vaut le travail et trop fréquemment de ce qu'est le devoir; le mépris de toute discipline et le culte de la réglementation; la curiosité des choses vulgaires et malsaines et l'indifférence, dès qu'il s'agit de science, d'art et de livres; au lieu de la foi raisonnée qui détermine les actions viriles, des superstitions et des systèmes; l'égoïsme endurci et la fatuité qu'aucun châtiment ne déconcerte; pour tout dire, le tempérament d'un peuple qui n'aime rien, qui ne croit à rien, qui ne sait plus où est sa loi, parmi tant de lois disparates qu'il s'est données, qui prétend exercer la souveraineté et qui répudie toutes les obligations de la souveraineté, ou qui les ignore; peuple d'incrédules, qui se voit périr, et qui attend son salut d'un miracle.

Ce jugement, répété par toute l'Allemagne, colporté par toute l'Europe, est-il un arrêt sans appel, ou bien faut-il y voir seulement une calomnie, l'artifice impudent d'un vainqueur, qui ne se contente pas de nous avoir abattus, mais qui voudrait encore nous déshonorer? En déclarant, au lendemain de la reddition de Metz, que *c'en était fait à jamais de la puissance militaire de la France*, le prince Frédéric-Charles a-t-il eu tort ou raison? Que voulait dire M. de Bismark, après la signature de l'armistice de janvier, avec ce mot qu'on lui prête : *A présent, la bête est tuée !* Autant de questions qui, pour être éclaircies, exigeront de notre part, et à bref délai, un examen approfondi.

En ce moment, comme pendant le siége, je n'a d'autre projet que de noter mes impressions au passage, sans aucun souci de les coordonner.

II.

L'enseignement qui ressort pour nous des faits particuliers, sur lesquels le prince Frédéric-Charles s'est appuyé, peut se résumer en un petit nombre de propositions.

Notre cavalerie, telle qu'elle est, même après ses preuves faites d'héroïque dévouement, à Reichshoffen et ailleurs, n'est plus au niveau des besoins présents. Ce qui nous manque, ce sont des éclaireurs, rompus au métier, des batteurs d'estrade, des hommes rapides et résolus, conduits par des officiers instruits et connaissant à fond nos routes, et celles de l'ennemi.

Le courage individuel demeure une vertu; mais il ne sera plus une force désormais qu'à cette condition de savoir attendre, pour se produire, l'heure marquée par un chef, économe du sang de ses soldats s'il juge superflu de le prodiguer; prodigue de ce sang généreux si le gain de la bataille peut dépendre d'un effort désespéré.

Jusque vers le milieu de ce siècle, il existait encore une sorte d'équilibre entre les différentes armes; cet équilibre est rompu au profit des canons. Il s'agira, demain, d'en avoir un plus grand nombre que l'ennemi, d'exagérer encore leur portée; en même temps, de les rendre assez maniables pour les mouvoir rapidement, soit qu'il convienne de dominer le feu de l'adversaire, soit qu'on juge nécessaire de reculer à temps. L'infanterie n'est plus qu'une troupe de soutien, jusqu'au moment où elle reçoit mission d'occuper des positions, que l'artillerie aura rendues intenables.

Autrefois, c'était hier, le grand art consistait à jeter sur le territoire de l'ennemi une armée de deux cent mille soldats; désormais, les guerres dignes de ce nom seront des déplacements de peuples, comme au temps des Mongols et des Huns; l'aïeul, le père avec l'enfant, prendront part à ces luttes, d'où sortira une nouvelle Europe; et le vainqueur ne se contentera pas de retenir, de prendre une province, il annexera des royaumes à son empire, les vaincus n'ayant plus à choisir qu'entre l'émigration ou la servitude sous un maître étranger. En présence d'un pareil avenir, notre loi militaire doit appeler toute la nation sous les armes, de telle manière que chaque citoyen puisse devenir un combattant, le jour du péril venu. Sans compter, que l'esprit public ne peut que tirer profit de cette soumission universelle à un même devoir, surtout si l'éducation de famille et des institutions rigoureuses nous font, en même temps, des mœurs.

Avec une discipline et des canons, il faut par-dessus tout des intelligences. Il ne suffit plus de savoir se faire tuer pour gagner des batailles et prendre des villes : il faut étudier avant, pendant et après l'école, surtout après; car à chaque degré de la carrière, on sera tenu de faire ses preuves ; il faut connaître la langue de l'ennemi, ses montagnes, ses forêts et ses fleuves ; posséder l'art des abris ; savoir nourrir ses soldats et les vêtir, les protéger contre les surprises et *vivre de leur vie*, au lieu de les laisser trop souvent à l'abandon. Il faut se persuader, en un mot, que si l'habit qu'on porte peut être de tous le plus respectable, à la condition qu'il servira d'enveloppe à une intelligence et à un cœur ferme, il est le moins enviable de tous, s'il n'est que le vêtement d'aventure d'un fils prodigue, ou d'un désœuvré médiocre, dont aucune carrière sérieuse n'aura voulu.

Nous assistons à un déplacement de puissance, cela est incontestable ; question de fortune et de temps ; à une transformation de matériel de guerre, à la mise en pratique, dans de vastes proportions, d'une tactique nouvelle; question d'étude et d'argent; la Prusse avait pour elle, dans la lutte qui vient de finir, le nombre discipliné, fanatisé, une organisation militaire incomparable, le génie d'un ministre sans scrupules, l'intelligence partout présente d'un général consommé; puis encore des lieutenants qui savaient obéir et se résoudre; tandis que nous, en regard de ces forces accablantes, nous avions l'ignorance et la confusion. Le résultat ne pouvait être douteux.

III

Mais, si la transformation de notre armée, la révision du plan d'études de nos écoles militaires me paraissent être autant d'éléments essentiels de notre *reconstruction,* des faits, trop évidents, nous avertissent que le principal de notre tâche n'est pas là.

Quand nous aurons emprunté à la Prusse telles ou telles parties de son organisation, dont la supériorité nous est aujourd'hui démontrée, il nous resterait à former un de Moltke, si tant est que ses pareils soient seulement un produit du travail et de la réflexion; puis, quand nous aurions trouvé un grand général et donné des armes à deux millions de paysans, à ce moment encore nous n'aurons rien fait, car la vraie force n'est pas dans le génie d'un seul, ni dans le nombre des soldats, ni dans le degré de perfection des instruments de guerre, elle est dans le caractère de la nation, dans son éducation générale, dans les principes et les sentiments qui la gouvernent.

Toutes les affaires de notre pays, les plus graves et les plus vulgaires, sont également dominées par l'esprit de coterie, d'intrigue et d'exclusion, par des préjugés qui font obstacle à toute initiative, ou par des considérations politiques, absolument étrangères à l'intérêt public. On s'étonne ensuite de manquer d'hommes, quand on en a besoin, mais à qui la faute ? Le savoir, l'honnêteté, le travail, sont-ils des recommandations suffisantes pour parvenir, ou serait-il vrai qu'en mainte occasion le seul examen qu'on vous fasse subir soit un examen de doctrines, à la suite duquel la carrière vous est ouverte ou fermée, selon que vous vous serez ralliés ou non à tel évangile d'école, à tel programme de gouvernement ? Serait-il vrai que l'ambition des gens médiocres, qui est une honte et un péril pour l'État, nons l'avons vu, trouve sa justification immédiate dans la fortune administrative, militaire et même scientifique, d'un trop grand nombre d'individus sans talent, que leurs alliances ou leur savoir-faire ont portés au premier rang ?

On dispute sur le régime d'encouragements qu'il conviendrait d'appliquer aux sciences, aux lettres et aux arts, comme si les poëtes et les philosophes, les savants et les artistes, pouvaient naître, à la baguette, de la bienveillance d'un ministre ; on accuse, tour à tour, de notre abaissement l'avarice des princes et les entreprises maladroites des bureaux, sans prendre garde que les chefs-d'œuvre sont un produit direct des préférences de la nation et que, dans notre société — multitude, toute pleine d'elle-même, avide de bien-être, curieuse de se distraire plutôt que de s'instruire, l'art, fatigué de dédains, se fait trafiquant de tableaux et de statues, tandis que la science, gagnée par l'exemple, à son tour, quitte ses recherches laborieuses, pour quelque industrie, où la fortune l'attend.

Notre presse, notre théâtre, par qui sont-ils gouvernés? par ce même public suborneur, sans goût et sans idées, qui achète le journal pour y lire les *faits divers*, qui met à prix le scandale et patronne les médiocrités. En toute chose, c'est le nombre qui fait la loi; aussi que voyons-nous? Pour une tentative de raison, en regard d'un travail consciencieux, combien d'imaginations extravagantes, combien de salissures! Sous prétexte de représenter les mœurs de son temps, on fouille les cas immondes; sous prétexte de satisfaire la curiosité, on force les portes closes; sous couleur d'avoir de l'esprit, on est impudent.

La famille, du moins, est-elle un refuge? En haut, le mari vit dans ses bureaux, à la bourse, au cercle ou ailleurs; la femme s'ennuie; tandis que ses enfants précoces, confiés à une étrangère, anglaise ou allemande, parlent entre eux de modes, de jeu et de chevaux. Dans la classe bourgeoise, c'est le même train, avec le même oubli du respect de soi, des limites de sa fortune et des devoirs prescrits. En bas, on a le cabaret, les rêves dans les fumées du vin, sans autre préoccupation que de satisfaire, sans travailler, ses défauts anciens et ses nouveaux vices.

Le champ des améliorations à réaliser est donc immense; il embrasse notre société tout entière, notre esprit public, aussi bien que nos habitudes privées, et « le principal de notre tâche, » c'est — notre éducation à refaire, — notre système d'enseignement à réformer.

Pour notre éducation, nous n'avons à prendre conseil

que de nos malheurs, et je ne parle pas seulement des derniers; ils nous indiquent clairement en quoi nous avons failli, par où nous avons mérité notre châtiment. Les leçons que nous avons successivement reçues sont si péremptoires, les avertissements ont été si nombreux que la conscience la plus revêche doit se rendre, à moins qu'il n'y ait en nous une volonté résolue de suicide.

Quant à notre enseignement, ce n'est pas en ajustant de nouvelles matières à des programmes d'examens déjà trop encombrés; en confiant la direction de nos écoles à des conseils politiques, en chargeant des commissions, notoirement hostiles à toute pensée de réforme, du soin de préparer de nouvelles lois; ce n'est pas en limitant l'initiative des corps, en confondant les juridictions, en tolérant les excès du cumul, le scandale des suppléances, la perpétuité de trop de choses caduques, qu'on peut assurer le recrutement des maîtres de la jeunesse et former des générations.

Le sentiment que nous avons de nos besoins est, du reste, si incomplet, notre vue est si courte, nos intentions, même les plus louables, se compliquent de tant de réticences intéressées, l'esprit d'exclusion et l'excès sont entrés si fortement dans nos mœurs qu'il nous est impossible de conserver notre équilibre, même dans les choses de l'enseignement. Ici, comme partout, lorsqu'une nécessité nous est révélée, nous nous précipitons en aveugles vers ce but unique, en lui sacrifiant d'autres obligations non moins immédiates, qu'il nous faudrait également remplir. L'instruction au peuple, voilà le mot d'ordre redit aujourd'hui, de proche en proche, par les oppositions et les gouvernements, qui nous offrent à l'envi, comme un spécifique, la table de Pythagore et l'alphabet. Multiplier les écoles de village, rendre leur fréquentation obligatoire, améliorer la condition des instituteurs, fortifier les moyens de contrôle, quoi de plus sage, en effet, et lequel de nous ne se joindrait à un effort, qui peut nous donner des électeurs plus sûrs de leurs choix, former des citoyens qui sachent mettre en pratique la devise des cantons suisses : *Un pour tous, tous pour un;* quoi de plus désirable que d'apprendre aux ouvriers et aux paysans l'histoire de notre passé, de leur faire connaître notre constitution, de les associer plus étroitement à notre vie, dont ils n'aperçoivent que les surfaces, par l'intelligence de nos devoirs communs; quoi de plus urgent que de les mettre à même de ne plus nous répondre quand nous leur parlons de l'Alsace et de la Lorraine : Était-ce là-bas au Nord ou là-bas dans le Midi?

Quels que puissent être cependant les résultats produits par le développement et la transformation de l'instruction primaire, je laisserais volontiers aux habiles de tous les partis le soin de défendre cette cause gagnée, je tiendrais ces résultats pour nuls et presque méprisables, si nous devions y voir tout notre idéal. En admettant que les instituteurs prussiens aient été pour quelque chose dans le gain de la bataille de Sadowa, ce ne sont pas ces instituteurs qui ont formé M. de Bismark, ni de Moltke, ni Blumenthal, ni Werder, encore moins Bunsen, Helmoltz et tant d'autres; ils peuvent avoir entretenu la haine, contribué par leurs leçons, si différentes des nôtres, à maintenir la discipline; je les aurais mis au défi de concevoir et de mener à fin cette mémorable campagne de 1870, qui est, dans toutes ses parties, l'éclatante manifestation de notre infériorité scientifique.

Cette infériorité, soyons-en convaincus, est un péril aussi pressant que l'ignorance du peuple; car si l'absence de certaines notions, nécessaires à tous, peut déterminer ces surprises périodiques qui ont compromis notre ordre social, l'insuffisance de l'enseignement supérieur doit être pour la nation la ruine à bref délai, ruine de sa fortune, de son influence et de sa renommée. Tandis que l'Allemagne, l'Angleterre, la Russie n'épargnent aucun sacrifice, pour doter leurs gymnases et leurs universités des instruments de travail les plus abondants, nous mesurons nos secours aux savants qui ont illustré la France par leurs découvertes, augmenté ses revenus dans des proportions immenses, soit en créant de toutes pièces des industries qui, sans eux, seraient encore à naître, soit en les protégeant contre des fléaux qui les auraient anéanties. Nous vivons des bienfaits de ces hommes trop patients; et nous leur refusons les moyens de produire; —c'est à peine si nous savons leurs noms.

IV

Notre constitution politique vaut ce que vaut notre société.

Depuis quatre-vingts ans, nous battons les murailles, semblables à ces malheureux atteints dans leur moelle, et qui, leur équilibre une fois perdu, ne savent plus le retrouver jamais. Peut-être conservent-ils la notion d'un but qu'ils ont entrevu, peut-être rencontreront-ils un obstacle qui les arrêtera pendant un moment; mais le propre de leur état est de vouloir marcher sans aide. Ils renversent l'obstacle, pour se précipiter encore, tremblants d'une sourde colère; et parfois, dans une direction tout opposée à celle qu'ils voudraient suivre.

Après la détestable anarchie, qui suivit un des plus généreux mouvements que l'esprit humain ait jamais connus, nous avons eu la guerre sans fin, sous un maître absolu; après le despotisme, la liberté consentie, sorte de mariage imposé entre le passé, dont nous nous étions séparés trop violemment, et le présent tout plein de désirs confus; puis, le peuple se donnant un roi placé sous le contrôle de mandataires élus; puis, encore une fois, la république avec Février; puis un second empire avec Décembre; enfin, pour la troisième fois, la république, héritière désignée de toutes les catastrophes.

Chacun de ces gouvernements, qui se sont ainsi succédé, nous a donné, l'un après l'autre, des institutions faites à son image, c'est-à-dire portant toutes, du plus au moins, la marque des passions d'un parti, ou du tempérament d'un prince. Chacun de ces gouvernements a débuté par des promesses, pour conclure fatalement à la répression ; ce qui nous conduirait à penser que tous ces régimes contradictoires ont commis ensemble une même faute, dont leurs ministres et les représentants de toutes les oppositions peuvent, également, se partager la responsabilité.

Cette faute, suivant moi, c'est d'avoir fait de l'autorité et de la liberté, des expédients pour conserver ou ressaisir la fortune, au lieu d'en faire des règles voulues, immuables et parallèles de gouvernement ; la liberté et l'autorité ne marchent pas l'une sans l'autre, excepté dans les rêves des sophistes ; la faute, c'est de n'avoir jamais su résister à propos ou céder à temps, par ce motif trop connu que, dans la plupart des cas, on s'inquiétait beaucoup moins de consulter sincèrement l'opinion que de la diriger, moins de donner satisfaction à l'intérêt public vu de haut, que d'assurer sa propre durée par des travaux, par des guerres au besoin, et même par des lois, destinés à nous enrichir, à limiter nos impatiences, ou à flatter notre orgueil. La faute, c'est d'avoir patronné sciemment, frauduleusement, les divisions ; d'avoir perpétué l'antagonisme en marquant ses préférences pour telle partie du peuple, dont on se faisait un point d'appui, au détriment de telle autre classe de citoyens que l'on dénonçait ; la faute, enfin, c'est d'avoir perverti toute morale, matérialisé tous les principes, en proposant à notre activité la richesse pour dernier but, et en laissant croire au peuple, d'autre part, qu'il suffit de naître pauvre et de vivre dans l'oisiveté, pour entrer en possession de tous les droits, pour tout dominer : l'intelligence et le travail.

Il convient d'affirmer, aujourd'hui, que si le peuple n'est plus ce mineur trop longtemps délaissé, à qui une caste privilégiée pouvait mesurer sa protection, en limitant ses besoins, il n'est pas, non plus, un oracle toujours sûr, ni un législateur impeccable. Le peuple ne réside pas dans tel ou tel quartier de Paris ; il n'est pas renfermé dans Lyon ou dans Marseille ; le peuple n'est pas une *espèce,* comme on dit en histoire naturelle, c'est un *genre,* auquel nous appartenons, vous et moi, dont nous sommes tous les membres. C'est le fonds commun, d'où peuvent sortir, au nom de notre égalité civile, des aptitudes variées, ayant leur droit d'accession proportionnel ; d'où peuvent émerger, au nom du suffrage universel, des manifestations, dont il convient de mesurer attentivement le sens et la portée.

Mais, s'il est admis que la volonté du peuple ainsi conçue, soit notre loi, encore faut-il que cette loi, il soit le premier à la respecter, aussi longtemps qu'il ne l'aura pas modifiée, dans la forme par lui-même convenue ; encore faut-il qu'une minorité, d'où qu'elle sorte, ne prétende pas usurper, par surprise, des droits qui sont le patrimoine du corps tout entier ; sans quoi, il n'y a plus de société, il n'y a plus que hasard, mensonges et ruines.

Comme conséquences immédiates de ce qui précède, et la liberté étant acceptée comme milieu vital, j'affirmerai :

Premièrement, la nécessité souveraine du respect de LA LOI ; en second lieu, la nécessité du travail, devoir commun, avec un autre idéal que l'argent, ou le contentement des appétits vulgaires. Puis, le contrat signé, laissant les portes grandes ouvertes à toutes les aspirations légitimes, je donne mission au magistrat, aux citoyens armés, s'il est besoin, de réprimer sans pitié toute sédition.

Je dis sans pitié, car nos lois d'aujourd'hui admettent, sous prétexte d'humanité, tant d'atténuations dans les peines, qu'on supposerait parfois qu'elles ont été rédigées par des complices ; car si le juge peut craindre d'être accusé de zèle, ou d'être suspect de partialité, quand il rend ses arrêts au nom d'une caste ou d'un maître, il est, dans l'exercice de son mandat inattaquable, lorsqu'il frappe d'un châtiment résolu, au nom d'une loi que tous ont consentie, toute atteinte portée à la chose publique ; qu'il s'agisse de complot ou d'offense aux mœurs.

En résumé : je ne connais pas de dogme politique, de théorie qui puissent primer LA LOI ; avant toute forme de gouvernement, la France, intelligente et libre ; avant la fortune, la morale ; avant tous les systèmes, une discipline ; par-dessus toutes les adorations, l'amour de LA PATRIE.

Et maintenant, répondant au prince Charles et à M. de Bismark, je dirai que notre puissance militaire et notre société, que je ne sépare plus, subissent en effet une crise redoutable, mais que cette crise peut être notre salut, si nous savons profiter des enseignements qu'elle contient.

Je ne parlerai pas de revanche immédiate, ce qui serait une parole d'étourdi ; mais, et j'en atteste Metz et Strasbourg, que le fer allemand vient d'arracher de nos entrailles, celui-là ne sera pas de notre sang qui parlera d'oubli.

FIN

TABLE

	Pages.
Préface.	3
Juillet 1870.	7
Août 1870.	15
Septembre 1870	30
Octobre 1870	96
Novembre 1870.	145
Décembre 1870.	171
Janvier 1871.	239
Février 1871.	298
Mars 1871.	330

PARIS. — J. CLAYE, IMPRIMEUR, 7, RUE SAINT-BENOIT. — [1089]

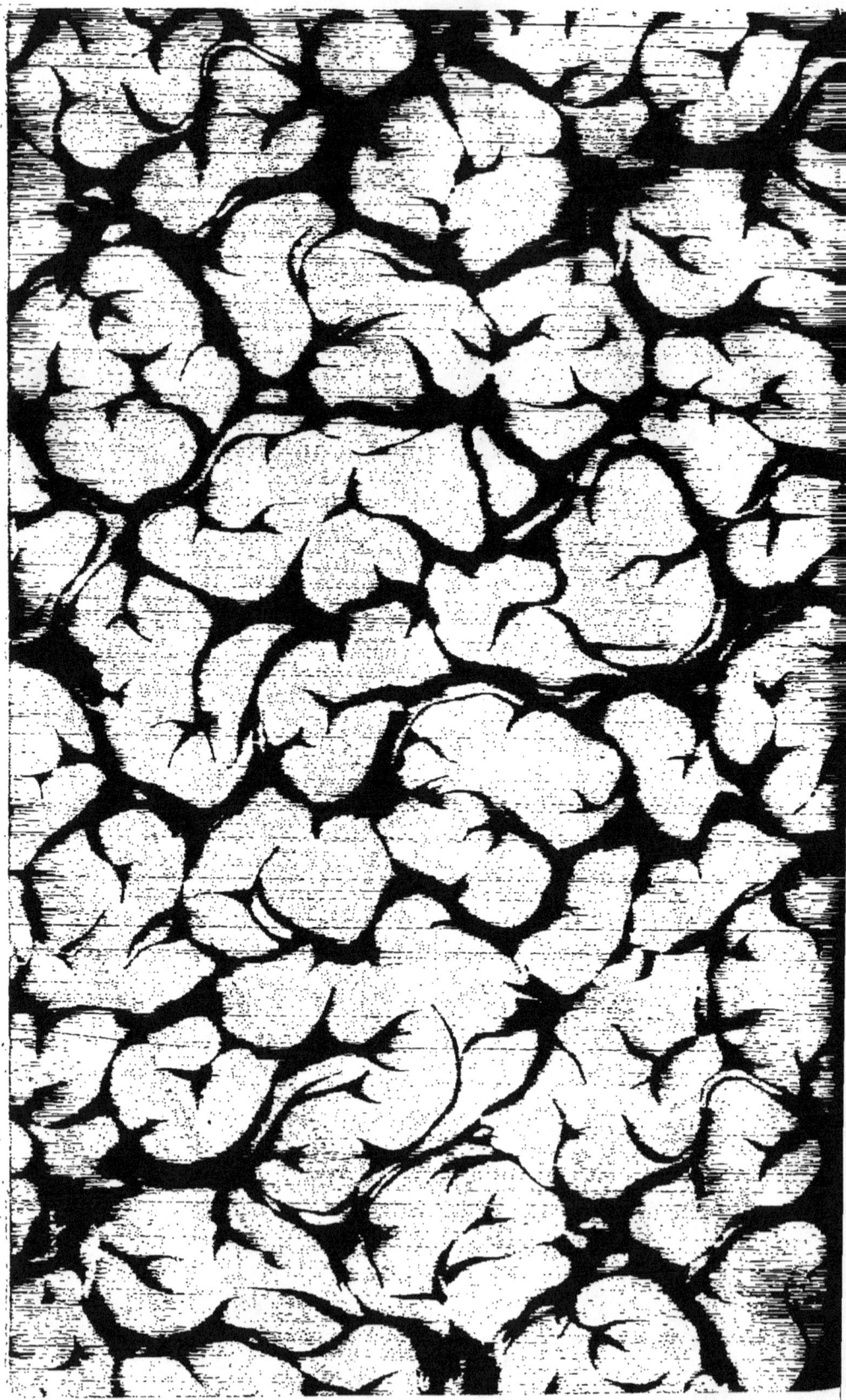

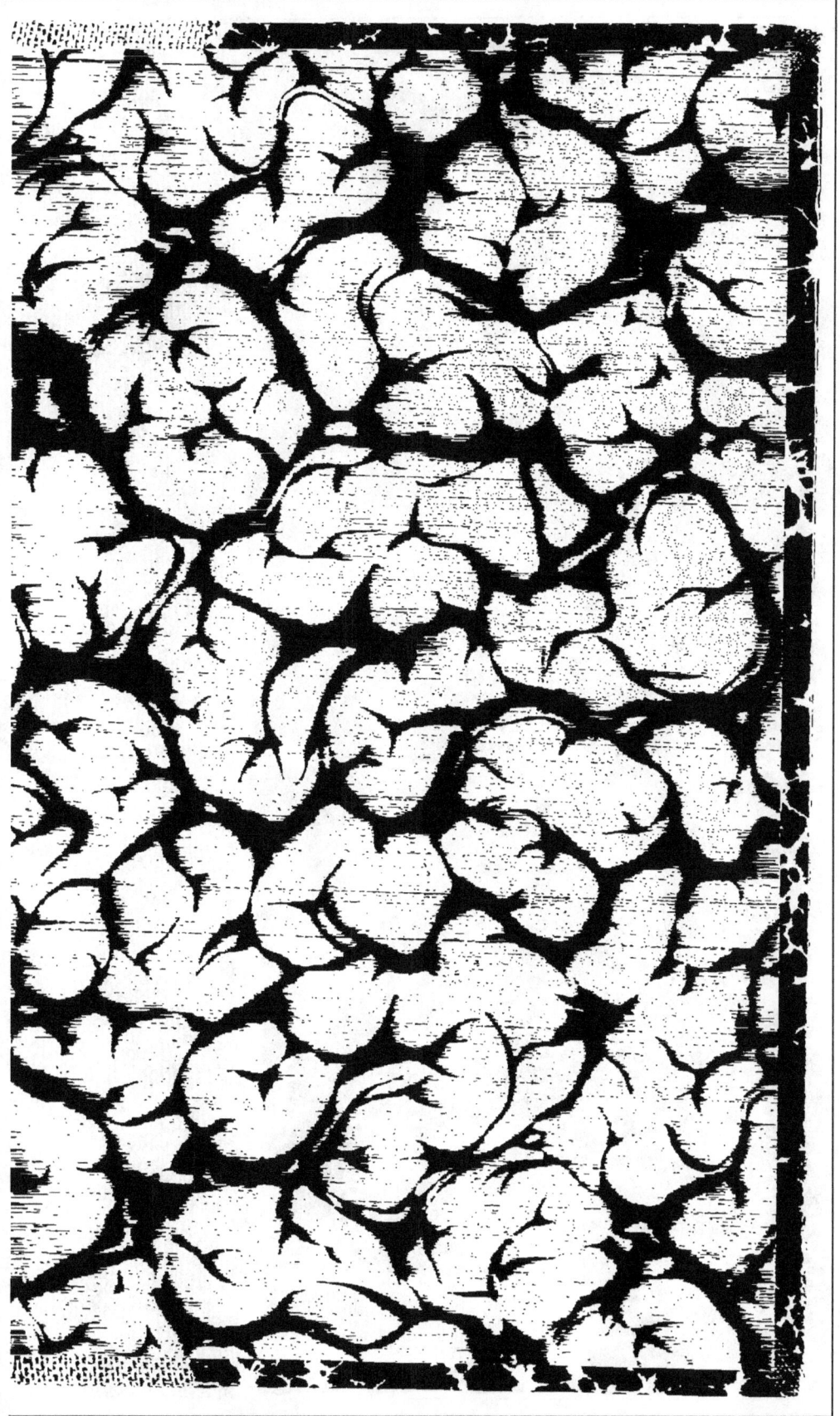

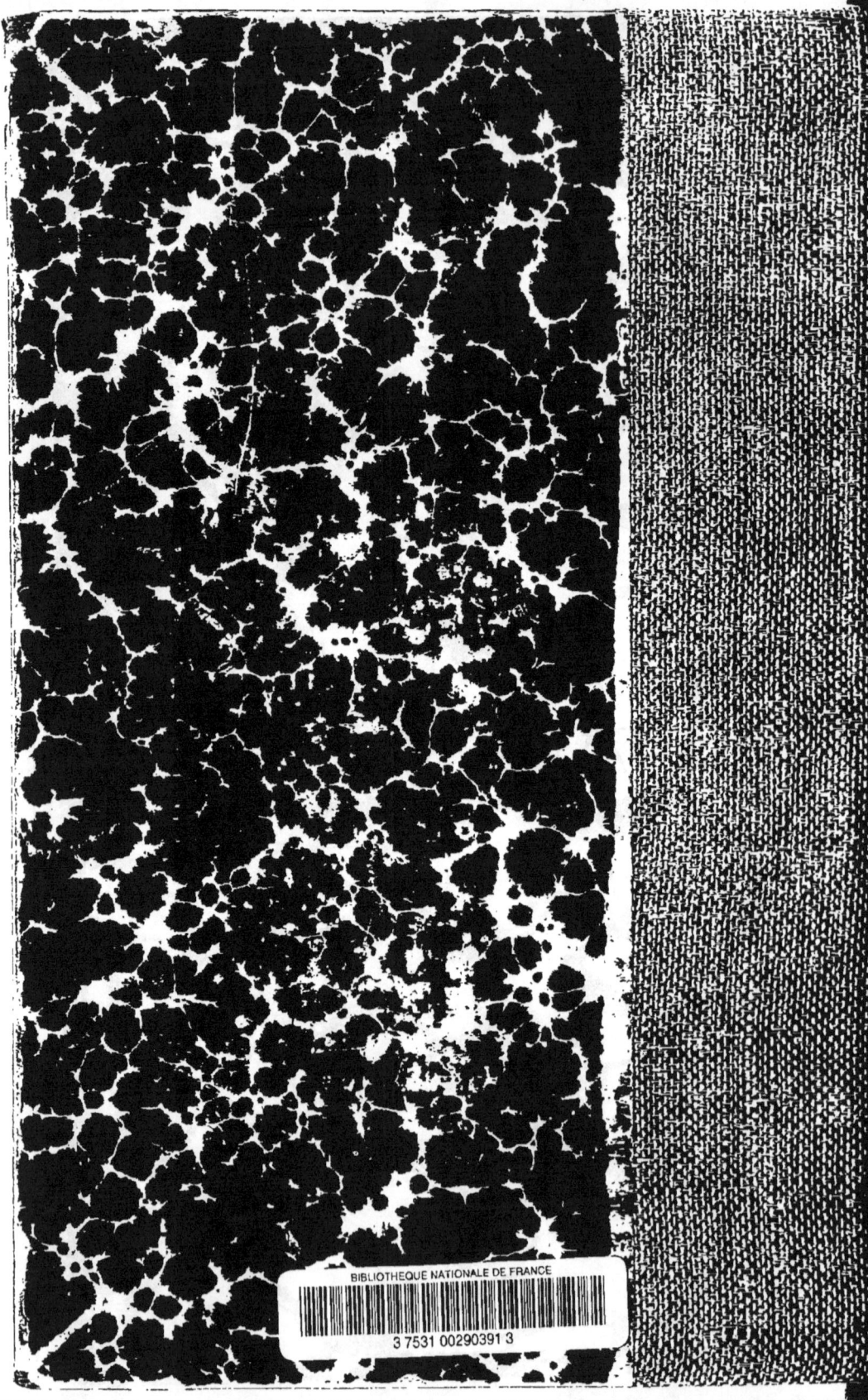

www.ingramcontent.com/pod-product-compliance
Lightning Source LLC
Chambersburg PA
CBHW070846170426
43202CB00012B/1968